शायर-दानिशवर फ़िराक़ गोरखपुरी

शायर-दानिशवर फ़िराक़ गोरखपुरी

प्रो० अली अहमद फ़ातमी

लोकभारती प्रकाशन
पहली मंजिल, दरबारी बिल्डिंग, महात्मा गाँधी मार्ग, इलाहाबाद-१

लोकभारती प्रकाशन
पहली मंजिल, दरबारी बिल्डिंग
महात्मा गाँधी मार्ग, इलाहाबाद-1
वेबसाइट : www.lokbhartiprakashan.com
ई-मेल : info@lokbhartiprakashan.com.
शाखाएँ : 1-बी, नेताजी सुभाष मार्ग, दरियागंज
नई दिल्ली-110 002
अशोक राजपथ, साइंस कॉलेज के सामने
पटना-800 006

प्रथम संस्करण : 2011

आवरण : लोकभारती स्टूडियो

इण्डियन प्रेस प्रा. लि.
36, पन्नालाल रोड, इलाहाबाद-211 002
द्वारा मुद्रित

SHAYAR-DANISHAVAR FIRAQ
GORAKHPURI
by Prof. Ali Ahamad Fatmi

ISBN : 978-81-8031-580-0

मूल्य : **250 रुपये**

सुप्रसिद्ध

उपेन्द्रनाथ अश्क, अमृतराय,
भैरवप्रसाद गुप्त, रामस्वरूप चतुर्वेदी
के नाम
जो हिन्दी-उर्दू दोस्ती की बेहतरीन मिसाल थे

अनुक्रम

एतराफ़

मैं एतराफ़ करता हूँ कि शायरी मेरा मैदान नहीं, फ़िक्शन, आलोचना के मैदान में ज़रूर क़लम चला लेता हूँ। हक़ीक़तपसन्दी व अक़्लपरस्ती कुछ इस तरह मिज़ाज में दाख़िल हो गयी है कि शायरी के बेजा इशारे व भेद और अलंकार की गुमराह करनेवाली भूल-भुलैयाँ मुझे रास नहीं आतीं। इसके अलावा उर्दू शायरी की मेयारपरस्त तहज़ीब और जागीरदाराना मिज़ाज मुझे नापसन्द है। फ़िक्शन में भी तहदारियाँ होती हैं और अक्सर इनकी थाह पाना हर एक के बस की बात नहीं। आख़िरकार उर्दू कहानी की शुरुआत और चरम दोनों ही जागीरदाराना निज़ाम के खिलाफ़ गये। ज़ुल्मो जब्र के ख़िलाफ़, फ़िरक़ापरस्ती और ज़ोर-ज़बरदस्ती के ख़िलाफ़। इसलिए शायरी के मुक़ाबले कहानियाँ मेरे दिलो दिमाग़ के ज़्यादा क़रीब महसूस होती हैं लेकिन एक मुश्किल यह भी है कि मैं सिर्फ़ विद्यार्थी नहीं, अध्यापक भी हूँ। इसलिए मुझे शायरी भी पढ़नी-पढ़ानी पड़ती है और कभी-कभी लिखना भी पड़ता है। आगरे में था तो हज़रत मयकश अकबराबादी के माध्यम से नज़ीर अकबराबादी का अध्ययन हाथ आया। शायरी की एक अजीब निराली अवामी दुनिया मगर उस्ताद नवाब शेफ़ता ने नहीं बल्कि उर्दू के पूरे फ्यूडल निज़ाम ने उसे वह जगह नहीं दिया जिसका वह हक़दार था। आगरे के ढाई-तीन साल क़याम के दौरान मैंने नज़ीर की शायरी से सम्बन्धित सात-आठ लेख लिखे जो बाद को किताबी शक्ल में प्रकाशित हुए। चूँकि बुनियादी तौर पर मेरा सम्बन्ध इलाहाबाद से है इसलिए मुझे फ़िराक़ गोरखपुरी को भी क़रीब से देखने और समझने के अवसर ख़ूब मिले और फिर हम लोग उनसे बहुत क़रीब हो गये। फ़िराक़ साहब निरे शायर न थे, इलाहाबाद यूनिवर्सिटी

में अंग्रेज़ी साहित्य के उस्ताद रह चुके थे। वह एक देव क़ामत शख़्सियत के मालिक थे, साथ ही चिन्तक और दानिशवर भी। इसलिए उनसे हर तरह की बातें होतीं। साहित्य व संस्कृति के अलावा सियासत, जनतन्त्र व समाज वग़ैरा पर बातें। फ़िराक़ साहब को बातचीत करने का कमाल हासिल था। अकेले रहने की वजह से वह अक्सर हम लोगों का इन्तेज़ार करते, किसी बहाने से हम छेड़ देते फिर तो बातों का ऐसा सिलसिला छिड़ जाता कि हम विद्यार्थी हैरान रह जाते, दाँतों तले उँगली दबा लेते। फ़िराक़ साहब से मिलने से पहले उर्दू शायरों के बारे में हमारी राय बहुत अच्छी न थी। ख़याल था कि उर्दू का शायर परम्परागत इश्क़ो मुहब्बत, छन्द, लय, महफ़िलसाज़ी, बैठकबाज़ी वग़ैरह के अलावा दूसरी विधाओं से क़रीब-क़रीब अनभिज्ञ रहता है। साइन्स, टेक्नालॉजी, दुनिया की सियासत से उसे कुछ लेना-देना नहीं रहता। वह बस अपनी दुनिया में मस्त रहता है। लेकिन फ़िराक़ साहब से मिले तो चौदह तबक़ रौशन हो गये। अंग्रेज़ी, फ़ारसी, संस्कृत, रोमानियत, हक़ीक़त, जमहूरियत और न जाने कौन-कौन-सी विधाओं, विचारों और फिर उस पर बातचीत का आलिमाना अन्दाज़ कि बस हम सब उनके जादू का शिकार हो जाते, हवा में तैरने लगते। देखते-देखते हम लोग उनसे बहुत क़रीब हो गये। बल्कि थोड़े-बहुत चंचल भी लेकिन अफ़सोस कि आख़िर वक़्त में उनसे दूर हो गये। जब उनका इन्तेक़ाल हुआ तो मैं आगरे में था। 1983 ई0 में मेरे उस्ताद प्रोफ़ेसर सैयूयद मुहम्मद अक़ील मुझे उर्दू विभाग इलाहाबाद यूनिवर्सिटी ले आये और उर्दू विभाग की सालाना मैगज़ीन का फ़िराक़ नम्बर निकालने की ज़िम्मेदारी मुझे सौंप दी। मैंने बड़े इन्तेज़ाम से यह नम्बर निकाला। उन्हीं दिनों मैंने फ़िराक़ की शायरी और शख़्सियत पर दो लेख (आधी रात का शायर-फ़िराक़ व फ़िराक़ कई चेहरोंवाली शख़्सियत) लिखे। 1985 में फ़िराक़ पर एक बड़े सेमिनार का आयोजन किया, जिसमें प्रोफ़ेसर मुमताज़ हुसैन, शम्सुर्रहमान फ़ारूक़ी, अजमल अजमली वग़ैरह शामिल हुए, सेमिनार में पढ़े गये लेख 1986 में किताबी शक्ल में प्रकाशित हुए। इसी दरमियान मुझे आगरे की एक लाइब्रेरी में सेकुलरिज़्म के विषय

पर फ़िराक़ साहब का एक मूल्यवान् किताबचा 'हमारा सबसे बड़ा दुश्मन' प्राप्त हुआ। मैंने इस पर लेख लिखा और ख़ुदा बख़्श लाइब्रेरी पटना की रिसर्च कांग्रेस में पढ़ा। इसके बाद फिर फ़िक्शन की दुनिया में खो गया। 1996 में जब फ़िराक़ की पैदाइश के सौ साल पूरे हुए और जगह-जगह फ़िराक़ सदी धूम-धाम से मनाई जाने लगी तो उस दरमियान मैंने कई लेख लिखे। फ़िराक़ का तसव्वुरे इश्क़, फ़िराक़ की आलोचनात्मक शैली, दानिशवर फ़िराक़, क्या फ़िराक़ ख़ालिस इश्क़िया शायर हैं? 'आधी रात' : एक अध्ययन, ये सारे लेख अगस्त, 1996 से अगस्त, 1997 के दरमियान लिखे गये और हिन्द व पाक की कई मुख्य पत्रिकाओं में प्रकाशित हुए। फ़िराक़ की सियासी ज़िन्दगी पर मैंने लेख कराची में फ़िराक़ सेमिनार के लिए लिखा जो बाद में इर्तेक़ा के फ़िराक़ नम्बर में प्रकाशित हुआ। फ़िराक़ की नज़्म पर लिखा हुआ लेख ताज़ा है जो इस किताब में शामिल हो रहा है। इस किताब का सबसे आख़िरी लेख जो तास्सुराती क़िस्म का है सज्जाद ज़हीर की मौत के बाद, फ़िराक़ की ज़िन्दगी (73 ई०) में लिखा गया। इस तरह ग्यारह लेखों पर आधारित यह किताब पाठकों को भेंट कर रहा हूँ। फ़िराक़ की शायरी, दानिशवरी या आलोचनात्मक दृष्टिकोण के बारे में जो कुछ मुझे कहना था वह मैंने इन लेखों में कह दिया। इन लेखों को मैंने अक़ीदत से परे हटकर ख़ालिस इल्मी व आलोचनात्मक अन्दाज़ में लिखने की कोशिश की है। कहाँ कामयाब हुआ हूँ यह पाठक ही बता सकेंगे।

कई तरह की ख़िदमात की बुनियाद पर मैं फ़िराक़ को एक बड़ा शायर तो मानता हूँ साथ ही एक दानिशवर भी स्वीकार करता हूँ इसीलिए मैंने इस क़िताब का नाम 'शायर-दानिशवर फ़िराक़ गोरखपुरी' रखा है।

यह किताब मेरी शेरफ़हमी और ख़ास तौर से फ़िराक़फ़हमी का सबूत पेश कर पायेगी या नहीं, कह नहीं सकता लेकिन अगर यह उस बड़े फ़नकार के बारे में श्रद्धांजलि का हवाला बन जाय और उस काल को समझने में मदद कर सके कि जिसको मिटाने की बिला वजह कोशिश की जाती रही है और यह सूरत आज भी जारी है तो मैं समझूँगा कि मेरी मेहनत काम आयी।

यह किताब पहली बार 1997 ई० में उर्दू में प्रकाशित हुई थी। फ़िराक़ की लोकप्रियता और विषय की लाभदायकता को देखते हुए कुछ परिवर्तन के साथ दूसरी बार 2007 ई० में प्रकाशित हुई और अब हिन्दी में प्रकाशित हो रही है। हिन्दी में इस किताब को लाने और प्रकाशित करने का श्रेय लोकभारती प्रकाशन को जाता है। मैं इस इदारे का शुक्रिया अदा करता हूँ। मेरे अज़ीज़ शागिर्द संजय कुमार ने इसे उर्दू से हिन्दी में परिवर्तित किया। जाने-अनजाने में जो गलतियाँ हो गयी हों उसे मैं अपने सर लेता हूँ। आशा करता हूँ कि हिन्दी का पाठक समाज इस किताब को मोहब्बत से स्वीकार करेगा।

प्रो० अली अहमद फ़ातमी
उर्दू विभाग, इलाहाबाद विश्वविद्यालय
इलाहाबाद

'आधी रात' का शायर : फ़िराक़

फ़िराक़ साहब की तहदार बहुमुखी शख़्सियत के सिलसिले में जितने विरोधाभास व मतभेद रहे हैं लगभग उतने ही उनकी शायरी के सिलसिले में भी हैं। अगर एक तरफ़ नियाज़ फतेहपुरी, एहतेशाम हुसैन, मजनूँ गोरखपुरी, हसन अस्करी वग़ैरह फ़िराक़ को बड़ा शायर मानते हैं और उन्हें उर्दू का आख़िरी क्लासिकी शायर क़रार देकर मुनासिब मुक़ाम से नवाज़ते हैं तो दूसरी तरफ़ नये क़िस्म के आलोचक ख़ास तौर से शम्सुर्रहमान फ़ारूक़ी फ़िराक़ को अहमद मुश्ताक़, नासिर काज़मी वग़ैरह से छोटा शायर साबित करके उन्हें वह स्थान देने में हिचकिचाते हैं जिस पर फ़िराक़ बिला शक बैठे हुए हैं। फ़िराक़ की शख़्सियत व शायरी के सिलसिले में यह मतभेद व विवाद उनकी ज़िन्दगी में भी रहे और आज भी हैं। ज़ाहिर है कि इन सबके पीछे उनकी शख़्सियत व शायरी दोनों की नैरंगियाँ और पेचीदगियाँ काम कर रही हैं और कुछ उनके ज़ाती क़िस्म के कारनामों का भी दख़ल है। जिस तरह उर्दू में प्रेमचन्द के सिलसिले में होनेवाले शोध में जितना सन्देह खुद प्रेमचन्द की रचनाओं से पैदा होता है, शायद किसी और की रचनाओं से नहीं। तक़रीबन यही सूरत फ़िराक़ की भी है। मुम्किन है यह तरीका उन्होंने प्रेमचन्द से ही सीखा हो क्योंकि शुरू में वह प्रेमचन्द से बहुत क़रीब रहे हैं।

फ़िराक़ साहब ने जब भी अपने सिलसिले में लिखा, अतिशयोक्ति को अपने साथ रखा। अपने सिलसिले में दूसरों से लिखवाया, लड़ाइयाँ लड़ीं। इनामात मिले या हासिल किये। ग़रज़ कि अपने-आप चोटी पर पहुँचा हुआ शायर, इस कोशिश में कि मैं ऊपर उठूँ, अक्सर शख़्सी सतह पर नीचे उतर जाता है। (जिन लोगों ने उनकी संगत में रात-दिन गुज़ारे हैं वह उनकी शख़्सियत के उलझावे के सिलसिले में मुझसे इत्तेफाक़ करेंगे) और इस तरह ज़िन्दगी की अथाह नाहमवारियाँ और व्यतिक्रमों के साथ इस ज़िन्दगी के अनमोल 86 बरस में पेचीदा शख़्सियत और शायरी की न जाने कितनी अन्धकारमय और धुँधली कहानियाँ छोड़कर अपने साथ उर्दू शायरी का एक अध्याय ख़त्म कर गया।

यह सच है कि फ़िराक़ ने अपने बारे में जो कुछ लिखा अतिशयोक्ति से लिखा लेकिन इस अतिशयोक्ति और आत्मप्रशंसा के बोझ तले उनकी ज़िन्दगी की वे बेरहम सच्चाइयाँ दब नहीं सकतीं जिनसे फ़िराक़ हक़ीक़तन टकराये, शिकस्त खायी और फिर उनकी शायराना शख़्सियत के अभिन्न अंग बनकर उनकी शायरी में घुल-मिल गये। जो सच्चाइयाँ हैं हमें उनका एतराफ़ करना चाहिए और यह देखना चाहिए कि उनकी ज़िन्दगी की इन सच्चाइयों की कब शुरुआत हुई और वह कैसे उनकी शख़्सियत पर और फिर बाद में उनकी शायरी पर असर अन्दाज़ हुईं और किस तरह ज़ाती ग़म व एहसास में डूबकर बल्कि फैलकर एक दुनियावी ग़म की शक्ल में ज़ाहिर हुईं।

फ़िराक़ की ज़िन्दगी की यह बेरहम सच्चाइयाँ उनके तमाम अतिशयोक्ति से छनकर सीधे और सच्चे अन्दाज़ में सामने आ जायँ तो ज़्यादातर विरोधाभास हल हो जायँगे और साथ ही इस बात का अन्दाज़ा भी होता चलेगा कि उसके अन्दर छिपे हुए फ़नकार की नज़रें किन लम्हों से दो-चार होकर अंश (कण) में कुल देखने लगती हैं। वियोग में संयोग की लज़्ज़त महसूस करने लगती हैं। एकाकी इश्क़ के ज़रिये इश्क़ के सार्वभौमिक कल्पना से मिलाप होने लगते हैं।

तू एक था मेरे अशआर में हज़ार हुआ।
इस एक चिराग़ से कितने चिराग़ जल उठे।

फ़िराक़ 28 अगस्त, 1896 ई० में पैदा हुए। पिता इबरत गोरखपुरी एक अच्छे शायर के साथ-साथ एक अच्छे वकील ज़रूर थे लेकिन माहौल एक दरमियान दरजे की तमाम खूबियाँ व कमज़ोरियाँ रखता था। 1913 ई० में हाईस्कूल किया और एफ़० ए० की शिक्षा के लिए म्योर सेण्ट्रल कॉलेज इलाहाबाद में दाख़िला लिया और अच्छे नम्बरों से पास किया। शुरू से ही फ़िराक़ की बुद्धिमत्ता और संवेदनशीलता के जौहर चमकने लगे और तमाम इम्तेहानों में नुमायाँ कामयाबियाँ मिलने लगीं। ये सब तो मामूल से हुआ। लेकिन फ़िराक़ के अन्दर बुद्धिमत्ता व संवेदनशीलता की लहरें अन्दर-ही-अन्दर करवटें लेती रहीं। फ़िराक़ के बाहर के साथ पनपता हुआ अन्दर का नन्हा फ़नकार शुरू में ही हुमकने लगा और जब इसका अनजाने में खुलकर अभिव्यक्ति सामने आती तो अहले ख़ानदान आश्चर्यचकित भी होते और

मज़ाक भी उड़ाते। अपनी भावुकता और बेजोड़ व्यक्तित्व के सिलसिले में फ़िराक़ के इन वाक्यों का अध्ययन करें........

"बचपन से ही मैं अपने भाई-बहनों से अपने को बहुत मुख़्तलिफ़ (अलग) पाता था। मसलन उन सबसे ज़्यादा जज़्बाती था। मुहब्बत व नफ़रत की ग़ैर मामूली शिद्दत (तीव्रता) मैं अपने अन्दर पाता था। मानूस (परिचित) चीज़ें भी मुझे हद दरजा ग़ैर मानूस और हद दरजा अजीब महसूस होती थीं। मनाज़िरे फ़ितरत (प्राकृतिक दृश्य) से मैं इतना मुतास्सिर (प्रभावित) होता था कि उनमें खो जाया करता था। मेरे बचपन की दोस्तियाँ भी शदीद क़िस्म की होती थीं। बचपन के खेल और खिलौनों से भी इतनी ज़बरदस्त लगावट महसूस करता था कि घरवाले ताज्जुब (आश्चर्य) करते थे और कभी-कभी मेरा मज़ाक उड़ाते थे। मेरी वालिदा (माँ) का कहना था कि दो-तीन बरस की उम्र ही से जिस लड़की या लड़के को, मर्द या औरत को अपने नज़दीक ख़ूबसूरत समझता था, उसे देखकर महसूस होता था कि मेरा जिस्म (शरीर) बल्कि मेरी रगें (नाड़ियाँ) तक पिघलकर रह जायँगी। शऊरी तौर पर एहसासे हुस्न से बर अंगेख़्ता (भड़काऊ) होनेवाली जिन्सियत (सेक्स सम्बन्धी) मेरे अन्दर सिने बलूग़ (वयस्कता) से काफ़ी पहले पैदा हो चुकी थी....." (मन आनम, पृष्ठ 11, 12)

ऐसा संवेदनशील और नाजुक नौजवान जो अपनी शारीरिक वयस्कता से पहले ही हुस्न से बाख़बर हो चला हो और तेरह-चौदह बरस की उम्र ही से शेर कहने के लिए तड़प चला हो। अठारह बरस की उम्र में उसकी शादी एक ऐसी लड़की से हो गयी जिसकी शक्ल उसी तरह की थी जिस तरह की शक्लवालों के पास फ़िराक़ दो-तीन साल की उम्र में ही फटकना नहीं चाहते थे। अब ऐसी मामूली शक्ल वो सूरतवाली लड़की उनकी पत्नी थी। बस फ़िराक़ की नाजुक तबीयत पर क्या गुज़री इसका अन्दाज़ा भी उन्हीं के वाक्यों से लगाइये........

"उसी दौरान में मुझे और मेरे ख़ानदान को धोखा देकर एक साहब ने मेरी शादी एक ऐसे ख़ानदान और एक ऐसी लड़की से कर दी कि मेरी ज़िन्दगी एक नाक़ाबिले बरदाश्त अज़ाब (मुसीबत)

बन गयी। मेरी बीबी में कोई एख़लाक़ी (चारित्रिक) ऐब न था। लेकिन मामूली इन्सान से भी यह लड़की कुन्द ज़ेहन (मन्द बुद्धि) और ना अहेल थी। सूरत में कोई कशिश न थी बल्कि उनसे ना पसन्दीदगी का असर पड़ता था। यह लड़की घर को नहीं चला सकती थी और इसका मेरे घर आना पूरे कुनबे (परिवार) के लिए मनहूस (अशुभ) साबित हुआ। कोई दूसरा होता तो शायद दूसरी शादी कर लेता या मन मारकर रह जाता। मैं दूसरी शादी भी न कर सका और तब से आज तक मेरी ज़िन्दगी एक नाक़ाबिले बरदाश्त तकलीफ़ और तन्हाई का शिकार रही। पूरे एक साल तक मुझे नींद न आयी। उम्र भर मैं इस मुसीबत को भूल नहीं सका। आज तक मैं इस बात के लिए तरस गया कि मैं किसी को अपना कहूँ और कोई मुझे अपना समझे।'' (मेरी ज़िन्दग़ी की धूप-छाँव)

ग़लत क़िस्म की शादी ने फ़िराक़ की जिन्दगी में एक ज़बरदस्त नकारात्मक रोल अदा किया और फ़िराक़ के संवेदनशील दिमाग़ में नागफनी के काँटे चुभकर रह गये और इस तरह उनकी ज़िन्दगी जीते जी जहन्नुम बन गयी। कोई कमज़ोर शख़्स होता तो ग़लत क़िस्म के फैसले ले लेता लेकिन ख़ानदानी शराफ़त और समाजी दबाव ने उन्हें इन्हीं हालात में जिन्दा रहने पर मजबूर किया और वह तमाम मुसीबतों और तकलीफ़ों को सीने से लगाये ज़िन्दगी की राहें तय करने लगे। राहें ज़रूर तय हुईं लेकिन दिल से सुकून और आँखों से नींद उड़ गयी और वह 'संग्रहणी' नाम के एक मरज़ में गिरफ़्तार हो गये और नींद ग़ायब हो गयी। बनारस के पण्डित त्र्यम्बक शास्त्री की ग़ैरमामूली दवा ने उहें इस क़ाबिल किया कि वह आगे अपनी शिक्षा का सिलसिला जारी रख सकें।

बी० ए० का इम्तेहान देने के बाद जब वह गोरखपुर वापस आये तो पिता मौत के बिस्तर पर थे। इलाज के लिए ये उन्हें देहरादून ले गये और फिर एक रात.........

''मुझे वह रात कभी नहीं भूल सकती जब आधी रात के क़रीब सिविल सरजन की कोठी जिस पर मुझे कई मील तन्हा (अकेले) जाना पड़ा और उसे अपने साथ लाना पड़ा। रातभर मेरे

वालिद (पिता) उल्टी साँसें लेते रहे और 18 तारीख़ 1918 को सुब्हे काज़िब में हमेशा के लिए उनकी आँखें बन्द हो गयीं।''

(मेरी ज़िन्दगी की धूप-छाँव)

मौत के बाद जो फ़ज़ा बनी उसके बारे में इन वाक्यों का अध्ययन कीजिये...

''उस सुब्ह जिस कोठी में मैं मय ख़ानदान मुक़ीम (ठहरा) हुआ था चिड़ियों का नग़मा कई गुना बढ़ गया और फ़ज़ा ग़ैर मामूली हद तक सुहानी हो गयी। मेरे वालिद बिस्तरे मर्ग पर इस तरह दायमी (स्थायी) राहत में लेटे नज़र आ रहे थे गोया मीठी नींद सो रहे हैं। मेरी वालिदा (माँ) ने मुझसे कहा...तेरा बाप बड़ा निरछल आदमी था जभी तो उसकी रेहलत (प्रस्थान) के बाद यहाँ की फ़ज़ा इतनी पाक़ीज़ा (पवित्र) और सुहानी मालूम होती है। इस हादसे के वक़्त तक मेरी शायरी शुरू हो चुकी थी। तो इस मंज़र (दृश्य) की तस्वीर मैंने इस रुबाई में खींची.....

ग़फ़लत का हिजाब कोहो-दरिया से उठा
परदा फ़ितरत के रूए-ज़ेबा से उठा
पौ फूटने का समाँ सुहाना है बहुत
पिछले को फ़िराक़ कौन दुनिया से उठा

फ्रायड ने लिखा है कि जब इन्सान मुसीबतों का शिकार हो जाता है तो आम तौर पर दो प्रवृत्तियाँ उसके अन्दर पैदा होती हैं। एक तो कामुकता, दूसरी मौत की ख़्वाहिश। फ़िराक़ का कामुक असन्तोष उन्हें किस स्थान पर ले गया उनकी शायरी और वाक़ेयात इसकी ज़िन्दा मिसालें हैं। लेकिन मौत, यहाँ फ़िराक़ जवाँमर्दी दिखा गये। आम कमज़ोर इन्सान होता तो शायद ख़ुदकुशी का शिकार हो जाता लेकिन फ़िराक़ आम इन्सान न थे। उनके अन्दर एक महान् फ़नकार भी जी रहा था जो उन्हें बचपन ही से एक विशेष तरह का दृढ़ जीवनदायी एहसास प्रदान करता चल रहा था जिसने उसकी मौत का रुख बदल दिया लेकिन बाहरी हादसात ने इस रुख़ को रात के अँधेरे में लाकर आत्मसात् कर दिया। मौत ने शक्ल ले ली। रात के अन्धकार की और फिर रात को जागने का मर्ज़, बाप की मौत, बीवी की

मौत से बदतर ज़िन्दगी...इन हालात ने उनकी ज़िन्दगी को एक तरफ़ कड़वाहट-ही-कड़वाहट से भर दिया तो दूसरी तरफ़ अन्दर के फ़िराक़ ने इस कड़वाहट को हुस्न व जमाल और फ़ितरत के रंग व आहंग में डुबो देने का वह फ़न प्रदान किया जिससे फ़िराक़ को न सिर्फ़ शारीरिक ज़िन्दगी मिली, बल्कि उनकी शायराना शख़्सियत अद्वितीय व लोकप्रिय होकर अमर और तृप्त हो गयी। फ़िराक़ के इन वाक्यों को देखिये.......

"इन तकलीफ़ दह और कर्ब आगीं हालात में, मैंने शायरी शुरू की और बहुत आहिस्ता-आहिस्ता अपनी आवाज़ को पाने लगा। मेरा दाख़िली मूड और ख़ारजी मूड तो बचपन ही से बन गये थे अब जब शायरी शुरू की तो मेरी पूरी कोशिश हुई कि अपनी नाकामियों और अपने ज़ख़्मी ख़ुलूस के लिए अशआर के ज़रिये मरहम तैयार करूँ। मेरी ज़िन्दगी जितनी तल्ख़ हो चुकी थी उतने ही पर सुकून और हय़ात अफ़ज़ा अशआर कहना चाहता था। बल्कि यूँ कहूँ कि तल्ख़ी को शीरीनी (मिठास) में बदल देना चाहता था। आम तौर पर रात गये अशआर कहना शुरू करता था और ग़ज़ल रात रहे ख़त्म होती थी। कभी-कभी तो ऐसा हुआ है कि इधर पौ फटी और उधर ग़ज़ल का मक़ता (आख़िरी शेर) हुआ :

उजले-उजले से क़फ़न में सहरे-शाम फ़िराक़
एक तस्वीर हूँ मैं रात के कट जाने की।।

यही वह खूबसूरत विरोधाभास हुआ करता है जो बज़ाहिर फ़नकार को समझने में रुकावटें पैदा करता है लेकिन यहीं से इसकी बुलन्द शायरी की शुरुआत होती है। फ़िराक़ ने अपने ज़ख्म पर मरहम के लिए इस विरोधाभास को गले न लगाया होता तो ऐसे रौशन, जीवनदायी और भेदभरी शायरी वह उर्दू को न दे पाते। जैसे-जैसे रात उनके लिए समस्या बनती गयी उनकी शायरी की महानताएँ अपने बाल व पंख खोलती गयीं। रात का अन्धकार, वीरानी, जादुई माहौल और आधी रात की कोख से उनके अच्छे और प्रभावपूर्ण अशआर जनम लेते रहे।

ऐसा नहीं है कि फ़िराक़ से पहले किसी शायर ने अपनी शायरी में रात का ज़िकर न किया हो। उर्दू शायरी और महबूब, विरह, शाम व रात का चोली-दामन का साथ रहा है। मीर तो शाम ही से उदास रहते। मौत के ख़ौफ़ ने ग़ालिब की नींद उड़ा दी थी। दाग़-जैसा होशियार आशिक़ भी

माशूक़ के वादे का एतबार करके पूरी रात क़यामत के इन्तेज़ार में गुज़ारता था। मोमिन, आतश, फ़ानी, जिगर वग़ैरह ने भी कभी माशूक़ के इन्तेज़ार में, कभी ज़िन्दगी की बाज़ कड़वाहट के कारण रात व दिन को जिस तरह पेश किया वह उर्दू शायरी की क़ीमती पूँजी ज़रूर है लेकिन इन सबसे अलग, सबसे बेजोड़ फ़िराक़ ने जिस तरह से रात की उलझन और बेचैनी को समझा और झेला है शायद किसी और शायर को यह प्रसिद्धि, यह क़ीमती दौलत नसीब न हो सकी।

शुरू में ये दौलत एक मर्ज़, एक उलझन की शक्ल में उनके अस्तित्व से जुड़ी और मसला उठ खड़ा हुआ कि रात में नींद न आने के इस ख़तरनाक मर्ज़ से किस तरह छुटकारा पाया जाय लेकिन लगातार निरन्तर चोट के बाद जब यह मर्ज़ लाइलाज हो गया तो फिर दूसरा मसला पैदा हुआ कि रातें कैसे कटें? उदास, अकेली, ग़मगीन, विरह की लम्बी रातें फ़िराक़ के लिए एक भयानक मसला बनती गयीं। मजनूँ गोरखपुरी के अनुसार....''कि रातें कैसे कटें?'' इनके लिए एक बड़ा मसला था और विरह की भयानक रातें काटने के लिए शेर कहने से बेहतर कोई सूरत नहीं हो सकती। इसीलिए उन्होंने ग़ज़ल का साज़ उठाया और कह उठे........

ग़ज़ल का साज़ उठाओ बड़ी उदास है रात।
नवाए-मीर सुनाओ बड़ी उदास है रात।।
नग़मए जलवए रुख़ गाओ कि कुछ रात कटे।
शौलए इश्क़ को भड़काओ कि कुछ रात कटे।।

और फिर जब तक रात न बसर हो पाती ग़ज़ल कहते चले जाते। क्योंकि लम्बी रात को गुज़ारने के लिए इससे बेहतर और क्या सूरत हो सकती थी। फिर जितनी लम्बी और वीरान रात वैसी ही लम्बी-लम्बी ग़ज़लें उनमें उसी तरह की उदासी और अकेलापन। यहीं पर हमें फ़िराक़ का बहुत-कुछ कहने का राज़ भी मिल जाता है लेकिन इसमें अहम् बात उस वक़्त फूटती है जब फ़िराक़ धीरे-धीरे उस बेचैनी व उलझन को आत्मसात् करने लगते हैं। शाम ही से माशूक़ का इन्तेज़ार करके गयी रात तक अपने-आपको दर्दे-इन्तेज़ार में गिरफ़्तार करके उसे एक विशेष कैफियत देकर उस बेचैनी, उलझन व ग़म को एक मासूम मुस्कुराहट का रुत्बा देते हैं। कुछ अशआर

ग़ौर फ़रमायें.........

थी यूँ तो शामे हिज्र, मगर पिछली रात को।
वह दर्द उठा फ़िराक़ कि मैं मुस्कुरा दिया।।

ये सुरमई फ़ज़ाओं की कुछ कनमनाहटें।
मिलती हैं मुझको पिछले पहर तेरी आहटें।।

इस कायनाते ग़म की फ़ुसुरदा फ़ज़ाओं में।
बिखरा गये हैं आके वह कुछ मुस्कराहटें।।

उफ़ुक़ से ता उफ़ुक़ ये कायनात महवे-ख़्वाब थी।
न पूछ दे गये हैं क्या मुझे वह लम्हे रात के।।

अशआर, मेरे तरसी हुई आँखों के कुछ ख़्वाब
हूँ सुब्हे अज़ल से तेरे दीदार का ख्वाहाँ

रात कमाल कर गयीं आलमे कर्ब दर्द में
दिल को मेरे सुला गयीं तेरी नज़र की लोरियाँ

तबीयत अपनी घबराती है जब सुनसान रातों में
हम ऐसे में तेरी यादों की चादर तान लेते हैं।

जिसको कहते हैं लोग ख़्वाबे गराँ
है वह ख़मयाज़ए-जमाल तेरा।

ये वे अशआर हैं जिसे फ़िराक़ ने अपनी ज़िन्दगी के ज़ख्म पर मरहम के लिए इस्तेमाल किये और अपने-आपको अपनी तल्ख़ी को पुर सुकून, प्रसन्नचित्त और नशीले मस्त अशआर में ढाल देने की कामयाब कोशिश की। यह और इस मिज़ाज के न जाने कितने अशआर पढ़िये जो फ़िराक़ के दर्द से परिचित हैं। वह इसे दूसरे रुख से कबूल कर सकता है लेकिन इसके विपरीत इन तत्त्वों के इन अशआर में एक ज़िन्दगी करवट लेती नज़र आती है। ऐसा महसूस होगा कि फ़िराक़ हक़ीक़तन अपने दर्द को माशूक़ की दिलचस्प लोरियों की गुनगुनाहट में साकार करके उसे एक ज़िन्दगी की एक लय और ज़िन्दगी की एक ख़ूबसूरत आवाज़ दे देना चाहते हैं। एक पुख़्ता आशिक़ को दिलफ़रेबियों और विरह की हल्की-हल्की आँच पर सुलगनेवाले इन अशआर को एक विशेष किस्म के सौन्दर्य निरूपण और आत्मिक सन्तोष एवं आनन्द प्रदान करने में ज़रा भी पीछे नहीं रहते। यह वह दौर है

जब फ़िराक़ नौजवान थे। और जवानी को रात और नींद की कहानियों से समानता देकर उपमाओं की एक नयी दुनिया सजा रहे थे। लेकिन क़ाफ़िला आगे बढ़ा और उन्होंने ग़म-ए-दर्द का रंगो-आहंग के ख़ुशगवार लिबास पहना देने में कामयाबी हासिल कर ली तो फिर भी वह रात के विभिन्न कैफियात में डूब गये। रात का सन्नाटा, अँधेरा, अकेलापन और उदासी पर किसी हद तक काबू पा लिया तो वह इसकी परतों में उतर गये। रात के जादुई माहौल, शबनम में डूबी हुई ठण्डक, वीरान व उदास सरसराहट दृश्यों के चित्रण पर उतर आये। शाम होते ही, आधी रात और पिछली रात की तमाम लज़्ज़तें और मुसीबतें, इशारे और भेदकारी बातें फ़िराक़ के सीनए-शेर में उतर आयीं और उनके अनुभव, ज्ञान उनकी शायरी की रूह का एक अटूट हिस्सा बन गयीं। इन पहलुओं पर फ़िराक़ की कोशिशें ऐसी दिलकश और शाश्वत हैं जिनके परदे में न सिर्फ़ रात का हुस्न और जादू बोलता हुआ नज़र आयेगा बल्कि हिन्दुस्तान की रात, हिन्दुस्तान का दिल धड़कता नज़र आता है। इस लहजे के कुछ अशआर भी देखिये........

रात चली है जोगन बनकर बाल सँवारे लट छटकाएँ।
छुपे फ़िराक़ गगन पर तारे, द्वीप बुझे हम भी सो जाएँ।।

× × × ×

खुनक सियह महके हुए साये फैल जाते हैं जल-थल पर।
किन जतनों से मेरी ग़ज़लें रात का जूड़ा खोले हैं।।

× × × ×

इन जुल्फ़ों के साये में पा जाती है मेरी तबए-रवाँ
जैसे दमे-नीम शबी गंगा करवट ले के सो जाती है।

× × × ×

कभी पिछली रात को देख के किसी साँस लेते चिराग़ को
कि ग़ज़ल हुई तो रगों में है वही ख़स्तगी सी वही थकन।

× × × ×

ये रात की संगीत की लय है कि हवा है
वह जुल्फ़े - शिकन ज़ेरे-शिकन खेल रही है।

× × × ×

तारों की फ़ज़ाओं में हवाओं को सुलाकर
ऐ रात कोई आँख अभी जाग रही है।

× × × ×

ये कैफ़ियते शब, ये धुँधलके, ये महकी-महकी हवाएँ
ये सब हैं तुम पे निछावर अभी यहाँ से न जाओ।

× × × ×

रात आधी से ज़्यादा गयी थी सारा आलम सोता था
नाम तेरा ले-लेकर कोई दर्द का मारा रोता था।

× × × ×

यह फ़ुसूने नीम शब, यह ख़्वाब सामाँ ख़ामुशी
सामरी फ़न आँख के जादू जगाने को कहो

× × ×

सुहानी रात थी, छिटके हुए सितारे हैं
सुकूते नीम शबी के लती.फ इशारे हैं

× × × ×

दिलों में दाग़े-मोहब्बत का अब ये आलम है
कि जैसे नींद में डूबे हों पिछली रात चिराग़

× × × ×

क्या रात थी इलाही आँखों में कट गयी।
पिछले पहर की दुनिया हसरत से देखता हूँ।।

ये और इस तरह के सैकड़ों अशआर में रात के वह तमाम जादुई दृश्य जिनसे हम-आप तक़रीबन अनजान हैं, फ़िराक़ की शायरी में तेज़ एहसास के साथ जलवागर नज़र आते हैं। सिर्फ़ जागकर किसी चीज़ का दृश्य खींचना एक अलग बात है लेकिन इन दृश्यों में अपनी आत्मा को समर्पित कर देना, एहसास वो फ़िक्र की तेज़ी, दिल व जान के नयेपन से उसे अपने सीने में उतार लेना एक अलग फ़न है जो इतनी आसानी से किसी के हाथ नहीं आता। इसके लिए हक़ीक़न आँखें सूख जाती हैं, दिल डूबता है, ख़याल बेचैन रहता है। तब जाकर यह मंज़िल आती है कि वियोग में संयोग और जुज़ (अंश) में कुल नजर आने लगता है।

शाम की उदासी, रात का अकेलापन, चिराग़ की लवें, तारों की जगमगाहट, हवाओं की सरसराहट, चाँद की शरमाहट, और फिर धीरे-धीरे

सरकती हुई रात, सितारों की ढलती हुई पिघलाहट, हवाओं में फैलती हुई ठण्डक और फिर पूरब से फूटती हुई सुबह, फ़िराक़ के दिलो-दिमाग़ में एक आनन्ददायक एहसास पैदा कर गयी थीं कि धीरे-धीरे शाम व रात तमाम जादुई दृश्यों में, आनन्द, नरमी व ख़ुशबू का मज़ा आने लगा। इश्क़ इन्तेज़ार, जुदाई, बेचैनी की तमाम मुसीबतें, शाम की उदासी आधी रात के नशे में डूबे हुए माहौल में ऐसा रच-बस गयी थीं कि फ़िराक़ और रात, रात और फ़िराक़ एक-दूसरे का हिस्सा बन गये...ऐसा होता कि शाम ही से ग़ज़ल शुरू होती जैसे-जैसे वक़्त गुज़रता जाता और रात जवान होती जाती वैसे-वैसे ग़ज़ल परवान चढ़ती। रात के हुस्न में डूबकर इश्क़ व हुस्न से सरशार होकर ज्योंही सुबह की सफेदी ज़ाहिर होती, उधर ग़ज़ल का आख़िरी शेर होता। फ़ानी का मशहूर शेर है...

एक मुअम्मा है समझने का न समझाने का
ज़िन्दगी काहे को है, ख़्वाब है दीवाने का

फ़िराक़ के दिल में उतर गया, दिमाग़ में गूँजता रहा, और फिर एक रात जो हालत हुई उसे ख़ुद फ़िराक़ की ज़बानी सुनिये...

"बेख़्वाबी और तन्हाई में जब एक रोज़ रात भीग चुकी थी मैंने फ़ानी के मतला (ग़ज़ल का पहला शेर) से तहतुशशऊरी (चेतनात्मक) तौर पर मुतास्सिर होकर ग़ज़ल कहनी शुरू की। जिसका मतला है....

न समझने की ये बातें हैं न समझाने की।
ज़िन्दगी उचटी हुई नींद है दीवाने की ।।

नौ-दस बजे रात से ग़ज़ल शुरू होकर यह ग़ज़ल होती रही और जब मक़ता (ग़जल का आख़िरी शेर) पर आने ही वाला था कि रात कट गयी और पौ फूटते यह मक़ता कहा....

उजले-उजले से कफ़न में सहरे हिज्र फ़िराक़
एक तस्वीर हूँ मैं रात के कट जाने की ।। (मन आनम)

फ़िराक़ का आधी रात को जागने और उसके दृश्य-चित्रण की बेहतरीन मिसाल उनकी नज़्म 'आधी रात' है जो बिला शब्ह उनकी अच्छी नज़्मों में एक है। पूरी नज़्म में जो ज़िन्दा तस्वीरें पेश की गयी हैं उनकी मिसाल उर्दू शायरी में मुश्किल से नज़र आयेगी। दो बन्द इसके भी देखिये...

शोआए-मेहर ने यूँ उनको चूम-चूम लिया
नदी के बीच कुमुदिनी के फूल खिल उठे
न मुफ़्लिसी हो तो कितनी हसीन है दुनिया
ये झायँ झायँ सी रह रह के एक झींगुर की
हेना की टट्टियों में नर्म सरसराहट में
फ़ज़ा के सीने में ख़ामोश सनसनाहट सी
लटों में रात की देवी की थरथराहट सी
ये कायनात अब एक नींद ले चुकी होगी

गुलों ने शबनमे-चादर में मुँह लपेट लिया
लबों पे सो गयी कलियों की मुस्कुराहट भी

ज़रा भी सुंबुलेतर की लटें नहीं हिलतीं
सुकूते नीम शबी की हदें नहीं हिलतीं
अब इन्क़लाब में शायद ज़्यादा देर नहीं
गुज़र रहे हैं कई कारवाँ धुँधलके में
सुकूते नीम शबी है इन्हीं के पाँव की छाप
कुछ और जाग उठा आधी रात का जादू

फ़िराक़ ने आधी रात की जागृति और रात के फ़न को सिर्फ़ माशूक़ के इन्तेज़ार में और प्राकृतिक दृश्य चित्रण तक सीमित नहीं रखा बल्कि रात के अँधेरे में उन्होंने ज़िन्दगी की जीवनदायिनी रोशनी भी देखी है। ज़िन्दगी की थकन और फिर दुबारा थकने के लिए इसकी तैयारियाँ, रात के परदे में छुपी ज़िन्दगी के आसार, गुनाहों का एहसास व एतराफ़, रात के अँधेरे में उभरती हुई रोशन सच्चाइयाँ, ज़िन्दगी और फिर उसमें शायर का डूब जाना, अपने-आपको पा लेना। इन सारी आन्तरिक व आत्मिक हालात को फ़िराक़ ने ग़ज़ल के अशआर में उभारा। कुछ अशआर इस लहजे के भी देख लें...

अब दौरे आसमाँ है न दौरे-हयात है
ऐ दर्दे हिज्र तू ही बता कितनी रात है

× × ×

उनवान ग़फ़लतों के हैं फुरक़त हो या विसाल
बस फ़ुरसते हयात फ़क़त एक रात है-

× × ×

तन्हाई की रातों में अक्सर मुझको मिलवाया मुझसे
उस वक़्त ये समझा मैं क्या हूँ जब हिज्र में जी घबराया है

हर ज़र्रे पर अब कैफ़ियते- नीम शबी है
ऐ साक़ीए दौराँ ये गुनाहों की घड़ी है

× × ×

ले के दिले नजूम को डूबी है नब्ज़े-कायनात
आलमे सुब्हे ज़िन्दगी, रात अगर कटी तो देख

× × ×

ये सन्नाटा है मेरे पाँव की चाप
फ़िराक़ अपनी आहट पा रहा हूँ

रोशनी में फ़िराक़ की ज़िन्दगी किस तरह कटी, साहित्य के लोग लगभग वाक़िफ़ हैं लेकिन रात की तन्हाई में गुज़रनेवाले लम्हात से वह लोग भी वाक़िफ़ न हो पाये जो उनके क़रीब थे। ऐसी रातों में साथ देनेवाला उनकी ज़िन्दगी का साझीदार उनके एहसास में काँटे चुभो गया लेकिन दुनिया-ए-शायरी में यह काँटा बड़ा काम कर गया। फ़िराक़ की ज़िन्दगी की कड़वाहट, दौड़-धूप और जेहाद से भरी रही, अध्ययन विस्तृत होता रहा। ज़िन्दगी की व्यस्तता और इश्क़ो जमाल के शऊर के लिए जो अनुभव और अन्तर्दृष्टि होनी चाहिए वह सब फ़िराक़ को नसीब हुए लेकिन इन कठिनाइयों से निराश होकर उन्होंने फ़ानी की तरह कलेजा नहीं पकड़ा।

असग़र की तरह ग़ैर मामूली गम्भीरता व ख़ुश्की नहीं तैरायी। जिगर की तरह धीमापन नही अपनाया बल्कि अध्ययन व अवलोकन, सोच व फ़िक्र और रचनाओं व आलोचनाओं के इस सन्तुलित राह से गुज़रे जिसका रास्ता हिन्दुस्तान के उस बड़े रास्ते से जा मिला जो शायरी को वैश्विक महानता

प्रदान करके उसे शाश्वत जीवन से सम्बद्ध करता है। फ़िराक़ ने व्यक्तिगत विचारों व कल्पनाओं को उर्दू शायरी के उस विस्तृत कैनवास में सम्मिलित कर दिया जहाँ सिर्फ़ हिन्दुस्तान की ही नहीं बल्कि पूरी दुनिया धड़कती नज़र आती है।

रात की तमाम सूरतें, दशाएँ, इशारे व संकेत जो फ़िराक़ के यहाँ मिलते हैं वह न उर्दू के पुराने शायरों के यहाँ नज़र आते हैं और न समकालीन में। फ़िराक़ की यह अपनी अलग दुनिया है जो सूरज की किरणों से नहीं बल्कि चाँद की किरणों और शाम की उदासी से शुरू होती है और रात गये जवान होती है...वे रातें जो किसी ज़माने में फ़िराक़ पर भारी थीं। एक ज़िन्दगी नज़र आती थीं, फ़िराक़ को बहुत-कुछ दे गयीं और इस हद तक रातों ने फ़िराक़ को फ़िराक़ ने रातों को हसीन बना दिया और कहा...

तारीकियाँ चमक गयीं आवाज़े दर्द से
मेरी ग़ज़ल से रात की ज़ुल्फें सँवर गयीं

× × ×

छिड़ते ही गज़ल बढ़ते चले रात के साये
आवाज़ मेरी गेसुए शब खोल रही है

× × ×

जब साज़े-ग़ज़ल को छूता हूँ रातें लौ देने लगती हैं
ज़ुलमात के सीने में हमदम मैं रोज़ चिरागाँ करता हूँ

× × ×

ख़ुनक सियह महके हुए साये फैल जाते हैं जल-थल पर
किन जतनों से मेरी ग़ज़लें रात का जूड़ा खोले हैं

फ़िराक़ के सैकड़ों अशआर, आधी रात और झलकियाँ-जैसी नज़्में और बाज़ रुबाइयों में रात इस तरह ज़िन्दा और जागती नज़र आती हैं गोया वह दिन की तरह जगमगा रही है।

फ़िराक़ की शायरी का यह पहलू जिस क़दर जिज्ञासा और आश्चर्य से भरा है उसी क़दर जानदार और चमकदार है कि जिसने इसका मज़ा ले लिया वह फ़िराक़ की शायरी जल्द भूल नहीं सकता।

रात भर के जागे हुए फ़िराक़ को अब हमेशा के लिए नींद आ चुकी है। इनसे सम्बन्धित किसी बहस को छेड़ते हुए या इनकी शख़्सियत के टेढ़ेपन पर उँगली उठाते हुए अब भी एक बेनाम-सा ख़तरा महसूस होता है कि वह बेदार न हो जायँ और ज़िन्दगी भर के जागे हुए फ़िराक़ की नींद न उचट जाय।

◆◆◆

फ़िराक़ का तसव्वुरे-इश्क़

उर्दू ग़ज़ल और दिल व जिगर की कहानियाँ या मामलाते-हुस्नो-इश्क़ का चोली-दामन का साथ है। कुछ इस हद तक कि ज़्यादातर ग़ज़ल के आशिक़ ग़ज़ल का मतलब ही संयोग व वियोग वग़ैरह की बातें समझते हैं और इस हवाले से ग़ज़ल को एक रोमानी और गीतात्मक शायरी की विधा समझकर सैर-व तफ़रीह या चटख़ारे की चीज़ समझते रहे हैं। इसको लेकर उर्दू शायरी आमतौर पर ग़ज़ल की शायरी ख़ास तौर पर नेक नाम से ज़्यादा बदनाम हुई। यह सच है कि ग़ज़ल का जो मिज़ाज है या उसकी जो परम्परा रही है उसके मुख्य विषय लगभग यही रहे। फ़िराक़ ने अपनी किताब 'उर्दू की इश्क़िया शायरी' में एक जगह लिखा है.....

> ''उर्दू की इश्क़िया शायरी की खुशबू हमें उर्दू ग़ज़ल में मिलती है।'' फ़िराक़ आगे लिखते हैं....''क्या ग़ज़ल की तकनीक हमें इसकी इजाज़त देती है कि ठेठ मोहब्बत के जज़्बात व नफ़्सियात या हयात कायनात (ज़िन्दगी व दुनिया) के मरकज़ी हक़ायक़ (सच्चाइयाँ) और उसूलों के अलावा हम कुछ कहें? हम ग़ज़ल को फुरुआत व तफ़्सीलात (शाखें व विस्तार) और ख़ारजी तसलसुल के एत्‌नाब (विस्तार) से महफूज रखें तभी अच्छा है...लेकिन एक सुरापन थका देनेवाली यकसानियत की ख़राबी से भी ग़ज़ल को बचाना चाहिए।''

लेकिन क्या मामलाते-हुस्नो-इश्क़ में भी एक सुरापन और थका देनेवाली यकसानियत (एक समान) हो सकती है। जबकि मामलाते-इश्क़ या इश्क़ की भावना सदाबहार है और सदियों से रवाँ दवाँ है और रवाँ दवाँ रहेगी। और फिर फ़िराक़ भी तो कहते हैं.......

> हज़ार बार ज़माना इधर से गुज़रा है।
> नयी-नयी-सी है कुछ तेरी रहगुज़र फिर भी।।

तो फिर इसमें नया क्या है?

यही वह सवाल है जो इश्क़ के दरवाज़े खोलता है। इश्क़ को ग़ैर संजीदगी और हलकेपन से बचाता है और कमज़ोर भावनाओं को एक उत्कृष्टता प्रदान करता है। यही वह फ़िक्र है जो मीर तक़ी मीर के पिता को मीर से यह कहने पर मजबूर करती है....

"अरे बेटे इश्क़ अख़्तियार कर कि इस कारख़ाने में इसी का तसर्रुफ़ (ख़र्च) है। अगर इश्क़ न हो तो नज़्म की सूरत नहीं पैदा हो सकती। इश्क़ के बग़ैर ज़िन्दगी बवाल (बोझ) है। दिल बाख़्त-ए-इश्क़ (दिल हारा हुआ इश्क़) होना कमाल की अलामत (निशानी) है। सोज़ो-सात (दुःख-सुख) दोनों इश्क़ से हैं। आलम (दुनिया) जो कुछ है वह इश्क़ का ज़हूर (जाहिर होना) है।"

इश्क़ ही इश्क़ है जहाँ देखो
सारे आलम में भर रहा है इश्क़

और फिर यह फलसफ़ए-इश्क़ अपने दरजात तय करता हुआ आत्मज्ञान, मौत व ज़िन्दगी, बन्दा व ख़ुदा वग़ैरह की मंज़िलों को छूता हुआ अपना सफ़र तय करता रहा। लेकिन यह बढ़ता हुआ सफर अपने इस दुनियावी ख़याल या इश्क़ के उस असली भावना से बोझिल होता गया जिसका सम्बन्ध काम भावना से है हालाँकि अमली तौर पर ऐसा मुम्किन नहीं। वजीर आग़ा ने इकबाल के तसव्वुरे इश्क़ पर बातें करते हुए लिखा है......

"जहाँ तक तसव्वुफ़ (भक्ति) के इश्क़ का ताल्लुक है तो वह बेशक किसी माद्‌दी महबूब (दुनियावी महबूब) के सरापा (नखशिख) से मुन्सलिक (लगा हुआ) नहीं। ताहम अपने मिज़ाज और कारकरदगी के एतबार से वह माद्‌दी इश्क़ (भौतिक प्रेम) से मुश्शाबह (समानता) है। शायद यही वजह है कि फ़ारसी और उर्दू के सूफ़ी शोअरा के यहाँ ज़्यादातर जिन्सी तलाज़ुमात (कामुक निर्भरता) ही के ज़रिये इश्क़ की सारी दास्तान बयान होती है।"

यहाँ उस जिन्स (काम) की बात नहीं हो रही है जो इन्सान को कमज़ोर कर देता है बल्कि उस जिन्स की बात, जो इन्सान के जिस्म में एक आग की तरह रौशन है और एक ताक़त की तरह काम करती रहती है। वली ने कहा है......

शग़ल बेहतर है इश्क़बाजी का
क्या हक़ीक़ी व क्या मजाज़ी का

यही वह बुनियादी नुक्ता है जो अमीर मीनाई जैसे संजीदा शायर को. ..'जोबन भी दिखाओ साहब' और दर्द जैसे सज्जादा नशीन (ख़ानक़ाह में बैठनेवाला) को यह कहने पर मजबूर करता है...'बन्देक़बा से खोल टुक ऐ गुलबदन गिरह' और ग़ालिब ने भी अपने ढंग से कहा था....

नींद उसकी है दिमाग़ उसका है, रातें उसकी हैं
तेरी ज़ुल्फ़ें जिसके बाज़ू पर परीशाँ हो गयीं।

इश्क़ को फ़लसफ़ा इश्क़ को आत्म अनुभव और मौत व ज़िन्दगी से इसके रिश्ते तो उर्दू शायरी में शुरू से ही मिलते हैं। प्रारम्भिक शायरों ने इधर-उधर भटकने के बावजूद उसे एक गम्भीर स्थान व पद से कामयाब किया जिस पर ख़ूब लिखा भी जा चुका है लेकिन कामुकता को एहसास व होशमन्दी और फ़िक्र व फ़लसफ़ा का हिस्सा बनाकर, महबूब के शारीरिक सम्बन्ध को ग़ज़ल के पैमाने में उतारने का सेहरा आम तौर पर फ़िराक़ को दिया जाता है। जिस्म किस तरह संसार बनता है इश्क़ किस तरह इश्क़े इन्सानी में परिवर्तित होता है और वह किस तरह ज़िन्दगी व दुनिया से रिश्ते मज़बूत करता है यह सब-कुछ फ़िराक़ की फ़िक्र व शायरी में साथ दिखायी देता है। अगरचे फ़िराक़ से ज़रा पहले हसरत भी रोमानी व जिस्मानी शायरी का झण्डा बुलन्द किये हुए थे लेकिन सच यह है कि फ़िराक़ के मुकाबले उनका हुस्न किसी और दुनिया का है। इस छोटे-से लेख में हसरत की रोमानी शायरी का विश्लेषण मुम्किन नहीं। फिर भी उनकी बुनियादी ख़िदमत से समझी जा सकती है कि उनकी शायरी कटार व तलवार, जुदाई, रक़ीब (प्रतिद्वन्द्वी) वग़ैरह के परम्परागत सोच से अलग होती है। वह पहले शायर हैं जिन्होंने अपने इश्क़ को बड़ी सादगी व बेबाकी से लिया और इश्क़ के हर अमल में माशूक़ को भी हिस्सेदार रखा। इनके यहाँ विरह की कोई कल्पना नहीं है। ज़मीरुद्दीन अहमद अपनी किताब 'ख़ातिरे मासूम' में हसरत के सम्बन्ध में लिखते हैं.....

"महबूब की हफ़्त रंग जिन्सियत (सतरंगी कामुकता) हसरत की ग़ज़ल में इतनी रची-बसी है कि फ़र्क़े महबूब व मोहिब्ब

(मोहब्बत करनेवाला) जगह-जगह मिट गया है। दोनों को एक-दूसरे की जिन्सियत का एहसास व इदराक है।''

हसरत पर बातें फिर कभी....इस सम्बन्ध में और इसी सिलसिले में फ़िराक़ के ख़यालात को समझने की कोशिश करें।

फ़िराक़ के बारे में आम ख़याल है कि उन्होंने अपनी शुरुआती ज़िन्दगी में ख़ासी तकलीफ़ें उठायीं। कम उमरी में पिता का इन्तेक़ाल हो गया। बड़े होने की वजह से ज़िम्मेदारियों का एक बोझ आन पड़ा। कच्ची उम्र में एक कमसूरत औरत से शादी हो गयी जिसकी मुसीबत का ढिंढोरा वह सारी ज़िन्दगी पीटते रहे। अति संवेदनशील होने की वजह से उन्हें नींद आने की बीमारी लग गयी। कुछ और ऊँच-नीच जो अक्सर इन्सानों की ज़िन्दगी में हो जाया करती हैं, पर फ़ैसला होता है इसके रद्दो क़बूल की उत्पत्ति स्तरों से अलग-अलग दुनिया सँवर जाती है या बिखरती जाती है। यही वजह है कि कोई फ़िराक़ बन जाता है और कोई फ़ानी, फ्रायड शेरो-शायरी को शख़्सियत का बीमार चिन्तन और उसके परिणाम को दुर्भाग्यहीनता का ख़्वाब बताता है और इस तरह फ्रायड के यहाँ शायरी, शायर की मरीज़ाना शख़्सियत का झूठा आरोप बनकर रह जाती है। फ्रायड ने यह भी लिखा है कि जब इन्सान मुसीबतों, महरूमियों का शिकार होता है तो आम तौर पर दो प्रवृत्तियाँ उसके अन्दर पैदा होती हैं। एक तो काम की भावना, दूसरी मौत की ख़्वाहिश....फ़िराक़ का कामुक असन्तोष उन्हें जिस मुक़ाम पर ले गया इसकी ज़िन्दा मिसालें हैं लेकिन मौत, यहाँ फ़िराक़ जवाँमर्दी दिखा गये। (यही फ़र्क है फ़ानी और फ़िराक़ में) कामुकता के मामलात को भी फ़िराक़ ने एक सभ्यता व समानता और फ़लसफ़ा के रूप में लिया। फ़िराक़ के कामुक मामलात के किस्से दूर-दूर तक मशहूर हुए। कुछ उन्होंने खुद से भी किये। उनको इन सब चीज़ों में बड़ा मज़ा आता था। उर्दू की इश्क़िया शायरी के समर्पण को देखें.....

.........के नाम
ऐ जाने फ़िराक़

देहली की एक रात याद करो। जब एक मुद्दत तक बिछुड़ने के बाद तुम्हारे तपाक और सुपुर्दगी को देखकर मैं आबदीदा (नम आँख) हो गया और बे अख़्तियाराना ये शेर कहा....

इस पुरशिसे करम पे तो आँसू निकल पड़े।
क्या तू वही खुलूसे सरापा है आज भी।।

जोश ने अपनी किताब 'यादों की बारात' में अपने अठारह इश्क़ का ज़िक्र किया है। फ़िराक़ अगर बाक़ायदा अपनी जीवनी लिखते तो न जाने कितने दर्जन माशूक़ों का ज़िक्र करना पड़ता और न जाने कितने अत्तार (दवा-विक्रेता) के लौंडे इसके मुख्य किरदार होते। लेकिन यह तस्वीर का एक रुख़ है जो बज़ाहिर कमज़ोर है पर उतना ही सादा और मासूम भी... दूसरा रुख़ उतना ही चमकदार, जानदार और दावते फ़िक्र देता है। जिसने फ़िराक़ के इस शेर को भी उर्दू के उम्दा, सौन्दर्यबोध से भरे अशआर की विशेषता में ला खड़ा कर दिया....

ज़रा विसाल के बाद आईना तो देख ऐ दोस्त।
तेरे जमाल की दोशीज़गी निखर आयी।।

लज़्ज़त और काम की इच्छा एक फ़ितरी अमल ज़रूर है लेकिन इसके जुनून की तेज़ी हैवानियत के रास्ते पर ले जाती है। कमज़ोर और घिनावनी भावनाओं और दशाओं पर क़ाबू पाना और उसमें सन्तुलन और ठहराव पैदा करना यानी बुल हवसी से लेकर गम्भीरता का यह सफ़र एक खुरदुरा और सब्र आज़मा दशाओं का सफ़र है जो हर एक के बस की बात नहीं। इसके लिए बेहद सब्र व कुर्बानी और अभ्यास की ज़रूरत होती है और शमा पर न्योछावर होने और जल जाने के बजाय निखरकर सोना बनने की ज़रूरत हुआ करती है। फ़िराक़ ने ही कहा था.....

> "इश्क़ एक शदीद तरीन एहसास (तीव्रतम अनुभव) का नाम है। बुनियादी तौर पर या मरकज़ी तौर पर तो इसका मख़्जन (ख़जाना) या ताल्लुक़ जिन्सियात या सहवानियात (शारीरिक सम्बन्ध) में मिलेगा और यहाँ से उभरकर जज़्बात और नफ़्सियात को अपनी लपेट में लेता हुआ तमाम कोवाए इन्सानी (इन्सानी कुब्बतें) और तमाम शख़्सियत में यह एहसास या यह ग़ैबी तहरीक (आन्दोलन) भर जाती है और शश जिहत (छवों तरफ़) से इन्सान पर छा जाती है।" (उर्दू की इश्क़िया शायरी, पृष्ठ 11)

और आगे वह लिखते हैं...

"ज़िन्दगी जिन्सियत से एबारत (सजी-सँवरी) है। जब जिन्सियत हाजत रवाई (आवश्यकता की पूर्ति) या एक आरज़ी हालत होकर रह जाती है तब मुहब्बत एक नाम नेहादी और ज़लील या गिरी हुई चीज़ बनकर रह जाती है और बक़ौल एडवर्ड कारपेण्टर....गुनाह उन हालतों और अफ़आल (क्रियाओं) का नाम है जिसमें हमारी पूरी शख़्सियत मुन्हमिक (डूबी हुई) न हो....बर्नार्ड शॉ के नाटक 'मैन एण्ड सुपरमैन' में शैतान कहता है कि जेहन्नुम नाम है तज़बज़ुब (सन्देह) का........कुव्वते इदराक और कुव्वते इरादी बग़ैर कुव्वते जज़्बात, ज़लालत (निकृष्टता), ख़बासत (दुष्टता), ख़ुशूनत (कठोरता), बेदर्दी और ज़ुल्म की कुवतें बन जाती हैं। दुनिया को निकम्मों से उतना नुकसान नहीं पहुँचा है जितना मुहब्बत से मोबर्रा अफ़राद (प्रेमविहीन व्यक्ति) के अमल से पहुँचा है।"

(उर्दू की इश्क़िया शायरी, पृष्ठ 30)

फ़िराक़ ने अपनी किताब 'उर्दू की इश्क़िया शायरी' और ख़तों का संग्रह 'मन आनम' में फ़लसफ़ए-इश्क़, जिन्सियत और अम्रदपरस्ती (समलैंगिकता) औरत-मर्द के सम्बन्ध पर बड़ी बारीकी और निडरता से बहस की है। 'उर्दू की इश्क़िया शायरी' में वह लिखते हैं...

"मैंने अम्रदपरस्ती या अपने हमजिन्सों (समलैंगिक) से जिन्सी मुहब्बत के मुअम्मे (पहेली) पर भी एक उम्र तक ग़ौर किया और मैं इस नतीजे पर पहुँचा हूँ कि जिस पर एडवर्ड कारपेण्टर भी अपनी किताब 'मुहब्बत का बलूग' (Love's Coming of Age) में पहुँचा है लेकिन बहुत बड़ी हद तक अम्रदपरस्ती या हमजिन्सों से जिन्सी मुहब्बत एक बग़ावत है उस माहौल के ख़िलाफ़ जिसके असर से औरत में अमर्दाना सिफ़ात की नश्व वो नुमा (समृद्धि) नहीं होने पाती जिसके कारण वह मर्दों की हमनफ़स व हमख़याल और जीवनसाथी सही मानों में नहीं बन सकतीं।" (पृष्ठ 33)

इसके बाद दुनियावी इश्क़ पर विस्तार से बात करते हैं। अब देखना यह है कि गद्य की इन किताबों में बाहृय और खुली बहस को वह अपने

अशआर में किस तरह ढाल पाये कि शायरी दूसरी चीज़ है और फ़िराक़ के ही ख़याल के अनुसार.........."शायरी उस हैजान (अशान्ति) का नाम है जिसमें सुकून के सिफ़ात पाये जायँ।"

सुकून से उनका अर्थ यह है कि रक़्स की हरकतों में संगीत के उतार-चढ़ाव में इन्तेहाई हैजान, इन्तेहाई सुकून की शक्ल में प्रतीत होता है। कलाओं में लय और बहाव का यह राज़ सुकून और तड़प का यही सम्मिश्रण है। ज़िन्दगी इस तरह अपने-आपको फिर पा जाती है। आइये सीधे फ़िराक़ के कुछ अशआर देखें...

उस जा तेरी निगाह मुझे ले गयी जहाँ
लेती हो जैसे साँस अनासिर की कायनात

× × ×

रफ़्ता रफ़्ता इश्क़ मानूसे-जहाँ होता चला
ख़ुद को तेरे हिज्र में तन्हा समझ बैठे थे हम

× × ×

पयामे-हुस्न पयामे जुनूँ, पयामे फ़ना
तेरी निगह ने फ़साने सुनाये हैं क्या क्या

× × ×

मेहरबानी को मोहब्बत नहीं कहते ऐ दोस्त
आह अब मुझसे तेरी रंजिशे-बेजा भी नहीं

× × ×

बहुत दिनों में मुहब्बत को यह हुआ मालूम
जो तेरे हिज्र में गुज़री वह रात, रात हुई

× × ×

एक फुसूँ सामाँ निगाहे-आश्ना की देर थी
इस भरी दुनिया में हम तन्हा नज़र आने लगे

× × ×

इश्क़ की आग है वह आतशे सोज़ फ़िराक़
कि जला भी न सकूँ और बुझा भी न सकूँ

× × ×

मुहब्बत ही नहीं जिसमें वह क्या दरसे अमल देगा
मुहब्बत तर्क कर देना भी आशिक ही को आता है

एक मुद्दत से तेरी याद भी आयी न हमें
और हम भूल गये हों तुझे ऐसा भी नहीं

× × ×

तेरी निगाहों से बचने में उम्र गुज़री है
उतर गया है रगेजाँ में नेश्तर फिर भी

× × ×

मैं आसमाने मुहब्बत से रुख़सते-शब हूँ
तेरा ख़याल कोई डूबता सितारा है

ये अशआर बज़ाहिर इश्क़िया अशआर हैं लेकिन आप इन्हें सिर्फ़ चूमा-चाटी, होंठ व गाल की शायरी नहीं कह सकते। इनमें आशिक़ाना भावनाओं के साथ-साथ ज़माने के बाज़ ऐसे तत्त्व झाँकते और झलकते नज़र आयेंगे जो फ़िराक़ की गहरी सोच और चिन्तन का हिस्सा हैं। शायरी की सतह पर फ़िराक़ ने शायद इश्क़ो आशिक़ी को ब्रह्मचर्य अन्दाज़ में देखा हो। उनका तसव्वुरे इश्क़, उनके शऊर व समझ और अनुभव का हिस्सा है। उनकी गहरी फ़िक्र के मज़बूत रचनात्मक प्रभाव के बारे में एहतेशाम हुसैन ने लिखा है...

"फ़िराक़ की गज़लगोई इस माने में उनके आशिक़ाना तजुर्बों या फ़िक्री मयलानात (झुकाव) की तर्जुमानी नहीं है। जिसे उर्फ़े आम में वारदाते क़ल्बिया (दिल की वारदात) या उमूरे ज़ेहनिया (दिमाग़ का मामला) का इन्क़लाब कहा जायगा। इसमें वह रियाज़े नफ़्स भी शामिल है जो इल्म और वुकूफ़ (ज्ञान) की देन है। इस तरह की उनकी शायरी एक मावराए शख़्सियत की हामिल (वाहक) बन जाती है। जो नफ़्सियाती एतबार से शख़्सियत के बाज़ पहलुओं का मज़हर होने के बावजूद कायनाती (वैश्विक) है। क्योंकि उनके यहाँ कायनात को समझ लेने की ख़्वाहिश शिद्दत के साथ पायी जाती है। इसी वजह से फ़िराक़ की शायरी के सिलसिले में आफ़ाक़ियत (दुनिया) का ज़िक्र बार-बार आता है।

यह आफ़ाक़ियत, अस्रियत (समकालीनता) की नफ़ी (नकार) नहीं करती और सच तो यह है कि आफ़ाक़ियत का तसव्वुर अस्रियत ही के परदे में होता है। हर अच्छे फ़नकार के अन्दर उसका अहद (युग) साँस लेता है और बक़ौल फ़िराक़ उसकी सदी बोलती है। उसका वह शऊर बोलता है जिसे ज़िन्दगी के तजुर्बात ने गिज़ा (खाद्य) दी है।''
(काफ़िरे-ग़ज़ल)

फ़िराक़ के इश्क़ वो मुहब्बत के चरचे आम रहे। फ़िराक़ इस क़िस्म की शोहरत चाहते भी थे। कभी-कभी ख़ुद भी क़िस्सा बना लिया करते थे ताकि ज़माना उन्हें एक आदर्श आशिक़ समझे। फ़िराक़ के साथ ये एक नफ़्सियाती मसला होने के बावजूद सच यह है कि वह एक कमज़ोर इन्सान या कमज़ोर आशिक़ न थे बल्कि कायस्थ घराने के मज़बूत संस्कारों में ढले हुए दृढ़ इच्छा-शक्ति के इन्सान थे। जिसने अपनी प्रारम्भिक ज़िन्दगी में ख़ूब-ख़ूब दुःख झेले लेकिन साहित्य से लगाव कुछ ऐसा कि हर इम्तेहान विशिष्ट नम्बरों से पास किया। पिता का इन्तेक़ाल हुआ तो वह टूटकर बिखरे नहीं बल्कि आगे बढ़ने का एक सबक़ सीखा। पी०सी०एस० वग़ैरह में चुने गये लेकिन वतन दोस्ती और इन्सान दोस्ती की भावनाओं ने सब पर ठोकरें लगायीं और फिर जब शायरी शुरू की तो वह लिखते हैं....

''इन तकलीफ़देह और कर्ब आगीं (दुःख भरे) हालात में मैंने शायरी की ओर बहुत आहिस्ता-आहिस्ता अपनी आवाज़ को पाने लगा। मेरा दाख़िली मूड ख़ारजी माहौल तो बचपन ही से बन गये थे। अब जब शायरी शुरू की तो मेरी कोशिश यह हुई कि अपनी नाकामियों और अपने ज़ख्मी खुलूस के लिए अशआर के मरहम तैयार करूँ। मेरी ज़िन्दगी जितनी तल्ख़ (कड़वी) हो चुकी थी उतने ही पुर सुकून और हयात अफ़ज़ा अशआर कहना चाहता था....''
(मन आनम)

दुविधा व सन्देह तो फ़ितरी था लेकिन जल्द ही वह बुराई से अच्छाई की तरफ़, ग़म से खुशी की तरफ़ बढ़ने लगे लेकिन आमादगी की यह मंज़िल कोई आसान नहीं। इसके लिए बड़ी मेहनत व साधना से गुज़रना पड़ता है और फिर बक़ौल एहतेशाम हुसैन.....

"तज़ादाद (विरोधाभास) के तनाव से नयी हक़ीक़त का इन्केशाफ़ (स्पष्ट) होता है और इसकी ला तादाद शक्लें हो सकती हैं। फ़न की सतह पर ये अमल माने और लफ़्ज (शब्द) मफ़हूम (अर्थ) व सूरत, एहसास व इज़हार (अभिव्यक्ति) की कशमकश के रूप में नुमायाँ होता है और फ़न का तखलीक़ी (रचनात्मक) ज़ेहन इसे फ़न्नी (कलात्मक) पैकर दे देता है।"

फ़िराक़ का ख़याल है कि इस उलझन, द्वन्द्व व टकराव से बाहर निकलने में सिर्फ़ एक भावना काम करती है और वह है इश्क़ की भावना और इसकी सेहतमन्द और जीवनदायी शक्लें और परतें और फ़िराक़ के एहसास और फिर संस्कृति व साहित्य से गहरा लगाव होने के कारण, गहरा अध्ययन, तभी तो वह स्वीकार करते हैं.......

"इश्क़ के ग़म व निशात (खुशी) और हुस्न के तसव्वुर (कल्पना) की तहजीब (सभ्यता) व तालीफ़ शुरू ही से मेरी कोशिश थी। इश्क़िया शायरी को सतहियत (निकृष्टता), तल्खी, ख़ुश्की, ख़ुशूनत, मुगायरत (अजनबियत) और छोटेपन से बचाना और उसमें ज़िन्दगी की आला तरीन (उच्चतम) क़दरें समोना, यही मेरी कोशिश रही है। मग़रीबी अदब (यूरोपीय साहित्य) ख़ुसूसन, वर्डसवर्थ की शायरी और अंग्रेज़ी अदब के दीगर (दूसरे) अकाबिर व मशाहीर (श्रेष्ठ और प्रसिद्ध) के कारनामें, संस्कृत अदब के कारनामें मुझे मुतास्सिर (प्रभावित) करते रहे....मेरी उर्दू शायरी जज़्बात व ख़यालात के मामले में मेयारी (उच्च) शायरी के मामले में जितनी ग़ैर उर्दू अदब से मुतास्सिर रही उतना उर्दू शायरी से नहीं रही। (मन आनम)

इश्क़ अपनी राह पा ले तो दिल क्या पूरी दुनिया पर विजय हासिल कर ले...बस बस इन दरजों और हालतों के ज्ञान की ज़रूरत हुआ करती है। फ़िराक़ का इश्क़...इस दरजे का इश्क़ न सही जहाँ ख़ुदा और बन्दे का फ़र्क़ उठ जाया करता है। फ़िराक़ का वह रास्ता न था। वह भक्ति और ईश्वर प्रेम की दुनिया के आदमी न थे। वह शमा में जलकर भस्म हो जाने पर यक़ीन भी नहीं रखते थे बल्कि वह उस दुनिया के आशिक़ थे जहाँ इन्सान बसते हैं और उनका ख़याल है कि इन्सान का इन्सान से इश्क़ ज़िन्दगी व

दुनिया से इश्क़ की बुनियाद जिन्स (सेक्स सम्बन्धी) है। किसी एक से जुनून की हद तक प्यार....ऐसा प्यार जो हड्डी तक पिघला दे, जो दिल वो दिमाग़ में सितारों की चमक और जलन व पिघलन पैदा कर दे। फिर कोई भी फ़लसफ़ा हो, फ़लसफ़ए इश्क़ के आगे उसकी चमक हल्की रहती है। हर फ़लसफ़ा इसी परिप्रेक्ष्य, इसी पृष्ठभूमि को तलाश करता रहता है। फ़िराक़ ने जब होश व हवास की आँखें खोलीं दाग़ और अमीर मीनाई का चिराग़ गुल हो रहा था। सिर्फ़ उर्दू शायरी में ही नहीं, पूरी दुनिया में एक नयी बिसात बिछ रही थी। क़ौमी ज़िन्दगी एक नये रंग वो आहंग से दो-चार थी। समाजवाद का बोलबाला था। वह समाजवाद से प्रभावित हुए। तरक्की-पसन्द तहरीक (प्रगतिशील आन्दोलन) से जुड़े। खुद स्वीकार करते हैं......36 ई० से इश्तेराकी फ़लसफ़ा ने मेरे इश्क़िया शऊर और मेरी इश्क़िया शायरी को नयी वुस्अते (विस्तार) और नयी मानवियत (अर्थ) अता की।''

अब ज़रा उन अशआर को देखिये जिसमें इश्क़ का बदला हुआ, संभला हुआ और ज़िन्दगी से सम्बन्धित प्रतिबिम्ब दिखायी देगा। कुछ अशआर अध्ययन कीजिये.....

तू एक था मेरे अशआर में हज़ार हुआ
इस एक चिराग़ से कितने चिराग़ जल उठे

× × ×

तेरा फ़िराक़ तो उस दम तेरा फ़िराक़ हुआ
जब उनको प्यार किया मैंने जिनसे प्यार नहीं

× × ×

फ़िराक़ एक हुए जाते हैं ज़मानों मकाँ
तलाशे-दोस्त में मैं भी कहाँ निकल आया

× × ×

तुझी से रौनक़े बज़्मे हयात है ऐ दोस्त
तुझी से अंजुमने महर व माह है रौशन

× × ×

ज़िन्दगी को भी मुँह दिखाना है
रो चुके तेरे बेक़रार बहुत

× × ×

हासिले हुस्नो इश्क़ बस है यही
आदमी आदमी को पहचाने

× × ×

इस दश्त को नग़मों से गुलज़ार बना जायें
जिस राह से हम गुज़रें कुछ फूल खिला जायें

× × ×

अजब क्या कुछ दिनों के बाद ये दुनिया भी दुनिया हो
ये क्या कम है मुहब्बत को मुहब्बत कर दिया मैंने

× × ×

क्या है सैर गहे ज़िन्दगी में रुख़ जिस सिम्त
तेरे ख़याल टकरा के रह गया हूँ मैं

अगर कोई यह समझे कि फ़िराक़ का तसव्वुरे इश्क़ सिर्फ़ फ़िराक़ की अपनी तबीयत की पैदावार, अपने हादसात व तजुर्बात की बुनियाद पर खड़ा है तो यह बात पूरे तौर पर सच न होगी। फ़िराक़ का इश्क़ उनकी अपनी कामुकता से फूटता है। लेकिन जल्द ही उनका इन्सानी व चारित्रिक शऊर ज़माना और ज़माने की कहानियों से फ़ितरी रिश्ते जोड़ता हुआ, बोलती और धड़कती हुई इन्सानी सभ्यता और इन्सानी इज़्ज़त के इन्द्रधनुष में एक दिलकश और प्रभावपूर्ण रंग भरकर उभरता है। बात सिर्फ़ यहीं तक नहीं बल्कि उन तमाम सियासी और समाजी आन्दोलन से भी असर क़बूल करता है जिसको फ़िराक़ ने महसूस किया और आत्मसात् किया। वह लिखते हैं.....

"मेरी शायरी में अगर वाक़ई कुछ बड़ी चीजें हैं तो वह सब ईजाद बन्दा (आविष्कार) नहीं हैं बल्कि हिन्दुस्तान की देन हैं। जिसकी नशातुस्सानिया (पुनर्जागरण) राजा राममोहन राय के वक़्त से शुरू हो चुकी थी। जो इश्क़िया शायरी एक बड़ी क़ौमी ज़िन्दगी और एक बड़ी तहज़ीब की पैदावार होगी वह क़ौम के छोटे हालक़ाल या महज़ तफ़न्नुने-तबा (तबीयत) का बाइस न बनेगी।

बल्कि विज़्दान व तफ़क्कुर (फ़िक्र) की एक बड़ी यूनिवर्सिटी होगी। बड़ी इश्क़िया शायरी की निगाह में जहाँ एक तरफ़ माशूक़ होता है, वहाँ दूसरी तरफ़ क़ौमी ज़िन्दगी और उसके इम्कानात (सम्भावनाएँ) होते हैं।"

(मन आनम)

अब मैं उनके तसव्वुरे इश्क़ या फ़लसफ़ए इश्क़ से सम्बन्धित कुछ पैराग्राफ पेश करता हूँ –

"जिस तरह तूलूए आफ़ताब (सूर्योदय) में, और तारों के उगने में, भूख और प्यास में, मनाज़िरे कुदरत में, मीठी नींद के बाद उठने में, पुरानापन और नयापन, फरसूदगी (बासीपन) और ताज़गी हमेशा बाक़ी रहेगी उसी तरह इश्क़ में भी रही है और रहेगी...."

(उर्दू की इश्क़िया शायरी)

"दुनियावी आज़माइशों से सही असर लेकर अगर कोई आशिक़ बच निकला तो उसकी हैसियत दुनिया के लिए एक पैग़म्बर की होगी..."

(उर्दू की इश्क़िया शायरी)

"मुहब्बत बग़ावत की वह आँधी है, इन्क़लाब का वह तूफ़ान है, बरबादी के ज़लज़ले की वह गड़गड़ाहट है जो रस्मो रिवाज़ तोड़कर बेहतर आईने ज़िन्दगी (जीवन संविधान) एक ज़िन्दा तरीन सुकून की तरफ़ इशारा करता है...."

(मन आनम)

"यह परस्तिशे दरे जानाँ (महबूब के द्वार की पूजा) पर जबीं साई (माथा टेकना) या रोने या गिड़गिड़ाने का नाम नहीं है। यह एक दाख़िली अमल से हुस्न के अक़दार (सम्मान) की तख़लीफ़ (रचना) होती है। जिन्सियत बजाय बक़ाये नस्ल की ज़ामिन होने के इर्तेक़ाए तहज़ीब (सभ्यता का विकास) की ज़ामिन बन जाती है।"

(मन आनम)

"इश्क़ का मक़सद माशूक़ से विसाल व कुर्ब (संयोग व बेचैनी) के अलावा जज़्बए इश्क़ और एहसासे जमाल को बुलन्द बनाता है। और आगे बढ़कर तहज़ीब व तमद्दुन (भाईचारा) की तख़लीफ़ करता है। शेक्सपीयर की इश्क़िया शायरी मलका एलीजाबेथ के ज़माने के इश्क़िया अज़ीम कारनामों से ग़ैर मुताल्लिक़ (असम्बन्ध)

नहीं है। शेक्सपीयर की शायरी, बकसेन की तस्नीफ़ात (रचनाएँ) नयी दुनिया की दरयाफ़्त (खोज) इंग्लिस्तान की निशातुस्सानिया (पुनर्जागरण) ये सब एक ही तारीख़ी अमल या दौर की पैदावार हैं।''

(मन आनम)

फ़िराक़ एक शायर तो थे ही, साथ ही एक चिन्तक और अध्यापक भी थे। सच्चा और वैकल्पिक अन्दाज़े फ़िक्र उनके मिज़ाज का हिस्सा था। इसी तरह उन्होंने अपने इश्क़ को साइन्सी और समाजी परिप्रेक्ष्य में जाँचा, परखा और पेश किया। वह मज़हब, भक्ति वग़ैरह के मैदान के शहसवार न थे। वह पूरी ईमानदारी से स्वीकार करते हैं कि वह सज़ा के ख़ौफ़ और जज़ा (पुण्य) के लालच से नेक आमाल (शुभकर्म) के क़ायल नहीं। किसी शख़्स की जिन्सी ज़िन्दगी उसकी पूर्ण अमली ज़िन्दगी का सिर्फ़ एक हिस्सा है और अगर ये पूर्ण ज़िन्दगी समाज को फ़ायदा पहुँचाती है तो ऐसे शख़्स को उसकी जिन्सी ज़िन्दगी की, बाह्य गन्दे आचरण की बुनियाद पर हम क़ाबिले लानत नहीं ठहरा सकते...इसीलिए फ़िराक़ का इश्क़िया तसव्वुर आध्यात्मिक व फ़लसफ़ियाना कम, समाजी और दुनियावी ज़्यादा है तो लोग मामलाते इश्क़ में उन्हें मीर का पैरूकार कहते हैं तो यह सच है कि फ़िराक़ मीर की शायरी से और मीर के इश्क़ से प्रभावित नज़र आते हैं। लेकिन सच यह भी है कि मीर और फ़िराक़ के इश्क़ में ख़ासी दूरी और फ़र्क़ है।

मीर ने इश्क़ को तलाशे इश्क़ का दरजा दिया। फ़िराक़ तलाशे इश्क़ में ज़िन्दगी दिशा व रफ़्तार, अस्तित्व व विकास की तस्वीरें देखते हैं। मीर इश्क़ को स्वयं को पहचानने का ज़रिया ख़याल करते हैं और इस स्वयं को पहचानने का रास्ता उन्हें बन्दा व ख़ुदा के हवालों से सच की पहचान तक ले जाता है यानी वह सूफ़ियाना रास्ते पर चले जाते हैं और उसी हवाले से वह चरित्र व सम्मान और सलीक़ा व शऊर तक पहुँचते हैं लेकिन फ़िराक़ का ज्ञान, शऊर व अनुभव उन्हीं को एक फ़लसफ़ियाना रूप देकर, सभ्यता व इतिहास, जीवन व ब्रह्माण्ड में फैल जाने, ज़मीन पर उतर जाने, रहस्य व भेद के परदे चाक करने पर आमादा करता है। मीर का इश्क़ किसी हद तक या कहीं-कहीं वज़ीर आग़ा के अनुसार एकेश्वर में मार्ग को छूता है यानी परवाने का शमा में नष्ट हो जाने की कल्पना लेकिन फ़िराक़ इश्क़ में इस तरह कोई सूफ़ियाना तसव्वुर नहीं पेश करते। वह नष्ट हो जाने की मंज़िल में नहीं हैं बल्कि उस परवाने के क़ायल हैं जिसने प्रकाश से हासिल किया

और फिर अपने अनुभव को दूसरे तक पहुँचाने और उससे समाज में एक रोशनी, निर्देश फ़िराक़ भी करते हैं। फिर बात तमीज़ व फ़र्क़ की इतनी अहम् नहीं जितनी ज़माना और बदलते हुए हालात, विद्या का विकास व फ़नकार के पेशे नज़र विज़न, नज़र और एप्रोच की हो जाती है। ज़ाहिर है कि मीर 18वीं सदी के और फ़िराक़ 20वीं सदी के शायर हैं।

एक सच यह भी है कि उर्दू की इश्क़िया शायरी का बड़ा हिस्सा फ़ारसी इश्क़िया शायरी तक सीमित है। इसमें चरित्र, सम्मान, शराफ़त, सभ्यता, इन्सानियत वग़ैरह की बातें कम हैं। यह तो नहीं कहा जा सकता कि उर्दू शायरी में पहली बार हुआ लेकिन यह ज़रूर है कि फ़िराक़ की इश्क़िया शायरी में इन्तेज़ार, आलिंगन, संयोग, लज़्ज़त, मदहोशी, वग़ैरह के तत्त्व होते हुए भी इसका बड़ा हिस्सा सच्चाई, शराफ़त, उम्मीद व ख़ुशी, चिन्तन व सम्मान, जीवनदायी व रोशन अफ़ज़ा, ख़यालात को जिस क़दर छूता है शायद इश्क़िया शायरी का इतना आकर्षक, अर्थपूर्ण और कारआमद पूँजी इस क़िस्म की पूँजी ग़ज़ल के किसी और महबूब शायर के यहाँ मुश्किल से मिलेगी। इसलिए कि फ़िराक़ संयोग को सिर्फ़ दो जिस्मों का लज़्ज़तयुक्त मेल ही नहीं मानते बल्कि दो दिलों का मिलन, दो ज़ेहनों का मिलन, दो सभ्यताओं का मिलन और इन्सान दोस्ती का प्रारम्भिक बिन्दु मानते हैं और इस मुक़ाम से वह इन्सानियत की शुरुआत और फिर इन्सानी समृद्धि की कल्पना करते हैं। यहीं से फ़िराक़ का तसव्वुरे इश्क़ न सिर्फ़ परम्परागत तसव्वुरे इश्क़ से अलग होता है बल्कि अहम् और कहीं-कहीं महान् भी हो जाता है।

प्रोफ़ेसर मुमताज़ हुसैन जैसे आलोचक ने यह स्वीकार किया.....

> "वह (फ़िराक़) बीसवीं सदी के उर्दू अदब की तारीख में चन्द गिने-चुने शायरों में थे जिन्होंने उर्दू शायरी के रुख़ को इसके पेश पाया उफ्तादा (गिरी पड़ी) इश्क़िया शायरी से एक ऐसी नयी शायरी की तरफ़ मोड़ दिया जो हयात आफ़रीं और समाजी ज़िन्दगी को मुनक़लिब (इन्क़लाब बरपा करनेवाली) करनेवाली हैं।"
>
> (फ़िराक़ और फ़िराक़ की शायरी)

फ़िराक़ को सौन्दर्य का शायर ओर ग़ज़लगोई के इमाम और न जाने किन-किन उपाधियों से नवाज़ा गया। हज़रत नियाज़ फतेहपुरी से लेकर ख़लीलुर्रहमान आज़मी और शमीम हनफ़ी-जैसे नये मिज़ाज के आलोचक,

सब इनकी शायरी के क़ायल हैं लेकिन सच यह है कि इनमें से शायद ही किसी ने फ़िराक़ के शेरी जमालियात (काव्य-सौन्दर्य) पर अर्क़रेज़ी की हो और उसे ऐतिहासिक, सामाजिक और भाई-चारे के परिप्रेक्ष्य में देखने की कोशिश की हो। इसके पीछे उर्दू आलोचना की वंचितता तो है ही, साथ ही फ़िराक़ की खट्टी-मीठी कहानियाँ भी काम करती नज़र आती हैं कि अपने इश्क़ो मुहब्बत के तोते-मैना वह ख़ूब गढ़ा करते थे...

लेकिन आज फ़िराक़ हममें मौजूद नहीं, उनके साथ उनकी तमाम नाम, नेहाद कहानियाँ दफ़्न हो चुकी हैं। आज हमारे पास सिर्फ़ उनकी साहित्यिक पूँजी है। पिछले पन्द्रह-बीस बरसों में फ़िराक़ को नये सिरे से समझने की कोशिश की जाती रही है और मुझे यक़ीन है कि गुज़रते हुए वक़्त के साथ फ़िराक़ की असल पहचान और उनकी शायरी का सही ज्ञान ज़रूर हासिल किया जायगा और वे कारण तलाश किये जायँगे जिसकी वजह से वह एक शायर नहीं स्कूल बन गये। पूरी एक नस्ल उनके साये में परवान चढ़ी और हुस्नो इश्क़ के सम्बन्ध से एक नयी बहस भी चल पड़ी और फिर जैसा कि होता है फ़िराक़-जैसी युग निर्माणक शख़्सियत का विरोध भी हुआ और आज भी हो रहा है। लेकिन यह विरोध, यह विवाद भी उनकी महानता का ही एक हिस्सा है और एक स्वीकृति या फिर अपना क़द बुलन्द करने की एक नाकाम कोशिश, अहमद फ़राज़ ने कहा है....

यारो मुझे मसलूब करो तुम कि मेरे बाद
शायद कि तुम्हारा क़दो क़ामत निकल आये।

◆◆◆

फ़िराक़ की आलोचनात्मक शैली

अपनी क़िताब की भूमिका में शमीम हनफ़ी ने सही लिखा है कि हमारे साहित्यिक समाज में मण्टो के बाद फ़िराक़ की ही शख़्सियत है जो कई एतबार से हंगामा पैदा करनेवाली और विवादित रही है और इसलिए उनकी मौत भी एक बड़े वाक़ये के तौर पर ली गयी। उनकी शायरी को लेकर उनकी ज़िन्दगी में ही विवाद और ऐतराज़ात रहे हैं और अब उनकी मौत के बाद वह कुछ ज़्यादा ही मुखर हो गये हैं लेकिन उनकी महानता व अद्वितीयता का ऐतराफ़ कल भी था और आज भी है। ऐतराज़ और ऐतराफ़, जाहिर में दो विभिन्न व विरोधी दशाएँ हैं लेकिन अध्ययन व अवलोकन बताता है कि हर महान् शख़्सियत पर ऐतराज़ात रहे हैं और उनका ऐतराफ़ भी किया गया है। ग़ैर मामूली ज़ेहानत (Genious) के साथ ऐसा ही हुआ करता है। महानताओं का ऐतराफ़ और फिर ऐतराफ़ का हाज़मा एक मुश्किल और सब्र आज़मा अमल तो होता ही है। यह मुश्किल दूसरों के दरमियान तो होती ही है अक्सर व बेशतर ख़ुद फ़नकार के फ़िक्र व ख़याल, लेखन, भाषण से भी फूटने लगती है। विरोध व उलझाव की सूरतें पैदा हो जाया करती हैं। चिन्तनशील रचना का यह बड़ा अजीब वो ग़रीब अमल होता है लेकिन क्या इससे घबराकर (या झल्लाकर) जल्दी में फैसला या और आगे बढ़कर फ़तवा देने की ज़रूरत हो जाया करती है? अक्सर व बेशतर ज़िन्दगी के विरोधाभास व टकराव और उनके दबाव से भी मुश्किलात और पेचीदगियाँ पैदा हो जाया करती हैं। इसलिए इन खुरदुरी और खुली सच्चाइयों को ज़ेहन में रखकर ही नतीजा निकालने की ज़रूरत हुआ करती है।

फ़िराक़ की शायरी हो या आलोचना या इन दोनों को मिलाकर उनका रचनात्मक व साहित्यिक व्यक्तित्व और उनकी ग़ैर मामूली ज़ेहानत.....ज़रूरत है कि पूरी ईमानदारी और होशमन्दी के साथ उनके चिन्तन व साहित्य पर नये सिरे से ग़ौर करें और उसे वह उचित स्थान दें जिसका वह हक़दार है। आलोचक पर यह भी एक नैतिक ज़िम्मेदारी बहरहाल लागू होती है। मैथ्यू

आरनल्ड ने ग़लत नहीं कहा था कि दुनिया में जो बेहतरीन बातें मालूम हैं या सोची गयी हैं उन्हें निष्पक्ष तौर पर जानने और आम करने की ख़्वाहिश का नाम आलोचना है।

इस हक़ीक़त से इन्कार नहीं किया जा सकता कि उर्दू साहित्य में हाली के बाद अपने ज़माने में फ़िराक़ अकेले बड़े शायर हैं जो बाक़ायदा आलोचक भी हैं। यह सच है कि उनकी बुनियादी हैसियत शायर की है, वह भी ग़ज़ल के शायर की जो अपने तमामतर मतभेदों के बावजूद ग़ज़लिया तारीख़ में एक ध्यान देने योग्य अध्याय की हैसियत रखती है। जो तमाम तरह के ऐतराफ़ात के बावजूद ऐतराज़ात का प्रभाव हासिल कर चुकी है। नियाज़ फतेहपुरी से लेकर शमीम हनफ़ी तक के प्रामाणिक लेख इसके गवाह हैं लेकिन आलोचना के मैदान में जो इनके कारनामें हैं उन पर इतना ग़ौर नहीं किया गया जितना कि ज़रूरत है। ख़ास तौर से रोमानी या व्यक्तिगत आलोचना के हवाले से उनके ज़बान व बयान और शैली पर जितनी बातें की गयीं वह अहम तो हैं लेकिन किसी तरह तसल्ली बख़्श नहीं। इसकी भी वजह ख़ुद फ़िराक़ ही हैं। इनके बारे में सोचते और लिखते वक़्त उनकी बड़ी शायराना शख़्सियत इतनी हावी रहती है कि उनके गद्य-लेखन पर इतना ध्यान नहीं जा पाता। इसलिए मुहम्मद हसन अस्करी ने शागिर्दी का हक़ अदा करते हुए उनकी गद्यवाली किताबें ख़ास तौर से 'अन्दाज़े' और 'उर्दू की इश्क़िया शायरी' पर चौंका देनेवाले तबसरे और विश्लेषण किये फिर इसी सिलसिले को आगे बढ़ाते हुए फ़ुज़ैल जाफ़री, हामिदी कश्मीरी, अनवर सिद्दीक़ी, शारिब रुदौलवी, क़मर रईस, एबादत बरैलवी, सैयदा जाफ़र वग़ैरह ने उनकी आलोचनात्मक पूँजी पर क़लम चलाया। पूँजी और भी होंगी लेकिन इनमें से बेशतर लोगों ने फ़िराक़ को प्रभावात्मक व रोमानी आलोचना के ख़ाने में रखकर एक शायर की पैदा की हुई आलोचना समझकर उसके भावनात्मक और संकीर्णात्मक मुद्दों पर बातें ज़्यादा कीं। हालाँकि उनमें से ज़्यादातर के फ़ैसले अपने-आप में जल्दबाज़ी और भावुकता के शिकार हैं।

इन लेखों में ज़्यादातर क़लमकारों ने फ़िराक़ के ज्ञान व चेतना की तारीफ़ की है और पश्चिमी आलोचकों से समानता करते हुए किसी ने 'इस पिंगारन', किसी ने 'इमरसन' और किसी ने सेण्ट्सबरी से रिश्ते जोड़ दिये लेकिन सच यह है कि इन सबके जेहन पर बोदलीयर का यह ऐतिहासिक

वाक्य सवार है जो उसने कहा था...''शायरों की आलोचना ऐसी होती है जैसे किसी मुल्ज़िम का बयान''...बोदलीयर के इस वाक्य की गहराई व तार्किकता में पहुँचे बग़ैर एक तरफ़ से सबने फ़िराक़ के बयान अर्थात् शैली को गिरफ़्त में ले लिया और परम्परागत क़िस्म के ऐतराज़ात किये।

शारिब रुदौलवी सवाल उठाते हैं कि आख़िर इस तरह की रचनात्मक आलोचना क्या नतीजा निकालती है और अक्सर यह होता है कि ऐसी शैली से क़द्र शनासी का दामन छूट जाता है। क़मर रईस का ख़याल है कि वह (फ़िराक़) अपनी आलोचनात्मक भाषा में बहुत-से ऐसे शब्द इस्तेमाल करते हैं जिनके अर्थ स्पष्ट नहीं। हो सकता है कि फ़िराक़ के मस्तिष्क में इसकी कोई कल्पना हो तो, हो, पाठक के दिमाग़ में वह कोई बात परिवर्तित नहीं करते। आगे लिखते हैं......

> ''फ़िराक़ के रचे हुए शगुफ़्ता शायराना उस्लूब (अच्छी शायराना शैली) में एक अछूती दिलकशी और बहा ले जानेवाली क़ैफ़ियत है लेकिन उसमें वह वज़ाहत (स्पष्टता) सफ़ाई, जामेइयत और क़तईयत (सम्पूर्णता) नहीं जो वाज़ेह (स्पष्ट) और रौशन ख़यालात के लिए ज़रूरी है। कभी-कभी यह एहसास भी होता है कि वह अल्फ़ाज़ (शब्द) के ज़रिये न सिर्फ़ यह कि किसी अहम् तासीर (प्रभाव) या ख़याल का इज़हार कर रहे हैं बल्कि किसी इज़्तेरारी और बिजदानी (बेबसी व ज्ञान) रव के ज़ेरे असर किसी अहम् ख़याल पर परदा भी डाल रहे हैं। उनकी नस्र (गद्य) में तख़लीक़ी हुस्न (रचनात्मक सौन्दर्य), शेरी रम्ज़ियत (काव्यात्मक संकेत) और रोमानी वुफुर (ज़्यादती) है, तामीरी मम्तानत (रचनात्मक गम्भीरता) और इल्मी रोशनी नहीं। वह लफ़्ज़ों के इस्तेमाल में उनकी मानवियत से ज़्यादा उनके सौती इर्तेआस (ध्वनि कम्पन) और हिस्सयाती कै़फ़ियत को पेशे नज़र रखते हैं।'' (फ़िराक़ की तनक़ीद)

ऐसी रचना और प्रभावकारी आलोचना को लेकर उर्दू आलोचना में अक्सर बहसें हुई हैं। कलीमुद्दीन अहमद और इबादत बरैलवी ने भी फ़िराक़ के ही कुछ पैराग्राफ़ को पेश करते हुए कहा है कि तास्सुराती आलोचना का मक़सद उन दशाओं की व्याख्या है जो रचना के वक़्त किसी शायर पर तारी होती है। तास्सुराती आलोचना फ़ैसले नहीं करती सिर्फ़ उन प्रभावों को पेश

करती है जो रचना के अध्ययन से आलोचक के दिमाग़ में तारी होते हैं। इससे एक नकारात्मक परिणाम यह निकला कि ऐसी आलोचना के अध्ययन से पाठक को भी प्रभावात्मकता के सिवाय कुछ नहीं मिलता।

फ़िराक़ की आलोचना और उसकी ज़बान से सम्बन्धित दो आलोचकों का ज़िक्र ख़ास तौर पर करना चाहता हूँ। पहले आलोचक हैं अनवर सिद्दीक़ी, और दूसरे मुहम्मद हसन अस्करी। अनवर सिद्दीक़ी अपने विस्तृत लेख 'फ़िराक़ की तनक़ीद' में अजीब वो ग़रीब नतीजा निकालते हैं। अनवर सिद्दीक़ी चूँकि बुनियादी तौर पर अंग्रेज़ी साहित्य के आदमी हैं इसलिए उर्दूवाले पर रोब ज़ाहिर करते हुए अंग्रेज़ी आलोचकों की भीड़ जमा करके फ़िराक़ की शख़्सियत को बौना साबित करने की कोशिश की है। पहले तो उन्होंने साफ़ यह कह दिया कि तास्सुराती आलोचना के सम्बन्ध में फ़िराक़ ने अंग्रेज़ी आलोचक सेण्ट्सबरी (Saints Bury) की नक़्क़ाली की है। इसके बाद फ़िराक़ की ज़बान और शैली के बारे में कहते हैं....''फ़िराक़ साहब जो ज़बान इस्तेमाल करते हैं उसमें लुत्फ़ के कितने पहलू क्यों न हों वह बहरहाल तनक़ीद की ज़बान नहीं है।'' और आगे वह लिखते हैं......''ऐसी तनक़ीद (आलोचना) शायर के विजदान और शऊर के भेद को कम खोलती है ख़ुद नक़्क़ाद के अपने घर की भेदी ज़्यादा होती है। रही बात तनक़ीद के स्टाइल की तो उर्दूवालों को कौन समझाये कि तनक़ीद की ज़बान होती है स्टाइल नहीं। आख़िर उर्दू तनक़ीद में ज़बान की मेयारबन्दी कब होगी।'' वही अनवर सिद्दीक़ी आख़िर में यह भी कहते हैं कि फ़िराक़ उर्दू के आलोचनात्मक साहित्य को कई बुद्धिमान और अर्थपूर्ण वाक्य दिये हैं जो आरनल्ड की याद दिलाते हैं। वह वाक्य हैं.......''ग़ालिब बड़ा पाजी शायर है।'' ''ज़ौक़ उर्दू का पंचायती शायर है।'' ''दाग़ उर्दू का बड़ा जादूगर शायर है।'' ''हाली का क़लाम बड़ा बदनचोर क़लाम है।''

अब ज़रा 'मुहम्मद हसन अस्करी' के यह अहम् वाक्य भी दिमाग़ में रखते चलिये..... ''हमारी शायरी के तनक़ीदी शऊर को फ़िराक़ ने पहली मर्तबा ज़बान दी है....'' ''एक जगह और लिखते हैं...''फ़िराक़ साहब की तनक़ीद रोमानियों की तरह महज़ ख़िताबत नहीं है बल्कि उतनी ही तजज़ियाती (विश्लेषणात्मक) है जितनी आप किसी नक़्क़ाद से उम्मीद कर सकते हैं।''

मिसालें और भी हैं जिनके ज़रिये सिर्फ़ यह कहना है कि फ़िराक़ की आलोचना के सिलसिले में ये रायें आपस में किस क़दर गडमड हैं। उनकी

शैली के कमज़ोर पहलुओं और विरोधाभास तलाश करनेवाले ये आलोचक स्वयं किसी क़दर विरोधाभास के शिकार हैं। अक्सर व बेशतर उनके लेखों में व्यक्तिगत प्रभाव व पक्षपात भी झलक उठते हैं मगर मैं इन विभिन्न, विरोध और कहीं-कहीं तयशुदा विचारों से निराश व आश्चर्यचकित नहीं कि साहित्य का ज्ञान व आधुनिक अमल रद्दो क़बूल की मनोदशात्मक उलट-पलट और एहसास की नर्म व नाज़ुक करवटें ऐसे विरोधाभास को बहरहाल जनम देती हैं और सच यह है कि यह विरोधाभास ही साहित्य की रंगारंगी को जन्म देते हैं। फ़िक्र की विभिन्नताएँ व आश्चर्य में डाल देनेवाली बातें ही साहित्य की चरम सीमा को तय करती हैं। इन विभिन्न रायों से दो-एक बुनियादी सवाल तो उठते ही हैं...मस्लन यह कि क्या आलोचना की कोई विशेष ज़बान या ढली हुई तयशुदा ज़बान होती है? आलोचना की इतनी शाखें हो जाने के बाद अगर तास्सुराती या रोमानी आलोचना में कुछ खाँचे हैं तो फिर क्या आलोचना की कोई ऐसी शाख या क़िस्म है जो हर एतबार से चारों ख़ाने चुस्त और दुरुस्त हो? साहित्य या आलोचना में ख़ानाबन्दी, दरजाबन्दी वग़ैरह के पैमाने क्या हैं? और सबसे बढ़कर एक अहम् और बुनियादी सवाल तो यह है कि आलोचना की ज़िम्मेदारी क्या है और उसका अस्ल मनसब क्या है?

टी० एस० इलियट ने अपने लेख 'आलोचना का मक़सद' और 'आलोचना की सीमितता' में इन समस्याओं पर खुली बहस की है। एक जगह उसने स्पष्ट लिखा है....."आलोचना का कर्त्तव्य यह है कि वह साहित्य से आनन्दित होने की ताक़त और उसकी समझ को आगे बढ़ाये।" और आगे वह लिखता है कि...."नक़्क़ाद का अस्ल मनसब यह है कि वह क़ाबिले तारीफ़ चीज़ों की तारीफ़ व तौसीफ़ करने का शऊर रखता हो। इस बात पर मैं ख़ास तौर से ज़ोर देना चाहता हूँ कि मैं तफ़हीम (समझ) और लुत्फ़-अंदोज़ी को अलग-अलग चीज़ें नहीं समझता, एक का ताल्लुक़ ज़ेहन से है और दूसरे का जज़बात (भावनाओं) से।"

इलियट ने जहाँ इस बात पर ज़ोर दिया है कि "हम शायरी से कम-से-कम इतना आनन्द ज़रूर उठायें, जितनी कि उसमें योग्यता मौजूद हो। इसमें नकारात्मक रवैया भी शामिल है कि हम यह भी देखें कि आख़िर वे कौन-सी चीज़ें हैं जिनसे आनन्दित नहीं होना चाहिए।" बहरहाल इलियट ने साहित्य से आनन्दित होने की ताक़त पर सबसे ज़्यादा ज़ोर दिया है।

उसने साफ़ शब्दों में कहा है कि वह आलोचक जो साहित्य के सिवा किसी दूसरी चीज़ में दिलचस्पी नहीं रखता उसके पास कहने के लिए बहुत कम होता है क्योंकि ऐसे में उसका साहित्य सिर्फ़ व्याख्या के नाजुक फ़र्क़ को महसूस करते हुए एक टुकड़ा बनकर रह जाता है। उसने साफ़ कहा कि हमें ऐसी आलोचना करनी चाहिए जो समझ पैदा करे, लिखते वक़्त व्याख्यात्मक आलोचना की कमज़ोरियों से चौकन्ना रहना चाहिए। यह ठीक है कि इलियट ने सीधे आलोचना की ज़बान या शैली पर कोई बात नहीं की और शायद कही भी नहीं जा सकती। इसलिए कि साहित्य को समझने- समझाने का अमल और उसकी पेशकश कलाकार की अपनी अद्वितीय सोच और मनोदशा के हवाले से ढलती है। यह एक संवृद्धि का अमल है लेकिन इसे मशीनी, तकनीकी बनाने की पूरी कोशिश की गयी। इस नाजुक और अनुचित अमल पर मुहम्मद हसन अस्करी ने अपने लेख 'तनक़ीद का फ़रीज़ा' में अच्छी बहस की है। लेख के आख़िर में वह लिखते हैं..... "तनक़ीद बजाय ख़ुद कोई मुतलक (आज़ाद) और मुस्तक़िल (मज़बूत) हैसियत नहीं रखती। यह तो एक आफ़ाक़ी (वैश्विक) और इफ़ादी (फ़ायदेमन्द) चीज़ है।" और आगे वह लिखते हैं...."अगर आप चाहते हैं कि पढ़नेवाले बराहे-रास्त तख़्लीक (रचना) में हिस्सा लें तो पहले उन्हें ज़ेहनी मुतालिबात (माँग) की ज़रूरत समझाइये। ये सिर्फ़ उसी तरह मुम्किन है कि अदब में मसायल और उलझनों के अलावा लफ़्ज (शब्द) भी होते हैं बल्कि सबसे पहले लफ़्ज़ ही होते हैं और लिखनेवालों को लफ़्ज़ों में एक तरतीब (क्रम) भी पैदा करनी पड़ती है।" ज़ाहिर है कि हसन अस्करी ने जिसको तरतीब कहा है वही आगे बढ़कर अच्छी नस्र (गद्य) या शैली की शक्ल धारण कर लेती है।

एहतेशाम हुसैन जो एक उसूली और साहबे-नज़र आलोचक समझे जाते हैं, अपने लेख उसूले-तनक़ीद में कई उसूल और शर्तें लगाते हैं लेकिन साथ ही यह भी कहते हैं....

> "तनक़ीद मन्तिक़ (तर्क) की तरह हर इल्म वो फ़न की तश्कील व तामीर (रचना व निर्माण) में शरीक़ है बल्कि विजदान और ज़माल (सौन्दर्य) के जिन गोशों (कोनों) तक मन्तिक़ की रसाई (पहुँच) नहीं है, तनक़ीद वहाँ पहुँचती है। वह रंगो-बू और कैफ़ो कम के ग़ैर मोतायूयन (ग़ैर निर्धारित) दायरा में न सिर्फ़

क़दम ही नहीं रखती बल्कि इबहाम (सन्देह) में तौज़ीह (व्याख्या) का जलवा और बे यक़ीनी ये यक़ीन की कैफ़ियत पैदा करती है।''

ज़रा इन वाक्यों को ख़ास तौर पर ध्यान देने की ज़रूरत है। वह आगे लिखते हैं...

''तनक़ीद के सिलसिले में जब उसूलों की गुफ़्तगू (बातचीत) की जाय तो तबई और इक्तेसाबी उलूम (सीखी गयी विद्याएँ) के अलावा एक और ऐसे इल्म या जिससे काम लेने की ज़रूरत पड़ेगी जो इन उलूम के मुनाफ़ी (विलोम) न होते हुए भी इन सबसे बढ़कर कोई ऐसी बात बता सके जिससे फ़ैसले में मदद मिले मुम्किन है वह कई उलूम के इम्तेज़ाज (मिश्रण) का नतीजा हो और मुम्किन है कि किसी इल्म के साज़ का कोई ऐसा तार हो जिस पर जुस्तुजूए-हक़ीक़त के बोहरानी इज़तेराब (बेचैनी) में अचानक किसी नक़्काद की उँगली पड़ गयी हो। ऐसी हालत में नक़्क़ाद के अल्फ़ाज और उसका फ़ैसला बिल्कुल अजीब नज़र आयेंगे लेकिन हक़ीक़तन वह ज़मानो मकान में पैदा होनेवाली तग़य्युर पिज़ीर (परिवर्तनशील) हक़ीक़त का परतब (परछाईं) होंगे। इस तरह अदबीव फ़न्नी कारनामों से मुताल्लिक़ (सम्बन्धित) कभी-कभी इतने मुतज़ाद (विरोधी), मुतख़ालिफ़ (मतभेदी) और मुख़्तलिफ़ (विभिन्न) फ़ैसले नज़र आते हैं जिनसे तनक़ीद की क़द्रें बिल्कुल मश्कूक (सन्देह) रह जाती हैं। उस वक़्त यही ख़याल होता है कि उसूल वग़ैरह कुछ नहीं अपने ज़ौक (शौक) और पसन्द की बात है और अगर ज़ौक या पसन्द के साँचे बनाये गये तो विजदान, शऊर और लाशऊर की उस दुनिया में जाना पड़ेगा जहाँ नाप-तौल के मामूली साँचे काम नहीं आ सकते।''

एहतेशाम हुसैन अपने आलोचनात्मक उसूलों और नज़रियों की वजह से बदनामी की हद तक शोहरत रखते हैं लेकिन उनकी क़ाबिलियत और आलोचनात्मक योग्यता के सभी क़ायल हैं। रचना व आलोचना के फ़ितरी अमल और उनकी सूक्ष्म बातें और पेचीदगियों पर वह गहरी निगाह रखते हैं। इसलिए उसूलों की बात करते हुए वह परे-परवाज़ को अकेला छोड़ देने की बात भी करते हैं। यही वजह है कि उनके साइन्सी और मार्क्सी

नज़रियात के साथ-साथ उनका सौन्दर्यबोध उनका दामन नहीं छोड़ता और इसी वजह से उनकी तनक़ीद और उसकी शैली पेचीदगी और भारीपन के बोझ से ख़ाली रहती है जबकि उनकी विद्वत्ता के सभी क़ायल हैं। अब दो जुमले ज़मील जालबी के भी अध्ययन कीजिये। अपने आलोचनात्मक उद्‌देश्य को बयान करते हुए कहते हैं...

> "मैंने जो कुछ देखा, जो कुछ महसूस किया और ज़िन्दगी के सफ़र में जिन सादा पेचीदा तजुर्बात से दो-चार हुआ उनको साफ़ और सादा उस्लूब (शैली) में इस तरह बयान कर दिया कि बात वज़ाहत (विस्तार) के साथ दूसरों तक पहुँच जाय, अच्छी नस्र (गद्य), अच्छी तनक़ीद के लिए वैसी ही ज़रूरी है जैसे ताज़ी हवा इन्सानी सेहत के लिए ज़रूरी है...मैं तख़लीक़ और तनक़ीद को अलग-अलग ख़ानों में नहीं रखता बल्कि दोनों के इम्तेज़ाज (सम्मिश्रण) को ज़रूरी समझता हूँ।"

ज़मील जालबी इस बात को समझते हैं कि साहित्य में आमतौर पर और आलोचना में ख़ास तौर पर अपनी बात दूसरों तक पहुँचाने का एक ज़िम्मेदारी भरा अमल है और दूसरों तक पहुँचाना या अपने साथ दूसरों को शामिल करना बहरहाल एक फ़न है। अब यह कि दूसरे कैसे हैं और कितने हैं इस पर ग़ौर करने की ज़रूरत है। आख़िर कोई तो बात है कि हाली, एहतेशाम हुसैन, फ़िराक़, आले अहमद सुरूर वग़ैरह की आलोचना विद्वानों के दरमियान बहस का केन्द्र तो बनती ही है, साथ ही विद्यार्थियों और सामान्य पाठकों में भी दिलचस्पी के साथ पढ़ी जाती है और दायरे को फैलाती है। एक मनसब व मक़सद प्रदान करती है। इसलिए कि इनके पढ़नेवाले समझनेवाले ज़्यादा हैं। इसके विपरीत की सूरत सीमित है। इसके भी कारण हैं कि जिन पर फिर कभी बहस होगी। लेकिन एक बड़ी वजह ऐसी आलोचना का मेकानीकी होना है। इनकी ज़बान का गाढ़ापन, पेचीदा, बेमज़ा और बनावटीपन होना है। इसके लिए ज़रूरी हुआ करता है कि आलोचना फ़िक्री सतह के साथ-साथ भाषा और शैली की सतह पर रचना में शामिल हो जाय और ख़ुद रचना की एक इकाई और उसकी हमशक्ल बन जाय। आलोचना का दरजए-कमाल यही समझा जाता है। तभी तो हरबर्ट रीड ने कहा था कि आलोचना कोई मामूली खेल नहीं, बल्कि आलोचना रचना-दर-रचना (Criticism is creation within creation) होती

है। फिर शैली की भी अपनी एक सभ्यता होती है। एक कल्चर जिसकी आत्मा को छुए बग़ैर आप आदान-प्रदान का कोई ज़ीना तय नहीं कर सकते।

अब मैं फ़िराक़ की आलोचनात्मक शैली पर सीधे कुछ बातें फ़िराक़ के ही वाक्यों से शुरू करना चाहता हूँ। वह 'अन्दाज़े' की भूमिका में लिखते हैं...

> "मेरी ग़र्ज़ व ग़ायत (उद्देश्य) इस किताब की तसनीफ़ (लेखन) में यह रही है जो जमालियाती, विजदानी, इजतेरारी और मोजमल (गडमड) असरात क़ोदमा (पूर्वज) के क़लाम के सिरे, कान, दिमाग़, दिल और शऊर की तहों में पड़े हैं। उन्हें दूसरों तक इस सूरत में पहुँचा दूँ कि उन असरात में हयात की हरारत व ताज़गी क़ायम रहे। मैं इसी को ख़ल्लाक़ाना तनक़ीद या ज़िन्दा तनक़ीद कहता हूँ। इसी को तास्सुराना तनक़ीद भी कहते हैं।"

और आगे वह लिखते हैं.....

> "मैं तनक़ीद में उस्लूब या स्टाइल की अहमियत का क़ायल हूँ। मेरी राय में नक़्क़ाद (आलोचक) को यह करना चाहिए कि तनक़ीद पढ़नेवाले में बयक वक़्त लालच और आसूदगी पैदा कर दे। इसी के साथ-साथ हयात के मसायल व कायनात व इन्सानी कलचर के अज्ज़ा व अनासिर (अंश व तत्त्व) को अपनी तनक़ीद में समो दें। तनक़ीद महज़ राय देना या मैकान की (मशीनी) तौर पर ज़बान और फ़न से मुताल्लिक़ ख़ारजी उमूर (बाह्य कार्य) की फेहरिस्त (सूची) मोरत्तब करना नहीं बल्कि शायर के विजदानी शऊर के भेद खोलना है। नाक़िद (आलोचक) को एहसासात और बसीरतें (आन्तरिक ज्ञान) पेश करना चाहिए न कि रायें और ये ब.तें तनक़ीद में बग़ैर उस्लूब या स्टाइल के नहीं आ सकतीं। रंगीन बयानी या एबारत आराई (गद्य को सँवारना) वाली स्टाइल में नहीं बल्कि हस्सास लहजे (संवेदनशील स्वर) में सच बोलनेवाली स्टाइल की तनक़ीद में जँची-तुली सच्चाई की तौफ़ीक़ (मदद) आसानी से नहीं होती।"

फ़िराक़ ने अपनी शायरी के बारे में अक्सर अतिशयोक्ति और आत्म-प्रशंसा से काम लिया है लेकिन अपनी आलोचना के सिलसिले में वह जितना लिखते या स्वीकार करते हैं सच यह है कि उनकी पूरी आलोचनात्मक

पूँजी इसी के इर्द-गिर्द रहती है। फ़िराक़ ने अपनी ज़बान से उसे ज़िन्दा तनक़ीद कहा है। बाद में उसको तास्सुराती तनक़ीद भी कह दिया।

साहित्य व आलोचना की ख़ानाबन्दी करनेवालों में फ़िराक़ को तास्सुराती तनक़ीद (व्यक्तिगत आलोचना) के ख़ानों में रखा और तास्सुराती तनक़ीद कम-से-कम उर्दू की तनक़ीदी सरमाये या उसके आलोचनात्मक सफ़र में एक ऐसी शक्ल में जानी जाती है जिसमें आलोचक सिर्फ़ अपने तत्काल प्रभाव को व्यक्त कर दे। ज़रूरी नहीं कि इसमें देर पाई या स्थिरता हो। तत्काल प्रभाव में विद्याओं व कलाओं की कारफ़रमाई नहीं के बराबर होती है। प्रभावकारी आलोचना का मतलब यह भी लिया गया कि रचना के पढ़ने के बाद एक ख़ास क़िस्म का प्रभाव डालनेवाला ज्ञान उभरे और आलोचक उस प्रभाव को लिखता चला जाय। हालाँकि तास्सुर (प्रभाव) का शब्द स्वयं एक फैला हुआ शब्द है। तास्सुराती आलोचना का एक ऐब यह भी बताया गया कि ऐसी आलोचना असलन विश्लेषण नहीं करती सिर्फ़ उन प्रभावों को पेश करती है जो रचना के अध्ययन के फ़ौरन बाद आलोचक के दिमाग़ पर तारी होते हैं। इससे एक नतीजा यह भी निकलता है कि ऐसे अध्ययनों से पाठक को भी तास्सुरात (प्रभाव) के सिवा कुछ नहीं मिलता है।

रोमानी या तास्सुराती आलोचना की एक यह भी ख़राबी कही जाती है कि वह अक्सर जिस रचना को लेकर चलती है उसमें सीमित व क़ैद होकर रह जाती है। बाहर की दुनिया से अपना सम्बन्ध क़ायम नहीं करती। यह इल्ज़ाम फ़िराक़ पर भी है। अब देखना यह है कि फ़िराक़ की आलोचना या उनकी विशिष्ट शैली पर इन तमाम ऐबों की पुष्टि होती है या नहीं। अगर कमज़ोरियाँ हैं तो ये फ़िराक़ की अपनी कमज़ोरियाँ हैं या आलोचना के इस स्कूल की और अगर यह स्कूल ही की कमज़ोरी है तो आलोचना का कौन-सा ऐसा स्कूल है जो तमाम ऐबों और कमज़ोरियों से पाक व साफ़ है।

ये फ़िराक़ आलोचना की तरफ़ क्यों आये और उन्होंने पुराने शायरों का ही चुनाव क्यों किया। इसकी व्याख्या अपनी भूमिका में ही कर देते हैं। इसके कुछ नमूने मैंने भी पेश किये। एक जगह वह कान, दिमाग़, दिल और शऊर की बात करते हैं। इसी संक्षेप में विस्तार छिपा हुआ है। विजदान का सम्बन्ध दिमाग़ से कम दिल से ज़्यादा होता है और शऊर का सम्बन्ध दिमाग़ से ज़्यादा होता है। इतिहास व सभ्यता से, इससे भी ज़्यादा। वह क़दम-क़दम पर हयात कायनात, इन्सानी तारीख़ और आलमी तहज़ीब की

बात भी करते हैं और फिर यह भी कहते हैं कि इन प्रभावों को दूसरों तक पहुँचा दूँ कि इन प्रभावों में ज़िन्दगी ही हरारत व ताज़गी क़ायम रहे। उर्दू के आलोचनात्मक शब्दों के ऐतबार से सिर्फ़ प्रभाव व रोमान में डूबा रहनेवाला आलोचक जीवन की हरारत व ताज़गी पर कम ध्यान देता है। वह बस एक ख़ास क़िस्म के आनन्ददायक नशा और सौन्दर्यात्मक आनन्द का शिकार रहता है लेकिन जैसा कि अर्ज़ किया गया कि प्रभाव अपने-आपमें फैला हुआ शब्द है। इसलिए प्रभाव को भी अलग-अलग अन्दाज़ से लिया गया है। आलोचक चाहे वह किसी साहित्य का हो या किसी शाख़ या मिज़ाज़ का, अपनी आलोचनात्मक शुरुआत प्रभाव से ही करता है। अगर फ़िराक़ सिर्फ़ तास्सुराती आलोचक हैं तो उनके इस प्रभाव को भी पढ़ते चलिये... "मुझे उर्दू शोअरा (शायरों) को इस तरह समझने और समझाने में बड़ा लुत्फ़ आता है। जिस तरह यूरोपियन नक़्क़ाद यूरोपियन शोअरा को समझते और समझाते हैं।" इन वाक्यों में अंग्रेज़ी आलोचना या मग़रिबी आलोचना की सेहत व विस्तार की तरफ़ इशारे मिलते हैं। मैंने अंग्रेज़ी आलोचना को नहीं के बराबर पढ़ा है लेकिन उर्दू के प्रामाणिक आलोचकों ने जहाँ-जहाँ अंग्रेज़ी साहित्य व आलोचना के हवाले दिये हैं वह ख़ासे क़ाबिले-फ़हम और क़ाबिले-क़बूल हैं। सवाल यह है कि आप उन्हें किस स्थान व मक़सद और किस नियत के साथ पेश कर रहे हैं। इसमें गहराई व फैलाव की तलाश की ग़र्ज़ से सिर्फ़ रोब जमाने की नियत से और नाम नेहाद रोब, उलझाव व पेचीदगी का दामन बहरहाल पकड़ती है जिससे आलोचना फैलाव के बजाय सीमितता का शिकार ज़्यादा होती है।

इससे पहले कि बात आगे बढ़ायी जाय फ़िराक़ की रचनात्मक आलोचना या उनकी दिलकश शैली के कुछ वह नमूने पेश करना चाहता हूँ जो इससे पहले भी पेश किये जाते रहे हैं और जिन पर एतराज़ात भी हुए...

'मुसहफ़ी' के बारे में वह लिखते हैं....

> "अगर मीर के यहाँ आफ़ताब निसफ़ुन्नहार (दोपहर का सूरज) की पिघला देनेवाली आँच है तो सौदा के यहाँ इसकी आलमगीर (वैश्विक) रोशनी है लेकिन आफ़ताब ढल जाने पर सेह पहर (तीसरे पहर) के गर्मी और रोशनी में जो एतदाल (सन्तुलन) पैदा हो जाता है और उसकी गर्मी और रोशनी में एक नये इम्तेज़ाज (मिश्रण) से जो मोतदिल (सन्तुलित) कैफ़ियत पैदा होती

है वह मुसहफ़ी के क़लाम की ख़ुसूसियत है। मुसहफ़ी के क़लाम में बेपनाह अशआर न सही, नर्म नश्तर न सही, लेकिन शबनम की नर्मी और शोलए गुल की गर्मी का ऐसा इम्तेज़ाज है जो उसकी ख़ासी अपनी चीज़ है।''

'हाली' के बारे में वह लिखते हैं.....

''वही हस्सास संजीदगी और चुटीली नर्म आहंगी, हलक़ में कुछ दर्द पैदा कर देनेवाली कैफ़ियत, दबी हुई तिलमिलाहट, तन्ज़ की चाशनी, वह हालत जिसे कहते हैं जी मसोस-मसोसकर रह जाना, कुछ न जाने क्या छिन जाय। कट जाने का एहसास, एक तास्सुफ़ (अफ़सोस) का लहजा, इन अशआर में भी मिलता है।''

'मीर' के बारे में वह लिखते हैं.....

''मीर के दिल वो दिमाग़ का आदमी और शायर, अरब और ईरान ने पैदा ही नहीं किया और न आतश (आग) की अकड़ और बाँकपन फ़क़्र और मस्ती किसी ईरान के शायर में मिलती है, न जुर्रत की बात कहीं है और न दाग़ की।''

अब दो समकालीन शायरों के बारे में कुछ वाक्य अध्ययन कीजिये...

''जोश मलीहाबादी की बीसों बल्कि पचासों ऐसी नज़्में ख़याल में गूँजने लगती हैं जिनमें रोमानियत अपनी छत्तीसों सिंगार के साथ अपनी छब दिखाती हुई सामने आती है।''

फ़ैज़ की नज़्म रक़ीब के बारे में लिखते हैं....

''उर्दू की इश्क़िया शायरी में अब तक इतनी पाक़ीजा (पवित्र), इतनी चुटीली और इतनी दूर रस और मोफ़क्किराना (विचारशील) नज़्म वजूद में नहीं आयी...नज़्म नहीं है बल्कि जन्नत और दोज़ख़ की वहदत (एकता) की आग है। शेक्सपीयर, गोयटे, कालिदास, सादी भी इससे ज़्यादा रक़ीब (प्रतिद्वन्द्वी) से क्या कहते हैं।''

फ़िराक़ की ऐसी दिलकश, ख़ूबसूरत आलोचना के बारे में ख़याल किया जाता है कि आलोचक सिर्फ़ अनुभवों पर तरक़ीबें बनाता है और लिखता चला जाता है। और ये कमज़ोरी सिर्फ़ फ़िराक़ की ही नहीं बल्कि तास्सुराती तनक़ीद के स्कूल की है जिसमें भावनाओं की तीव्रता और स्वयं पर

पड़नेवाले प्रभाव ख़ुद एक नयी रचना की शक्ल धारण कर लेती है। इस तरह आलोचक किसी रचना की आलोचना नहीं करता बल्कि उससे प्रभावित होकर एक नयी रचना को जन्म देता है। हालाँकि फ़िराक़ ने इस अमल को एक इन्केशाफ़ (Discovery) का अमल कहा है। वह लिखते हैं.

> ''अदबी तख़लीक़ (साहित्यिक रचना) फ़िराक़ पर गहरे असरात छोड़ती है और ये असरात फ़ितरी और इज़्तेरारी (अनियन्त्रित) तौर पर उनके दिल वो दिमाग़ और शऊर पर होते हैं। वह उनको अल्फ़ाज़ में तजस्सुम (शक्ल देना) करने की कोशिश करते हैं। दर हक़ीक़त फ़िराक़ का तनक़ीदी उसलूब इसी तजसीम का नाम है।''

शायर का रचनात्मक अमल में बराबर से साझी होना, उसके विजदानी शऊर के भेद खोलना और उसके आहंग और तरन्नुम में गुम हो जाने की अदा हर एक के बस की बात नहीं। इमरसन ने यही कहा था...''तनक़ीद का बुनियादी क़ानून यह है कि वह क़ारी (पाठक) को शायर के उस जज़्बे और रूह (भावना एवं आत्मा) में शरीक होना सिखाये जो वक़्त की क़ैद से मावरा (आज़ाद) अज़ीम तख़लीक़ (महान् रचना) का सबब बने।'' यह सच है कि शायरी की उपमा और रचनात्मक टकराव, वैकल्पिक टकराव से बहुत भिन्न होती है। इसलिए अक्सर आलोचक इस भेदात्मक टकराव की वंचितता और कभी-कभी दुःख का शिकार हो जाता है। ऐसी सूरत में ज्ञानात्मक सतह पर गुम हो जाने और रचनात्मक पुनः प्राप्ति के बग़ैर काम नहीं चलता।

फ़िराक़ की आलोचनात्मक शैली की यह ख़राबी हो सकती है कि कभी-कभी साहित्यिक ज्ञान से ज़्यादा पाठक उनके प्रभावपूर्ण बातों में लज़्ज़त लेने लगता है लेकिन फ़िराक़ पर ऐतराज़ करते वक़्त हमें यह न भूलना चाहिए कि फ़िराक़, मुहम्मद हुसैन आज़ाद की तरह ऐतिहासिक ज्ञान के साथ-साथ ज़बरदस्त रचनात्मक ज्ञान भी रखते थे और उन अन्दरूनी छुपे हुए भेदों पर भी उनकी नज़र रहती थी जिनसे आमतौर पर ज़्यादातर आलोचक अनभिज्ञ रहते हैं। फ़िराक़ की आलोचना पर बात करते हुए यह भी याद रखने की ज़रूरत है कि उनके ज़्यादातर लेख 1940 ई० के इर्द-गिर्द लिखे गये। 1930 ई० तक उर्दू आलोचना में, आज़ाद, हाली, शिबली के बाद मेंहदी इफ़ादी, अब्दुर्रहमान बिजनौरी, नियाज़ फतेहपुरी आदि की तास्सुराती

और जमालियाती आलोचना का दौर-दौरा था। समाजी आन्दोलन और मार्क्सी प्रवृत्तियाँ कम-से-कम उर्दू में 1940 ई० के बाद आम होते हैं। हालाँकि मजनूँ और फ़िराक़ इन रुझानात व परिवर्तनों का असर क़बूल तो करते हैं लेकिन आलोचना के मैदान में मजनूँ के मुक़ाबले फ़िराक़ ने कम ही असर लिया लेकिन इसके बावजूद वह उर्दू के पहले आलोचक हैं जिन्होंने अपनी आलोचना को स्वयं तास्सुराती आलोचना कहा है। वह अपने इस रुझान को इसपिंगारन की पैदा की हुई आलोचना का नाम देते हैं और इसपिंगारन भी उसे Creative Criticism कहता है लेकिन फ़िराक़ अपनी इस रचनात्मक व प्रभावकारी आलोचना में ज़िन्दगी की हरारत व ताज़गी देखना चाहते हैं और यहीं से वह दूसरे क़िस्म के तास्सुराती आलोचकों से अलग भी होते हैं। एक रचनाकार की हैसियत से वह यह सोचने में कामयाब हैं कि ज़िन्दगी की हरारत आलोचना में कम रचना में ज़्यादा हुआ करती है। इसलिए उन्होंने शऊरी तौर पर तनक़ीद में शैली को जगह दी। फ़िराक़ के दिमाग़ में शैली आलोचना का एक लाभदायक पहलू है। वह चाहते थे कि नयी नस्ल पुराने शायरों को पढ़े। इसके कई तरीक़ों में एक तरीक़ा यह भी था कि....''पुरानी शायरी दिलचस्प, क़ाबिले एतमाद और सैर हासिल तनक़ीद और तबसरे (समीक्षा) हों। इस तरह नयी नस्ल को अजनबी और बेख़बर रहने से बचाने का पुरानी शायरी पर अहले क़लम की तवज्जह हो चली है और मुहम्मद हुसैन आज़ाद के जलाये चिराग़ से चिराग़ रोशन होते चले जा रहे हैं।''...इसलिए ऐसी शायरी और ऐसे शायरों से बाख़बर और पहचान कराने का तरीक़ा सख़्त और बोझिल आलोचनात्मक ज़बान के ज़रिये मुम्किन न था। इसके लिए आकर्षक और दिलकश शैली ज़रूरी थी। उनके सामने आज़ाद और नियाज़ की मिसालें भी थीं। आज़ाद ने सिर्फ़ अपने विशेष और दिलचस्प शैली की वजह से न जाने कितने क्लासिकी अहम् और कम अहम् शायरों को अमर कर दिया और इस तरह उनकी किताब 'आबे हयात' भी अमर हो गयी। अब आप चाहे उसे किसी ख़ाने में रखिये लेकिन आबे हयात की शाश्वतता पर कौन उँगली उठा सकता है। फ़िराक़ का सोचा-समझा क़दम इसलिए भी था कि वह क्लासिकियत के बग़ैर आधुनिकता की कोई कल्पना नहीं रखते थे। उनका कहना था कि टी० एस० इलियट जिसने नये साहित्य के ख़यालात, शैली वग़ैरह में इन्क़लाब बरपा कर दिया है सिर्फ़ इसीलिए कि उसने पुराने अंग्रेज़ी अदब को अपने

अन्दर आत्मसात् कर लिया था। फ़िराक़ भी नये परिवर्तन का स्वागत तो करते हैं लेकिन पूर्वजों को नज़र अन्दाज़ करने के क़ायल नहीं। इसीलिए वह पुराने शायरों पर ही क़लम उठाते हैं और दिलचस्प बात यह है कि वह ज़्यादातर दूसरे दरजे के शायरों पर क़लम उठाते हैं। इस सिलसिले में वह कोई स्पष्ट बात तो नहीं करते लेकिन बुलन्द एशियायी मूल्यों की तलाश में खोये हुए फ़िराक़ का ख़याल शायद यह है कि साहित्यिक परम्परा का.... ऐतिहासिक व युगात्मक क्रम का अन्दाज़ा कभी-कभी बड़े शायरों की बड़ी शायरी के ज़रिये नहीं हो पाता। बड़ी शायरी अक्सर व बेशतर फ़िक्र वो ख़याल की बुलन्दियों में ऐसा गुम हो जाती है कि इसमें काल की कल्पना व क्रम का अन्दाज़ा लगाना मुश्किल हो जाया करता है। चूँकि वह क्लासिकी मिज़ाज़ के और साहित्यिक परम्परा के क़ायल हैं इसीलिए वह प्रायः ये तत्त्व दूसरे दरजे के शायरों के यहाँ तलाश करते हैं और यह तलाश ही उन्हें मुसहफ़ी, हाली, ज़ौक, रियाज़ वग़ैरह की तरफ़ ले जाती है। आम ख़याल यह है कि उन शायरों पर क़लम उठाते हैं जिन पर आलोचकों ने कम ध्यान दिया है। फ़िराक़ कुछ इस तरह से ध्यान करते हैं, कुछ ऐसी जी-तोड़ मेहनत, बुलन्द ख़याली और नाज़ुक ख़याली के साथ कि मुसहफ़ी और ज़ौक पर लिखे गये उनके उत्कृष्ट लेख एहतेशाम हुसैन के ख़ोजी, खुर्शीदुलइस्लाम के शिबली और खलील उर्रहमान आज़मी के आतश पर लिखे गये लेख की श्रेणी में खड़े हो जाते हैं। फ़िराक़ की तास्सुराती आलोचना और उनकी रचनात्मक शैली पर ऐतराज़ करनेवाले पेशावर आलोचक इनमें किसी एक लेख की बुलन्दी को छू लेते तो फ़िराक़ के सम्बन्ध से उनकी बात कुछ तो प्रामाणिक हो ही जाती।

प्रोफ़ेसर अनवर सिद्दक़ी जिन्होंने फ़िराक़ की आलोचना पर एक ऐसा लेख लिखा है जो फ़िराक़ को अंग्रेज़ी आलोचक सेण्ट्सबरी के क़रीब बताता है। फ़िराक़ ने भी अपनी किताब 'उर्दू ग़ज़लगोई' में सेण्ट्सबरी की किताब (History of English Prose Rythm) का बार-बार जिक्र किया है। टी० एस० इलियट ने सेण्ट्सबरी के बारे में लिखा है कि उसे दूसरे दरजे के शायरों में योग्यता ढूँढ़ने में बड़ा मज़ा आता था। तक़रीबन यही ख़्वाहिश या प्यास फ़िराक़ की भी थी जो उन्हें मुसहफ़ी, ज़ौक, हाली, रियाज़ वग़ैरह के क़रीब ले गयी।

मैंने अपने इस लेख में फ़िराक़ के उन लेखों को ही बुनियाद बनाया जो शायरों पर लिखे गये हैं। 'मन आनम' के ख़ुतूत तो उनकी शायरी की कला सौन्दर्य (Poetics) हैं। ग़ज़ल पर लिखे गये लेखों पर एक विस्तृत लेख की ज़रूरत है। इस सिलसिले में सिर्फ़, अनवर सिद्दीक़ी का ही एक पैराग्राफ़ पेश करता हूँ....

> ''फ़िराक़ ने '36 ई० में उर्दू ग़ज़ल के दिफ़ा (बचाव) में निगार में एक भरपूर मक़ाला (लेख) लिखा था। जो मेरे ख़याल में उर्दू ग़ज़ल के मौज़ूँ (विषय) पर आज तक सबसे अच्छा मज़मून है बल्कि मेरी राय में तो यह मक़ाला उर्दू ग़ज़ल के बारे में डॉ० यूसुफ़ हुसैन की लहीम-शहीम (मोटी) क़िताब पर भी भारी है।''

हसन अस्करी ने भी एक जगह लिखा है.....''मेरा ख़याल है कि ग़ज़ल की तकनीक को जितना फ़िराक़ ने समझा है शायद इस दौर में किसी ने समझा हो।''

फ़िराक़ साहब की शैली सिर्फ़ एक दिलकश और आकर्षक शैली ही नहीं है बल्कि इसमें संस्कृति, सभ्यता और गम्भीरता भी है और जीवनदायी सम्मान की तलाश भी। इन लेखों में रचा हुआ लेखांकन व्यवस्था और एक विशेष पूर्वी सभ्यता काम करती दिखायी देती है। वह सिर्फ़ बहा ले जाने या पढ़वा ले जाने के क़ायल नहीं बल्कि इसमें डूबकर रचना की पुनर्प्राप्ति के हवाले से, भूतकाल के सम्मान और पूर्वी संस्कृति को जागृत करने और उसे पाश्चात्य सम्मान के हमपल्ला करने की भावना रखते हैं। इसीलिए वह बार-बार हयात व कायनात की बात दोहराते हैं। कहीं-कहीं उनके विचारों में सन्देह ज़रूर पैदा हो जाता है लेकिन उनके पास सन्देह में ही हुस्न है। अनवर सिद्दीक़ी के अनुसार...''वह तजज़िया (विश्लेषण) नहीं कर ख़ूबसूरत तामीम (आम करना) से काम लेती है। वह शायरी की जमालियाती कायनात (सौन्दर्य की दुनिया) के दू-बदू (आमने-सामने) अपने हवासे ख़मसा (पाँच ज्ञानेन्द्रियाँ) की तमामतर सलाहियतों (योग्यताओं) को बरुएकार लाकर एक नयी लिसानी कायनात की तख़लीक़ करती है।''...ये लिसानी कायनात (भाषायी दुनिया) सिर्फ़ बँधीटकी आलोचना की लिसानी कायनात नहीं है बल्कि इसमें शायर और आलोचक दोनों की कायनात शामिल हो गयी है। फ़िराक़ की अपनी लिसानी कायनात जो उनकी गंगा-जमुनी

सभ्यता से जन्म लेती है, उर्दू में पहली बार एक नये बाँकपन के साथ जलवागर होती है। उनकी कसौटी और विचार में सिर्फ़ सादी और हाफ़िज़ नहीं, मीर और सौदा भी नहीं बल्कि सूरदास और तुलसीदास भी हैं। वह फ़ारसी के साथ-साथ संस्कृत की सभ्यतामय वापसी चाहते हैं। हिन्दू और हिन्दुस्तानी सभ्यता व संस्कृति के वह रसिया हैं और पुरानी परम्परा के वाहक, जगह-जगह ऐसे विश्लेषण और शैली उनकी आलोचना का अहम हिस्सा हो गये हैं। प्रोफ़ेसर सय्यदा जाफ़र ने इस सम्बन्ध में अच्छी बात लिखी है....

"फ़िराक़ का उस्लूब उनकी तनक़ीद निगारी के लिए बहुत मौज़ूँ और मुनासिब (उचित) उलूम होता है। उन्होंने उर्दू शायरी के बाँकपन और हिन्दी शायरी के रस और उसकी नर्म आँच के इम्तेज़ाज (सम्मिश्रण) से तनक़ीद निगारों को एक ऐसा तर्ज़े तहरीर (लेख शैली) अता किया जो हमारे अदब में 'हर्फ़े मुकर्रर' (शब्द की पुनरावृत्ति) नहीं है। उनका उस्लूब अपनी शेरियत और तरहदारी के एतबार से एक अनोखी शान रखता है....फ़िराक़ की तहरीरों (लेखों) में वह निखार और वह सारी मिठास भरी होती है जो हिन्दी शायरी का ख़ासा है। उन्होंने बहुत-से हिन्दी लफ़्ज़ हमारे तनक़ीदी सरमाये (पूँजी) में दाखिल किये हैं और इज़हार के बहुत-से नये पैकरों को रूशनास (पहचान) कराने की कोशिश की है।" 'कोमल और रसमयगान' 'नया सुहाग', 'चुटीली मुस्कुराहट', 'मिज़ाज़ की लचक', 'सहज सुभाव', 'नयी-नयी थरथराहटें', 'एक नर्म अचानकपन', 'नर्म चुटीलापन', 'और दबी हुई तिलमिलाहट' फ़िराक़ ही के ज़रिये से उर्दू अदब में दाख़िल हुए हैं। इस क़िस्म के नये-नये अल्फ़ाज़ और मुरककबात (मिश्रित शब्द) ढालना और तर्ज़े अदा की ये जिद्दत तराज़ी (नयापन) फ़िराक़ ही का हिस्सा है और इससे उनके ज़ौक़े तामीर (रचना का शौक) और तख़लीक़ी बसीरत की ग़म्माज़ी (चुग़लख़ोरी) होती है। इज़हार के ये साँचे फ़िराक़ की तनक़ीदों को ज़्यादा मुकम्मल (पूर्ण), भरपूर और मानी आफ़री (अर्थपूर्ण) बनाने में मदद देते हैं।"

(फ़िराक़ का तनक़ीदी नज़रिया)

अंग्रेज़ी साहित्य के अध्यापक होने और अंग्रेज़ी साहित्य व आलोचना पर अच्छी नज़र होने की वजह से फ़िराक़ अक्सर अंग्रेज़ी उक्ति इस्तेमाल तो

करते हैं लेकिन उसका ख़ूबसूरत रचनात्मक अनुवाद (Trans Creation) भी करते हैं। उनके कुछ अनुवाद इस तरह हैं। Vision का कश्फ़ी पैकर, Unpromising का उम्मीद ना अफ़्ज़ा Critical Clearness का इन्तेक़ादी वज़ाहत, A Sad lancidity of Soul का रूह की मग़मूम ताबन्दगी, Illusion का ख़ुशमग़वार फ़रेब या धोखा, Social Concent का समाजी बयानिया, Frustrations का रोमानी नाकामियाँ वग़ैरह। आप इन अनुवादों के सही या ग़लत होने पर एतराज़ कर सकते हैं लेकिन इस सच्चाई भरी कोशिश से इन्कार नहीं कर सकते कि फ़िराक़ उर्दू में लिखी जानेवाली आलोचना की भाषायी विदेशीपन और शाब्दिक अयोग्यता का एहसास न करते हुए और न दिलाते हुए ऐसे ख़ूबसूरत अनुवादों के द्वारा अपने विशेष आलोचनात्मक शैली में उसे हम आहंग कर देने की कामयाब कोशिश करते हैं।

आज उर्दू आलोचना की नयी ज़बान का जो केंडा बन रहा है और उसमें जितनी कसरत से अंग्रेज़ी शब्द व उक्तियों का इस्तेमाल शुरू हो रहा है और बग़ैर अनुवाद किये हुए सीधे सिर्फ़ अंग्रेज़ीदानी के बेजा इज़हार व नुमाइश के तहत अत्यन्त भोंड़े और बेतुकेपन के साथ जिस तरह अंग्रेज़ी के शब्द इस्तेमाल किये जा रहे हैं उससे उर्दू की साहित्यिक भाषा की जो शक्ल बन रही है उसकी भी दो-एक मिसालें अध्ययन करते चलिये...

"शायर, क़ारी (पाठक) पैगाम और सयाक़ सब मुस्तक़िल (मज़बूत) हक़ीक़तें और मत्न (Text) एक ज़रिया Passage या इदराक़ Sence Perception का मुतबादल (विनिमय) था हालाँकि वाक़या इसके बरअक्स (विपरीत) है। पाररेकर Hermenutics के इमाम की हैसियत से एक मरक़जी तसव्वुर, तजुर्बे, बामानी का क़ायल और इस बुनियाद पर तहरीर (लेखन) की लातश्कीली (अनिर्माण) तसव्वुर का मुख़ालिफ़ है लेकिन उसने भी Discourse के क़याम के साथ ही शायर और मत्न (Text) के मफ़हूम के इत्तेहाद, शायर और क़ारी के रब्त की तख़्सीस (विशेष) और मुकालमा (संवाद) के सबाक़ और सूरते हाल, गरज़ तरसील (पहुँच) के लिए ज़रूरी में से पाँच जुज़ की ग़ैर यक़ीनी हैसियत का एतराफ़ किया है। मत्न का ख़ल्क Generate करदा तवक़्क़ात का पूरा Spectrum फ़र्द, ज़माना, मुक़ाम और दूसरे मत्नों के हवाले से तब्दील होता रहता है। इस सूरत में फ़नपारे के ख़ुदमुकतफ़ी वजूद (स्वयं सम्पूर्ण विद्यमानता) को एक वराए मत्न, मवाद का ताबे (विषय-सामग्री का गुलाम) या मुतज़ाद तजुर्बात (विरोधी अनुभव) की

Synthesis के अरसा (Space) की हैसियत से देखने के बजाय मानीख़ेजी के एक नये वाक़ये की हैसियत से देखने के बजाय थी कि यही मत्न की बुनियादी तारीफ़ और उसके तर्ज़े वजूद की असास (बुनियाद) है।

(नक़्दे शेर की नयी जिहत)

यह तो एक नये आलोचक की भाषा है। दो बुज़ुर्गों की भाषा देखिये...

"जहाँ एक तरफ़ तरक़्क़ीपसन्द अदब Problem से वास्ता रखते हैं बाज़ दूसरे अहम् शायर Mystery से..."

(तनक़ीद की ज़रूरत पर चन्द ख़यालात)

"यहाँ शोअरा का Detached Experience काम कर रहा है...जिनसे अस्ल कैफ़ियात और Experience की ग़ैर मरई मगर महसूसाती फ़ज़ा तैयार होती है और सुननेवाले तलवार की शक्ल में Sex Experience की फ़ज़ा में थोड़ी देर के लिए पहुँच जाते हैं।" (मर्सिये की समाजियात)

या छोटे-छोटे ये वाक्य भी देखिये....

"नये तनक़ीदी डिस्कोर्स ने इफ़हाम व तफ़हीम की बहस छेड़ दी।"

"वारिस अल्वी Unpredictable नक़्क़ाद हैं।"

"तरक़्क़ीपसन्दी के पास अदब और ग़ैर अदब में फ़र्क़ पैदा करने की थ्योरेडिकल बुनियादें थीं।"

"शाहिद नक़वी की यह लहर By Implication है...इसका एक सबब Repression हो सकता है।"

"जोश की तरह Over doing नहीं है बल्कि उन पर Passivity हावी होता जाता है।"

"सबमें एक नया लुक (Look) देने की कोशिश है।"

तनक़ीदी डिस्कोर्स, शऊरी प्रोजेक्ट, नामयाती एप्रोच, अदबी डेकोरेशन, अदबी लुक, लिसानी प्रोजेक्शन वग़ैरह की उक्तियाँ ग़लत हैं या सही, ये नाचीज़ इस पर राय देने से असमर्थ हैं। इतना ज़रूर कहूँगा कि ये तमाम तरकीबें और उक्तियाँ अगर उर्दू की रवाँ दवाँ ज़बान की ख़ूबसूरत, फ़ितरी और रचनात्मक हिस्सा बन रही हैं और प्रचार व प्रसार का काम आसान कर रही हैं तो उनका स्वागत करना ही चाहिए कि ज़बान के ज़ख़ीरे इस तरह बढ़ते हैं लेकिन अगर हर विधा की तरह आलोचना की भी अपनी एक

निर्धारित ज़बान होती है और हर ज़बान के पीछे उसकी अपनी संस्कृति, सभ्यता और भाषायी कल्चर होता है तो फिर इन उक्तियों और तरकीबों पर गम्भीरता से ग़ौर करने की ज़रूरत है। दिलचस्प बात यह है कि मैंने जान-बूझकर बाज़ ऐसे बुज़ुर्गों की भी मिसालें दी हैं जिन्हें किसी तरह से नया आलोचक नहीं कहा जा सकता और जो ज़बान का भरपूर क्लासिकी शऊर भी रखते हैं और प्रायः नयी ज़बान की पेच वो ख़म और टूट-फूट पर चिन्तित और विरोधी भी रहते हैं।

नयी आलोचना के लगभग सारे स्कूल ज़बान के सम्प्रेषण पर सबसे ज़्यादा अहमियत देते हैं बल्कि शैली इन सबमें समान है। अब मैं कुछ मिसालें ऐसी भी पेश करता हूँ जिनमें अंग्रेज़ी का एक शब्द भी इस्तेमाल नहीं हुआ है। इसके बावजूद उनके मिज़ाज व किरदार को देखिये....

> "ज़बान के तरसीली किरदार (सम्प्रेषण भूमिका) का तसव्वुर क़दरे मुश्तरक की हैसियत रखता है। अपने तसव्वुरे फ़न और इससे बरामद होनेवाले तनक़ीदी मक़ासिद (उद्देश्य) और तरीक़ए कार के दरमियान हज़ार एख़्तेलाफ़ (मतभेद) के बावजूद तनक़ीद के तमाम दबिस्तान (स्कूल) इस अम्र (कार्य) पर मुत्तफ़िक़ हैं कि ज़बान का वज़ीफा तजुर्बे की रेसालत है। ज़बान के तरसीली किरदार से मुराद (अर्थ) यह कि मत्न (Text) ख़ुद अपने लिसानी राबितों (भाषायी सम्बन्धों) की हदूद (सीमाओं) से बाहर माक़ब्ल (पहले) से मौजूद, तजुर्बे, तसव्वुर, मारूज़ (विकल्प) या मवाद (सामग्री) के इज़हार का जरिया है और ये रवाए मत्न, मवाद वह मुनफ़रिद कुव्वत है जो फ़नपारे (रचना) की मख़्सूस (विशेष) हैयत (रूप) लफ़्ज़ के इन्तेख़ाब और उनकी मख़्सूस तरतीब की ज़िम्मेदार है। इसलिए मत्न की मानवियत (सार्थकता) का जवाज़ (वजह) उस मौज़ूँ की तरसील के हवाले से ही फ़राहम (इकट्ठा) किया जा सकता है। हत्ता कि (यहाँ तक कि) वह तनक़ीदी दबिस्तान जो फ़नपारे के ख़ुद मुक्तफ़ी वजूद, तख़लीक़ी ज़बान के ख़लक़ी इबहाम (रचनात्मक सन्देह) और नतीजतन तकसीर मानी का क़ायल है।"

"1970 में जदीदियत (Modernism) का मीनारे बाबुल (पुराना) मोनहदिम (ढह जाना) हो गया। फ़ी ज़माना रिवायती तरक़्क़ीपसन्दी बेमानी आमोख़्ता (अर्थहीन पाठ) और रिवायती जदीदियत भूला हुआ हाफ़िज़ा है। 20वीं सदी

की आख़िरी दहाई की इस इख़्तेतामियत अंगेज़ तनाज़ुर (अन्तरिम परिप्रेक्ष्य) में निहायत मुस्बत (सकारात्मक) तौर पर माबाद जदीदियत (Post Modernism) से नये अहेद की तख़लीक़ियत (रचनात्मकता) का बसीत (उदार) दौर है। इसमें नयी वजूदियत साख़्तियात (Structuralism) माबाद साख़्तियात (Post Structuralism) मज़हरियात, तज़हीमात, रद्दे तश्कील, और क़ारी असास तनक़ीद की लहरें बयक वक़्त रेवाँ रवाँ हैं और आहिस्ता-आहिस्ता अपने मन्फ़ी अनासिर (विपरीत तत्त्व) का इर्तेफ़ा (ऊँचा) करके नये अहेद की तख़लीक़ियत से हम आहंग हो रही हैं।''

''फ़ानी, हसरत और फ़िराक़ की शायरी का बेशतर हिस्सा अमूमी नौइयत (आमतौर पर) के ख़यालात व जज़्बात को नज़्माने (नज़्म करने) के ग़ैर मुताल्लिक़ा, अमल को ज़ाहिर करता है।''

इस तरह की बोझिल, पेचीदा और सख़्त ज़बान से आज की नयी उर्दू तनक़ीद भरी पड़ी है जबकि इसकी बुनियादी बहस ज़बान के तरसीली किरदार से है। क्या ये तनक़ीद की ज़बान है? क्या ये तौज़ीह व तफ़हीम (व्याख्या व समझने) की ज़बान है? क्या इससे तनक़ीद की केरात (पढ़ने) का दायरा फैल रहा है? अब ज़रा फ़िराक़ की तनक़ीदी ज़बान के दो-तीन छोटे-छोटे इक़्तेबास (पैराग्राफ) पेश करता हूँ जो आज से तक़रीबन साठ साल पहले लिखे गये....

''हर शायरी का मक़सद हम जो कुछ भी समझें उसकी हक़ीकी मक़सद बुलन्द तरीन विजदानी कैफ़ियत व जमालियाती शऊर पैदा करने के अलावा कुछ नहीं। ये कैफ़ियत व शऊर अपनी जगह ख़ुद एक बुलन्द तरीन मक़सद है। यहाँ तक कि जद्दो जहद (संघर्ष) और अमल से मुताल्लिक़ भी शायरी का मक़सद तहरीक व तरग़ीबे (आन्दोलन व प्रेरणा) अमल नहीं बल्कि अमल का और जमालियाती व विजदानी एहसास कराना।''

''रवीन्द्र नाथ टैगोर की रंगों में हिन्दू ऋषियों का ख़ून मौजज़न (लहरें मारनेवाला) है और वहदत (एकता) की बुलन्दी पर उनके सर में चक्कर नहीं आता। क़लामे टैगोर का फ़लसफ़ा जानने के लिए रवीन्द्र नाथ की हिन्दू नस्लियत मद्दे नज़र रखनी चाहिए। उनकी हिन्दू नस्लियत का असर उनके क़लाम पर होना ज़रूरी है।''

"ये आशिक़मिज़ाजों का ही फ़ैज़ (फ़ायदा) था कि अमल की ज़िन्दगी में एक ग़ैर आसूदगी पैदा हुई। हुस्न की तलाश हुई और हुस्न की क़द्र शनासी की ये तरग़ीब व तहरीक (प्रेरणा व आन्दोलन) तज़्मे ज़िन्दगी की आराइशों का बाइस बनी और इब्तेदाई व महदूद (सीमित) अमल को मोतनब्बो (तरह-तरह का) और रंगारंग अमल की तौफ़ीक़ नसीब हुई।"

"शायरी उस हैजान का नाम है जिसमें सुकून के सिफ़ात (विशेषताएँ) पाये जाते हैं।"

आज आलोचना का हर विभाग ऐसी परम्परागत आलोचना से न सिर्फ़ बहुत दूर आ चुका है बल्कि उसको रद्द भी कर चुका है। हालाँकि सच यह है कि आज जिस भाषायी भूमिका और अक्षर व शब्द की बात हो रही है उसकी बुनियाद इन्हीं उस्तादों ने डाली है। नये आलोचक फ़ुज़ैल जाफ़री ने अपनी किताब 'कमान और ज़ख्म' में यही बात कही है....

'ज़दीद उर्दू तनक़ीद जिन रासतों पर गामज़न है उनकी कुछ झलकियाँ फ़िराक़ साहब की तनक़ीद में यहाँ-वहाँ मिल जाती हैं। ज़रूरत इस बात की थी कि फ़िराक़ के तनक़ीदी मज़ामीन (लेखों) में मौजूद इमकानात (सम्भावनाएँ) को दरयाफ़्त (खोज) किया जाता मगर ऐसा करने के बजाय उनकी मज़म्मत (बुराई) की गयी। मैं अपनी बात वज़ाहत के लिए सबसे पहले फ़िराक़ साहब के जिस मज़मून (लेख) का ज़िक्र करूँगा वह मुसहफ़ी पर उनका मशहूर मज़मून है। इस मज़मून में फ़िराक़ ने ज़्यादातर मुसहफ़ी के उस्लूब (शैली) पर बहस की है। फ़िराक़ साहब ने इस मज़मून में मीर और सौदा के असालिबे शेर (शेर की शैलियाँ) पर मुफस्सल (विस्तारपूर्वक) बहस करने के बाद ये नुकता (सूक्ष्म बात) भी वाज़ेह (स्पष्ट) किया है। दरअसल वह सौदा के उस्लूब के ज़ेरे असर हैं। शायरी में उस्लूब की अहमियत और खुसूसन मीर और सौदा के असालीब के सिलसिले में फ़िराक़ और शम्सुर्रहमान फ़ारूक़ी के ख़यालात में ज़बरदस्त और ख़ुशगवार मुमासलत (समानताएँ) पायी जाती है।"

अब ज़रा शारिब रुदौलवी के ये जुमले भी देखिये....

"आज हम Reader Oriented Criticism या Response Analysis...के अहद में हैं। जो माबाद साख़्तियाती तनक़ीद (Post Structural Criticism)

का एक रूझान है। और जिसमें क़ारी (पाठक) को सबसे ज़्यादा अहमियत हासिल है जो किसी फ़नपारे को बुनियादी तौर पर एक जज़्बाती तजुर्बे के देखता है....फ़िराक़ के यहाँ भी पहले जज़्बाती तजुर्बे का तास्सुर (असर) है इसलिए वह समाअत (सुनने) पर बहुत ज़ोर देते हैं। उनके यहाँ समाअत का पूरा कल्चर है। दिल वो दिमाग़ और शऊर सब समाअत के बाद आते हैं। उनका कहना है कि शायरी से हक़ीक़ी मानों में कुछ पाने के लिए रची हुई समाअत की ज़रूरत है...दूसरे लफ़्ज़ों में फ़िराक़ भी इसी Reader Response की बात कर रहे हैं। फ़र्क़ यह है कि फ़िराक़ के Reader Response में पूरा जमालियाती निज़ाम है। वह रची हुई समाअत की बात करते हैं तो उसमें अल्फ़ाज का आहंग (शब्द-स्वर) खानी,तरतीब और तरन्नुम तो आ ही जाता है। साथ ही सामे (श्रोता) में उन तहज़ीबी, लिसानी और शेरी ख़ूबियों को समझने और जज़्ब (शोषित) करने की सलाहियत (योग्यता) भी आ जाती है। तब ही वह Response फ़नपारे या जज़्बाती तजुर्बे की बाज़याफ़्त के क़ाबिल हो सकता है।''

नयी आलोचना अपनी तरक़्क़ी के घमण्ड में प्रचलित शैली और घिसी-पिटी उक्तियों से बग़ावत कर रही है और बग़ावत ऐसी कोई बुरी बात भी नहीं है लेकिन बग़ावत की कोख से नयी आलोचना की कौन-सी ज़बान जन्म ले रही है, इसके क्या परिणाम बरामद हो रहे हैं इसका अन्दाज़ा भी लगाते रहना चाहिए। आख़िर क्या वजह है कि तमाम शेरी परम्परा से बग़ावत करने वाला ग़ाली (झूठ) मिज़ाज का आधुनिक शायर ज़फ़र इक़बाल जब नयी उर्दू ग़ज़ल और नयी शेरियात (काव्यात्मकता) के मौजू पर क़लम उठाता है तो शुरू ही में वह कहता है....

''कभी सुना करते थे कि तनक़ीदबाज़ औक़ात तख़लीक का दरज़ा भी हासिल कर लेती है लेकिन अब ये चीज़ तक़रीबन सिरे से ही नापैद (अजन्मा) है। नक़्क़ाद हज़रात कभी शायरों और अदीबों (साहित्यकारों) की रहनुमाई का फ़रीज़ा (कर्त्तव्य) भी अन्जाम दिया करते थे लेकिन अब सिर्फ़ और सिर्फ़ सालाना जायज़ा पेश करते हैं जो कि सरासर मशीनी है और इसलिए आसान काम है। तनक़ीद के बजाय मुन्शीगीरी इसके लिए ज़्यादा मुनासिब लफ़्ज हो सकती है। चुनांचे क़ुदरती तौर पर शायर और क़ारी की हद तक शेरो अदब में दिलचस्पी कम नहीं हुई बल्कि शेरो अदब की परख पड़ताल करनेवाले भी इस तर्ज़े तसाहुल (नरमी बरतना) व तफ़ाइल में बराबर के शरीक हैं और अगर कोई नक़्क़ाद इस सिलसिले में कोई बात

करता भी है तो वह सदा व सहरा (रेगिस्तान की आवाज़) साबित होती है क्योंकि शेरो अदब में अमूमी दिलचस्पी बजाय ख़ुद न होने के बराबर रह गयी है।''
(शब ख़ून)

फ़िराक़ ने भी जगह-जगह आलोचनात्मक कार्य के सम्बन्ध में यही बात कही थी कि आलोचना का एक बड़ा काम यह भी है कि वह पढ़नेवाले को अपने साथ शामिल करे और उनके अन्दर साहित्यिक शौक़ पैदा करे। आलोचना की यह एक अहम् ज़िम्मेदारी है और यह ज़िम्मेदारी पढ़वा ले जाने की कला से जुड़ी है। इसलिए कि साहित्य की बुनियादी शर्त पढ़ना है। ग़ौर वो फ़िक्र की मंज़िल तो उसके बाद आती है।

नयी आलोचना का जो भाषायी ढाँचा बन रहा है उसने इस बुनियादी सूरत व ज़रूरत को उलट-पलटकर रख दिया है, जिसने आलोचना तो आलोचना साहित्य के लिए बड़े ख़तरे पैदा कर दिये हैं। देवेन्द्र इस्सर ने ग़लत नहीं कहा है....

''जब से अदब पढ़ने-पढ़ाने की नयी थ्योरियाँ ज़ेरे बहस लायी जाने लगी हैं न सिर्फ़ अदब की नोइयत (क़िस्म) बल्कि अदब-बहैसियत-अदब पर भी सवालिया निशान लग गये हैं। इसमें शक नहीं कि कम वो बेश हर दौर में किसी-न-किसी तौर पर अदब को अपने मुक़ाम से सरकाने की कोशिशें की गयीं लेकिन आज के हालात ज़्यादा संगीन हो गये हैं। गुज़श्ता दो-तीन दहों से अदब पारा (रचनाओं) को महज़ मत्न और उससे भी ज़्यादा अरसे से उसे महज़ सियासी समाजी या सक़ाफ़ती (सांस्कृतिक) इदारे (संस्था) की शक्ल में पेश करने की मसाई (कोशिशें) की जा रही हैं। गुज़रता पचीस-तीस बरसों में माबाद जदीदियत और पस साख्तियात का जो सैलाब आया है उसने इल्मो व फ़न के सारे बन्द तोड़ डाले और उस बहाव में वह अदब को भी बहा ले गया।''
(वक़्ते रुख़सत शहरे वफ़ा से)

यह सच है कि उर्दू आलोचना ने आम तौर पर नयी आलोचना ख़ास तौर पर पाश्चात्य विचारों से बेहद असर लिया है और लेना भी चाहिए लेकिन क्या इस तरह से कि इसकी अपनी अस्ल फ़िक्र, अथवा बुनियादी मिज़ाज व मज़ाक और प्राकृतिक भाषायी ढाँचा चरमराकर बैठ जाय? यह एक ऐसा फ़िक्र का लमहा है जिस पर विचारकों को गम्भीरता से विचार करना चाहिए।

इन दिनों साख़्तियात (Structuralism) और पस साख़्तियात के बड़े चरचे हैं और इस विषय पर लिखी गयी एक मोटी किताब का ज़िक्र हर तरफ़ है। यह किताब भी पाश्चात्य विचारों और चिन्तनों, शब्दाकोशों व उक्तियों से भरी पड़ी है। किताब-पर-किताब लिखी जा रही है। यह भी कहा जा रहा है कि हाली के मोक़द्दमए शेर वो शायरी (प्रकाशित 1893 ई0) के ठीक सौ साल के बाद साहित्यिक सिद्धान्त का एक नया मोड़ है। बुनियादी क़िस्म की ऐसी किताब जो कहीं बरसों में लिखी जाती है और जिससे नये साहित्यिक यात्रा का प्रारम्भ होता है वग़ैरह।

अन्दाज़े की भूमिका में फ़िराक़ ने अमेरिकी साहित्यकार व विचारक इमरसन के वाक्य लिखे हैं....वह कहता है....''जब कोई नयी किताब मशहूर होती है तो उस वक़्त अपने मुतालये (अध्ययन) के लिए मैं एक पुरानी किताब उठा लेता हूँ।'' फ़िराक़ इस वाक्य की तर्कसंगतता में उतर गये और इमरसन की राह अपनायी। जब क़लम उठाया तो उस वक़्त चकबस्त, अकबर, इक़बाल, प्रेमचन्द दुनियाए साहित्य पर छाये हुए थे। गऊदान, बांगेदरा, ज़र्बे कलीम-जैसी किताबें अमरता की श्रेणी में खड़ी थीं। उस वक़्त फ़िराक़ पुराने शायरों मुसहफ़ी, जौक, हाली वग़ैरह के दीवान (काव्य-संग्रह) खँगाले और नये सिरे से पहचान करते हुए उनकी क़द्र वो क़ीमत का निर्धारण किया। आज जब साख़्तियात, आबाद जदीदियत (Post Modern-ism) वग़ैरह का शोर-शराबा है तो ऐसी सूरत में आज से पचास-साठ साल वापस जाकर फ़िराक़ की आलोचना और उसकी शैली पर लेख लिखना न सिर्फ़ उसी परम्परा को दोहराना उद्देश्य है बल्कि आज की आलोचना के बिखरे हुए माहौल में फ़िराक़ के बहाने इसी शैलीय स्कूल को याद करने की स्वाभाविक इच्छा और ज़रूरत है जिसके सिरे नियाज़ शिबली से होते हुए आज़ाद तक पहुँचते हैं और जिसने आबे हयात जैसी शाश्वत कितकात को जनम दिया, जिस पर आज भी लोग सर धुनते हैं। फ़िराक़ की अन्दाज़े और इश्क़िया शायरी ऐसे ही आलोचनात्मक स्कूल और यादगार की विस्तृत व समृद्ध शक्लें हैं जिनको आज नये सिरे से समझने और समझाने की ज़रूरत है।

◆◆◆

दानिशवर फ़िराक़

एक बत मैं शुरू में ही अर्ज़ कर दूँ कि फ़िराक़ साहब को कोई बड़ा विचारक य फ़लसफ़ी मानने में मुझे तकल्लुफ़ और हिचकिचाहट है। वह ग़ालिब और इक़बाल की तरह विचारक व फ़लसफ़ी न थे। वह फ़ैज व मख़दूम की तरह व्यवस्थित ढंग से किसी नज़रिया व फ़लसफ़ा के मानने वाले और उसका प्रचार व प्रसार करनेवाले भी न थे। तो फिर आप मुझसे यह सवाल कर सकते हैं कि फ़िराक़ का ज़िक्र बतौर दानिशवर क्यों? मैं एक विद्यार्थी की हैसियत से यही कह सकता हूँ कि फ़िराक़ विचारक व फ़लसफ़ी न हों लेकिन दानिशवर ज़रूर थे और मुझे उनकी दानिशवरी के बारे में लिखने का ख़याल दो तरह से आया। पहला तो यह कि आज उर्दू दानिशवरों और दानिशवरी की जो क़ाबिले-रहम हालत है, क़लम और ज़ेहन की जो सौदागरी है और जंगेज़रगरी है उसको देखकर ख़ून के आँसू टपकने लगते हैं। ऐसे में फ़िराक़ की बेबाक दानिशवरी का ख़याल आना स्वाभाविक है। दूसरी वजह यह है, आले अहमद सुरूर के अनुसार...

"इक़्बाल ने एक जगह फ़रमाया है...

अपने भी ख़फ़ा मुझसे हैं बेगाने भी नाख़ुश
मैं ज़हरे हलाहल को कभी कह न सका क़न्द
मुश्किल है कि एक बन्दए हक़बीं व हक़ अंदेश
ख़ाशाक के तूदे को कहे कोहे-दमावन्द

लोगों ने इसे एक बड़े शायर की मन की मौज समझा। उन्होंने इसके पीछे एक मुमताज़ दानिशवर का एलाने-हक़ न देखा। शायर मक़बूल हुआ, उसके तराने दिलों में घर कर गये। उसके नग़में कायनात की धड़कन बन गये। उसका जादू हर कस व नाकस (छोटा-बड़ा) पर चल गया मगर दानिशवर इक़बाल जिसके अफ़कार ने उसकी शायरी को बुलन्दी, बरगुज़ीदगी (पसन्दीदगी) गहराई और गीराई अता की उनके ज़ेहन को रौशन न कर सका।"

(दानिशवर इक़बाल)

इक़बाल तो फिर भी नज़्म के हवाले से विचारक व फ़लसफ़ी की हैसियत से मशहूर हुए। इसलिए कि चिन्तन और विषय में गहराई तक गये बग़ैर नज़्म का आगे बढ़ना मुश्किल हुआ करता है लेकिन ग़ज़ल के मामलात इससे अलग हुआ करते हैं। वहाँ फ़िक्र की कमी व बेशी दोनों ही लहजे के ज़ाती आहंग के आगे अक्सर सर नहीं उठा पातीं। और सब जानते हैं कि फ़िराक़ बुनियादी तौर पर ग़ज़ल के शायर थे और हम ग़ज़ल के जादू से भी वाकिफ़ हैं और फ़िराक़ की ग़ज़लों का भी जादू जागा लेकिन इससे उनका फ़िक्री सरमाया पीछे चला गया।

अब मैं क्रम से इन दोनों सूरतों के हवाले से फ़िराक़ की दानिशवरी पर कुछ बातें अर्ज़ करने की इजाज़त चाहूँगा। लेकिन इससे पहले कुछ वाक्य दानिशवरी के बारे में भी।

दानिश का शब्द फ़ारसी शब्द 'दानिस्तन' से बना है। जिसके मानी हैं जानना यानी शब्द-कोश के ऐतबार से दानिशवर का अर्थ जाननेवाला, लेकिन दूसरे मानों में दानिशवर का अर्थ सैयूयद हामिद की ज़बान में.... "वही लोग दानिशवर हैं जिन्होंने ज़िन्दगी की गुत्थियों को हल करने की लगातार कोशिश की है। जिन्होंने आलम (दुनिया) के बदलते हुए हालात से ख़ुद को बाख़बर रखा है। जिनके मोतालेया (अध्ययन) को उनके मुशाहिदा (निरीक्षण) और तजुर्बा से ग़िज़ा (खाद्य) मिली है। जिनका इल्म निरा किताबी इल्म नहीं है जिनके इल्म ने उन्हें राय क़ायम करने, हुक्म लगाने और फ़ैसला करने का शऊर दिया है।" यह सच है कि दानिशवर के लिए मुफ़क्किर होना ज़रूरी है लेकिन मुफ़क्किर और दानिशवर में फ़र्क़ है। मुफ़क्किर (विचारक) उन बुलन्दियों को छूता है जहाँ तक दानिशवर की पहुँच नहीं होर्त। लेकिन दानिशवर अमली व वैकल्पिक सूरतों में सोचता है। मुफ़क्किर की उड़ान कोई रुकावट बर्दाश्त नहीं करती लेकिन दानिशवर, ज़मीनी, तहज़ीबी और आर्थिक सूरतों पर भी नज़र रखता है। इसलिए प्रोफ़ेसर आले अहमद सुरूर का यह ख़याल ग़लत नहीं कि दानिशवर, इन्सान, समाज, प्रकृति और विश्व के परिप्रेक्ष्य को आम लोगों से ज़्यादा संकेतात्मक और एकात्मक हवाले से देखता और दिखाता है और वह इन्सान और समाज के सार्वजनिक तत्त्वों का विशेषज्ञ होता है।

दानिशवरी का सम्बन्ध बुद्धि और, अक़्ल से होता है और दिल, अक़्ल का हमसफ़र होता है अगर दिल साथ न दे तो दानिशवरी अपनी मंज़िल तय

नहीं कर पाती। इसके अलावा उसे दुःख-सुख का भी अनुभव हासिल रहता है। वह दुःखों को दार्शनिक अंदाज़ में लेता है और इसीलिए उसकी ग़म और ख़ुशी के सरचश्मों पर नज़र रहती है। इसीलिए वह नये ख़यालात, नयी रौशनी और नये निज़ाम की माँग करता है। वह परम्परा से विद्रोह तो नहीं करता लेकिन ग़ैर अक़्ली और पुरानी ख़राब बातों को रद तो करता ही है और नयी इन्क़लाबी फ़िक्र को जन्म देने की कोशिश करता है। इसीलिए अक्सर इसकी सत्ता से ठनी रहती है। इसलिए चिन्तकों का कहना है कि दानिशवरी आम तौर पर सत्ता से दूर-दूर ही रहती है। दानिशवरी अपनी तमामतर व्यस्तता व व्यावहारिकता के बावजूद एक रोमानी एहसास तो रखती ही है। एक बेहतर समाज का ख़्वाब देखना, परम्परा से इन्कार करके पूर्ण सत्ता व विचारों को प्रचलित करने की कोशिश करना। यह सब आसान काम नहीं फिर भी ऐसा सोचना दानिशवरी का अहम काम है।

उर्दू में इस क़िस्म की दानिशवरी की शुरुआत आम तौर पर सर सैयद के हवाले से सोचा जाता है। जहाँ तक पुराने शायरों का सम्बन्ध है वह ज़िन्दगी का, और उसकी क़दरों (मूल्य) का एक दार्शनिक विचार ज़रूर रखते थे लेकिन इससे संघर्षमय होने के सिलसिले में कोई दो टूक राय न रखते थे। हाँ, ग़ालिब के बारे में मुमताज़ हुसैन ने एक जगह यह ज़रूर लिखा है कि "उन्होंने हमारे तनाज़ुर (परिप्रेक्ष्य, पृष्ठभूमि) को बदल दिया। जो निगाहें माज़ी (भूतकाल) से दूर नयी जन्नत से लगी हुई थीं इन्हें मुस्तकबिल (भविष्य) की तरफ़ लगा दिया।" कम वो बेश यही राय उनकी इक़बाल के बारे में भी है कि अपने तमाम विचारों को इस्लामी विचारों से हम आहंग करने के बावजूद इबलीस (शैतानों का राजा) के इन्कार को एक जुर्रत मन्दाना क़दम मानते हैं कि उस इन्कार के अन्दर से विरोध व बग़ावत जनम लेती है कि जन्नत व जेहन्नुम के लालच और डर से ऊपर उठकर वह साफ़ कहते हैं......."कारे जहाँ दराज़ है अब मेरा इन्तेज़ार कर।" हालाँकि इक़बाल की अपनी मुफ़क्किराना और दानिशवराना हैसियत है लेकिन इक़बाल के बारे में आले अहमद सुरूर की यही राय है कि अगर सर सैय्यद और हाली न होते तो इक़बाल भी न होते। अगर हम ग़ालिब व इक़बाल और सर सैयद व हाली वग़ैरह के थोड़े दानिशवराना सरमाये को थोड़ी देर के लिए अलग कर दें तो बहैसियते मजमूई उर्दू दानिशवरी के बारे में आम राय बहुत अच्छी नहीं है। आज़ादी से पहले के बारे में आम तौर पर और आज़ादी के बाद के बारे में ख़ासतौर पर प्रोफ़ेसर मुहम्मद हसन का ख़याल है कि "उर्दू में

दानिशवरी की रवायत सिरे से मौजूद ही नहीं है। जदीद दौर की बात जाने दीजिये। अहदे क़दीम (प्राचीन युग) से आज तक उर्दू नस्र व नज़्म अक़्ल दानिश पर फबती कसती आयी हैं। अक़्ल व दानिश के बजाय इसने जज़्बे व जुनून का दम भरा है। कामयाबी और कामरानी पर तन्ज़ (व्यंग्य) करते हुए दरवेशी और क़लन्दरी हत्ता (यहाँ तक) कि नादारी और नाकामी तक पर फ़ख़्र (घमण्ड) किया है और बज़ाहिर है कि ये सब-कुछ बेसबब भी नहीं। इस पर सितम यह हुआ कि उर्दू अदब पर तहज़ीब (सभ्यता) की मुलम्माकारी और जज़्बातियत की यूरिश हुई।'' वह इसकी वजह भी बयान करते हैं... ..''बुनियादी वजह यह है कि हमारा समाज जागीरदारी निज़ाम से वाबस्ता रहा और जागीरदारी निज़ाम अक़ीदों और विरासतों का, रवायतों और मुरव्वतों का निज़ाम है। ज़ाहिर है कि ये निज़ाम (व्यवस्था) जब्र वो इस्तेहसाल (शोषण) का भी था और बाज़ बरकतों और राबितों का भी और इसका लहजा शाइस्ता (सभ्य) होना लाज़िम था।''

आज़ादी के पहले का भरम तो फिर भी कुछ बाक़ी रहा। सर सैयूयद, इक़बाल, प्रेमचन्द और तरक़्क़ीपसन्द दानिशवरों के ज़रिये लेकिन आज़ादी के बाद सूरतेहाल दूसरी होती गयी। इसके कई कारण हैं। एक मामूली कारण हज़रत वामिक़ जौनपुरी ये बताते हैं....

''दानिशवरी ने जिस तरह माक़ब्ल आज़ादी (आज़ादी के पहले) सलाहियतों का इस्तेमाल किया वैसा माबादे आज़ादी न कर सकीं। आपस के नज़रियाती या ज़ाती एख्तेलाफ़ात (मतभेदों) पर इसने अपनी पूरी क़ुव्वतें सिर्फ़ कर दीं और दानिशवरी के दुश्मन अनासिर (तत्त्वों) से मुतसादिम (संघर्ष) होने से गुरेज़ किया और अस्री तक़ाज़ों (युग की आवश्यकता) से शऊरी तौर पर बे एतनाई बरती। इसलिए आज हम Intellectual Thinking के बहुत कम ऐसे नमूने पेश कर सकते हैं जिन पर मुल्क वो क़ौम फ़ख़्र (गर्व) कर सके। इस दौर में दानिशवरी बर सरे एक़्तेदार क़ुव्वतों (सत्तात्मक शक्ति) से बच-बचकर काम करती रही है जिसकी वजह से इसकी पूरी सलाहियतें बरूए कार न आ सकीं।''

(आज़ादी के बाद बर्रे सग़ीर में उर्दू दानिशवरी का जायज़ा)

फ़िराक़ गोरखपुरी ने आज़ादी से पहले और आज़ादी के बाद दोनों ज़माने देखे लेकिन असलन बीसवीं सदी की तीसरी-चौथी दहाई, जब पूरा

हिन्दुस्तान एक नयी इन्क़लाबी सूरतों से दो-चार था फ़िराक़ की मार्के की चीज़ें इसी ज़माने में ही सामने आयी। यह वह दौर था जब उर्दू शायरी के क्षितिज पर इक़बाल का तूती बोल रही थी और शायरी के साथ फ़िक्र दामनगीर थी और जोश थोड़ी-सी पटरी बदलकर तक़रीबन इसी राह पर ग़ामज़न थे लेकिन फ़िराक़ ने ग़ज़ल की राह अख़्तियार की। दुनियाए-ग़ज़ल में फ़िराक़ से ज़रा पहले जिन ग़ज़लगोइयों के चरचे आम थे उनमें फ़ानी, हसरत, यगाना, असग़र वग़ैरह ख़ास थे। हुस्न वो इश्क़ के मामलात में फ़िराक़ हसरत से थोड़ा क़रीब ज़रूर थे लेकिन दूसरे मामलात में वह फ़ानी, असग़र वग़ैरह को ज़्यादा पसन्द न करते थे। फ़ानी की निरन्तर निराशावादी भावना ने उनके अन्दर चिढ़ पैदा कर दी थी और असग़र को वह सिर्फ़ जलवा-परदा का शायर मानते थे। ज़ाहिर है कि फ़िराक़ जैसे दानिशवर को मौजूदा ज़माने के एतबार से सारी चीज़ें बेमानी-सी लग रही थीं। ग़ौर करने की बात है कि जिन शायरों का दौर-दौरा हो और हर तरफ़ उनका शोर व ग़ुल उनसे एक नौजवान शायर का मतभेद करना और उन्हें नापसन्द करना कोई मामूली बात न थी। इसी के पीछे फ़िराक़ की अपनी एक फ़िक्र थी। एक दानिशवराना नज़रिया वह एक जागरूक कायस्थ घराने के चश्मो व चिराग़ थे। पिता इबरत गोरखपुरी ग़ज़ल के शायर ज़रूर थे लेकिन शोहरत मिली उनकी एक मसनवी को। फ़िराक़ न सिर्फ़ हिन्दू घराने के एक फ़र्द थे बल्कि हिन्दू सभ्यता, हिन्दुस्तान के इतिहास पर उनकी नज़र हो चली थी। बचपन की कुछ प्रतिकूल दशाओं ने ज़िन्दगी के बारे में, तहरीके-आज़ादी से जुड़ाव ने उनको मुल्क व मिल्लत के बारे में सोचने पर मजबूर कर दिया था। यह वह दौर है जब एक तरफ़ फ़िराक़ की संगत मजनूँ और प्रेमचन्द-जैसे महान् साहित्यकारों व दानिशवरों के साथ रहती तो दूसरी तरफ़ वह राजनीतिज्ञों मसलन, गाँधी, नेहरू, आज़ाद, जौहर वग़ैरह के साथ मिलकर वतन की आज़ादी के लिए संघर्ष में व्यस्त थे यानी साहित्य और राजनीति फ़िराक़ के फिक्र व नज़र में घुल-मिल रहे थे। ज़िन्दगी एक नये वीज़न के साथ उनके दिल वो दिमाग़ में दाखिल हो रही थी। इन्सानी फ़िक्र व अमल का एक विस्तृत नक़्शा उनके मस्तिष्क से जुड़ रहा था। और दानिशवरी का पानी अपनी एक अलग और आज़ाद राह बनाने के लिए बेचैन हो उठा। इसी आज़ादारवी और दानिशवरी के तहत जब महात्मा गाँधी के बाज़ रवैयों से उन्हें ठेस लगी तो फ़िराक़ यह कहने में ज़रा भी नहीं झिझके....

"महात्मा गाँधी के मुताल्लिक़ ये ख़याल पुख़्ता हो गया कि वह मौजूदा तहज़ीब व तमद्‌दुन (सभ्यता व संस्कृति) के हर बड़े और अहम इदारे की अहमियत समझने से क़ासिर (असमर्थ) हैं और यह सोचकर मेरे दिल में गाँधीजी के ख़िलाफ़ एक चिढ़ पैदा हो गयी। मुझे ऐसा मालूम होता था कि गाँधीजी न उलूम (विद्याओं) की अहमियत समझते हैं जिनमें अदब, फलसफ़ा, साइन्स और तमाम दीगर उलूम शामिल हैं, न इन यूनिवर्सिटियों की अहमियत समझते हैं, न मग़रिब के उन इदारों (संस्थाओं) की अहमियत समझते हैं जिनको अपनाये बग़ैर एशिया और अफ़्रीक़ा का कोई मुस्तक़बिल (भविष्य) हो ही नहीं सकता।"

(मेरी ज़िन्दगी की धूप-छाँव)

आप इन वाक्यों से मतभेद कर सकते हैं लेकिन फ़िराक़ की साहसिक दानिशवरी की दाद दिये बग़ैर नहीं रह सकते कि उनके यह एहसासात उन दिनों के हैं और उस महात्मा के बारे में हैं जिनकी पूरे हिन्दुस्तान में तूती बोल रही थी। और पूरा मुल्क उनकी एक आवाज़ पर मर मिटने को तैयार था। आज़ादी क़रीब थी, सत्ता भी क़रीब थी ऐसे में कुछ लोग गाँधी की निकटता हासिल करने या ज़ाहिर करने के लिए परेशान रहते। ऐसे में फ़िराक़ का यह मतभेद ज़ाहिर है कि सिर्फ़ गाँधी से ही नहीं बल्कि राजनीति और सत्ता से दूर रख सकता था और बाद में यही हुआ। ऐसा इसलिए था कि फ़िराक़ का गहरा अध्ययन बहुमुखी और विस्तार का क़ायल था और वह सियासी आज़ादी से ज़्यादा फ़ितरी आज़ादी पर यक़ीन रखते थे। वह व्यक्ति को जीवन की स्वाभाविक आवश्यकताओं और जीवन की समृद्धि के आवश्यक रवैयों की पृष्ठभूमि में देखना पसन्द करते थे। इसलिए वह अक्सर उन विचारों और कर्त्तव्यों पर भी आलोचना करते नहीं चूकते जिसके वह खुद भी कर्त्ता होते या जिसमें वह ख़ुद शामिल होते, वह तहरीके के आज़ादी और उसकी जमात से बाकायदा जुड़े थे, वह कई सियासी रहनुमाओं के साथ जेल भी गये लेकिन उन्होंने यह कहने में भी संकोच नहीं किया कि. .."मैं समझता हूँ कि जब कोई जमाअत मुनज़्ज़म (संगठित) होकर बग़ावत करती है या किसी मुनज़्ज़म तहरीक में शरीक होती है तो उसके बहुत-से अफ़राद (व्यक्तियों) में बुराई आ ही जाती है।" विश्व प्रसिद्ध लेखक

टालस्टाय ने भी कहा है कि इन्सान मुनज़्ज़िम हो कर बुरा इन्सान बन जाता है और शायद यही उसूल फ़लसफ़ियाना अनारकी या मिज़ाज की बुनियाद है। यूँ तो किसी-न-किसी क़िस्म की व्यवस्था या क़ायदे के बग़ैर समाज जिन्दा नहीं रह सकता। कुछ इसी तरह के ख़यालात आपको उसी दौर के अशआर में भी मिलेंगे। कुछ शेर देखिये...

वहदत व कसरत उसी के जलवे हैं आँखें तो खोल
ज़िन्दगी जिलवत की जिलवत अंजुमन की अंजुमन

अहले ज़िन्दाँ की ये महफ़िल है सबूत इसका फ़िराक़
कि बिखरकर भी ये शीराज़ा परेशाँ न हुआ

देख रफ़्तारे - इन्क़लाब फ़िराक़
कितनी आहिस्ता और कितनी तेज़

जो उलझी थी कभी आदम के हाथों
वह गुत्थी आज तक सुलझा रहा हूँ

कुछ क़फ़स की तीलियों से छन रहा है नूर-सा
कुछ फ़ज़ा कुछ हसरते परवाज़ की बातें करो।

उर्दू से बेपनाह मुहब्बत रखनेवाले फ़िराक़ ने अंग्रेज़ी से एम०ए० किया और फिर अंग्रेज़ी विभाग, इलाहाबाद यूनिवर्सिटी में अध्यापक बनकर पाश्चात्य साहित्य के अध्ययन में व्यस्त हो गये। यही वह दौर था जब सज्जाद ज़हीर, लन्दन से लौटकर हिन्दुस्तान और ख़ास तौर पर इलाहाबाद में प्रगतिशील लेखक संघ की बुनियाद डालने के लिए प्रयत्नशील थे। इलाहाबाद में उन्हें फ़िराक़, अहमद अली, एजाज़ हुसैन वग़ैरह का साथ मिला। फ़िराक़ को भी एक राह मिली चुनांचे दिसम्बर, 1935 ई० में प्रेमचन्द, जोश वग़ैरह के साथ इस संघ की बुनियाद पड़ी। संघ से जुड़नेवाले फ़िराक़ संघ की अहमियत से इन्कार भी न कर सके। वह प्रेमचन्द को पसन्द करते थे लेकिन उनके हर उस साहित्य को जिससे गोबर, भैंस की बू आती सख़्त नापसन्द करते थे। वह जमाअत से, तादाद से, इज़हार से सख़्त चिढ़ते थे लेकिन सज्जाद ज़हीर को पसन्द करते थे साथ ही सज्जाद ज़हीर की ज़रूरत से ज़्यादा सामाजिकता व बहिर्मुखता को नापसन्द भी करते। वह ज़रूरत से ज़्यादा समाजवाद के क़ायल न थे लेकिन अपने एक ख़त में

उन्होंने यह स्वीकार किया है कि "36 ई0 से समाजवादी दर्शन ने मेरे इश्क़िया शऊर और मेरी इश्क़िया शायरी को नयी वुसअतें (विस्तार) और नयी मानवियत दी...निरी शायरी और निरा शायर, सही मानों में न शायरी होती है और न शायर होता है। पूरी कायनात (दुनिया) और तारीख़ कायनात में एक हक़ीक़ी शायर को गुम हो जाना पड़ा है।" यहीं से उनकी रचनात्मक दानिशवरी का भी अन्दाज़ा लगाया जा सकता है। वामिक़ जौनपुरी ने अपने एक लेख में ऐसे शऊर को दो हिस्सों में बाँटा है। पहला Intellectual Thinking और दूसरा..... Creative Thinking दानिशवराना फ़िक्र अपने साथ इल्म वा शऊर व आगही लेकर चलती है। रचनात्मक चिन्तन में यह सब तो हांता ही है। इसी के साथ एक तीसरी योग्यता की ज़रूरत होती है जिसे वामिक़ की ज़बान Sixth Sense या विज़दान कहते हैं। फ़िक्री शायरी, विद्वत्ता और हृदयात्मक ज्ञान का उत्कृष्ट मिश्रण बनकर सामने आता है। जैसे इक़बाल की शायरी या फ़िराक़ की शायरी, फ़र्क यह है कि इक़बाल की शायरी विद्वता की तरफ़ ज़्यादा जाती है और फ़िराक़ की शायरी विजदान की तरफ। दानिशवरी दोनों के यहाँ काम कर रही है । यह अलग बात है कि दोनों के स्टैण्डर्ड, विचार और स्वरों में फ़र्क़ है और होना भी चाहिए।

जाती ज़िन्दगी की समस्याएँ, ग़ुलाम हिन्दुस्तान की आज़ादी के संघर्षों ने फ़िराक़ को इल्म वा अमल का एक मिश्रण बनाकर पेश किया। ज़मीन से डांडे मिलाये और वह निरे शायर को कोई अध्यापक व विचारक न बनकर ऐसे दानिशवर बनकर उभरे जिसका ताल्लुक़ समाज, सभ्यता और ज़मीन से हुआ करता है। एक तरफ़ हिन्दुस्तान की देवमालाई सभ्यता का अध्ययन, दूसरी तरफ़ नयी तहज़ीब का अध्ययन, तीसरी तरफ़ अंग्रेज़ी साहित्य का अध्ययन, उर्दू की क्लासिकी शायरी के ज़रिये मध्य एशियायी सभ्यता व संस्कृति का ज्ञान, समाजवाद का ज़ोरदार आगमन और स्वागत और फिर आज़ादी के संघर्ष का बहुत क़रीब से निरीक्षण व युद्ध....इसीलिए जब वह आज़ादी और जमहूरियत का ख़्वाब देखते हैं तो साफ़ कहते हैं... ."जमहूरी हुकूमत, हिन्दू या मुसलमान नहीं हुआ करतीं। ज़राअत (कृषि) की तरक़्क़ी, सनअत (उद्योग) की तरक़्क़ी और अहले मुल्क की ख़ुशहाली, तालीम की तरक़्क़ी, ख़ुश इन्तेज़ामी, नालायक़ी और बेईमानी से महफ़ूज़ (सुरक्षित) ओहदादारी या मनसबदारी, हुकूमत के तमाम शोबों (विभागों) का

मुनासिब तर्ज़े-अमल, उलूम व फुनून की तरक़्क़ी हिन्दू- मुस्लिम चीज़ें नहीं हुआ करतीं।''....और जब शेर वा अदब के बारे में लिखते हैं तब भी उनका नज़रिया जीवनदायी और इन्सान दोस्ती का ही होता है। अपने एक श्रेष्ठ लेख ''ग़ज़ल की माहियत और हैयअत'' में हुस्न वो इश्क़ के सम्बन्ध में लिखते हैं......

''अमली तौर पर जिन्सी ज़िन्दगी या बोस वा किनार (चूमा-चाटी) व मुबाशरत (मैथुन क्रिया) के मवाक़े ज़्यादा-से- ज़्यादा छह-सात हज़ार बार आ सकते हैं। ज़िन्दगी भर में एक हज़ार घण्टे यानी चालीस-पचास दिन में जितने लम्हे होते हैं वह ज़िन्दगी भर बोस वा किनार व मुबाशरत के लिए काफ़ी है। लेकिन जज़्बए इश्क़ वा तसव्वुरे जमाल यही नहीं कि ज़िन्दगी भर के मामले हों बल्कि रूह, इर्तेका (विकास) और तारीख़ तहज़ीब के ज़मीर (दिल) का हुक्म रखते हैं। ये जज़्बा और तसव्वुर मौत पर फ़तेह पाने की ज़मानत और ख़िलाफ़ते कायनात का मन्सबनामा अपने हाथों में लिये हुए हैं। ग़ज़ल के वह अशआर जो महबूब के जिस्मानी हुस्न या अदाओं की मुसव्विरी (चित्रकारी) करते हैं, वह अशआर ओ आशिक़ व माशूक़ के बाहमी ताल्लुक़ात की मुसव्वरी या तर्जुमानी करते हैं, हक़ीक़त में तमाम इन्सानों के बाहमी ताल्लुक़ात की मुसव्वरी या तर्जुमानी करते हैं। महबूब की शख़्सियत तो इन ताल्लुक़ात का महज़ नुक़तए आग़ाज़ होता है। यही वजह है कि आशिक़ व माशूक़ के बाहमी ताल्लुक़ात की तर्जुमानी जिन अशआर में होती है वह हर ऐसे मौक़ा व महल पर आयद हो जाते हैं जहाँ तरफ़ैन (दोनों तरफ़) के दरमियान वही सूरते हाल पैदा हो गयी है जो उस शेर की शाने नज़ूल (आविर्भाव) रही है। यही राज़ है अशआरे ग़ज़ल की हमागीरी और आफ़ाक़ियत (वैश्विकता) का। तसव्वुरे जमाल, जज़्बए इश्क़े जमाल, इन्सानियत और इन्सान दोस्ती के तसव्वुर और जज़्बे में मुन्तक़िल हो जाते हैं और फिर जमाले कायनात और इश्क़े कायनात का तसव्वुर व जज़्बा बन जाते हैं।''

यह वही दौर है जब फ़िराक़ अपनी शायरी के साथ-साथ लगातार गद्य में भी लेख-पर-लेख लिख रहे थे और अपने अनोखे साहसिक ख़यालात और निराली दानिशवराना फ़िक्र के ज़रिये साहित्य के लोगों को आकर्षित और प्रभावित कर रहे थे। हाशिये और अन्दाज़े के लेखों के अलावा उर्दू की इश्क़िया शायरी और 'मन आनम' के खुतूत में सिर्फ़ शायर या आलोचक

फ़िराक़ नहीं हैं बल्कि एक अच्छे दानिशवर नज़र आते हैं। 1919 ई0 में सिर्फ़ 23 बरस की उम्र में जब फ़िराक़ ने टैगोर पर लेख लिखा तो इस क़िस्म के वाक्य भी उनके क़लम से निकले...''बात यह है कि शोअरा फ़लसफ़ियों की तरह मन्तिक़ (तर्क) में अपने को महदूद नहीं रखते। उनको इसकी ज़रूरत नहीं कि अपने कमाल और तख़य्युल (कल्पना) को मन्तिक़ पर कुर्बान कर दें। टैगोर आज़ादी की जीती-जागती तस्वीर हैं और उनके कमाल की असलियत जानने के लिए उनकी आज़ादी नज़र में रखनी चाहिए। सच्चाई और असलियत जोशे हयात से तड़प रही है और सिर्फ़ मन्तिक़ उसूलों की सूरतें या किसी मज़हबी एतक़ाद की शक्ल में पेश नहीं की गयीं।''

उम्र व फ़िक्र की इस मंज़िल पर सच्चाई और हक़ीक़त और मानवजाति से इस क़दर प्यार, फ़िराक़ की इन्सानी दोस्ती, रौशनख़याली और दानिशवरी की एक ख़ूबसूरत शुरुआत थी जो बाद में धीरे-धीरे और मज़बूत होती गयी लेकिन व्यवस्था व क्रम से बेपरवाह रहा। चूँकि फ़िराक़ पहले शायर थे इसलिए उनकी ज़िन्दगी में व्यवस्था की गुंजाइश कम थी। चुनांचे उनकी फ़िक्र को एकाग्रता और केन्द्रीयता हासिल न थी। इसलिए उनको बाक़ायदा कोई ऐसा विचारक या दार्शनिक तो नहीं कहा जा सकता जो व्यवस्थित ढंग से एक फ़लसफ़ा या स्लोगन (Slogan) दे जाया करते हैं या जो एक विशेष जीवन-व्यवस्था का तसव्वुर रखते हैं। फ़िराक़ ख़याली और रचनात्मक तत्त्वों से पूरा करने का हौसला व हिम्मत रखते थे। वह ज़िन्दगी की ख़ुशी, बहुमुखी विकास और स्वस्थ मूल्यों की सलामती देखना चाहते थे। वह आदमी की इज़्ज़त के क़ायल थे इसीलिए उनके अन्दर का आशिक़ अपने-आपमें एक विशेष क़िस्म का अहम् भाव और ख़ुददारी रखता था। यही वजह है कि वह आदमी से सम्बन्धित जितनी चीज़ें हैं मसलन जिन्स, इश्क़, मेल-मुहब्बत, रहन-सहन, सभ्यता व संस्कृति, ज़बान व अदब, मज़हब वग़ैरह पर गहरी नज़र ही नहीं बाक़ायदा एक राय भी रखते थे और जिस वक़्त उसकी व्याख्या करते इन्सानी फ़ितरत और तरक़्क़ी व बदलाव से सम्बन्धित ऐसे-ऐसे अछूते ख़यालात पेश करते कि पढ़नेवाला या सुननेवाला दाँतों तले उंगली दबा लेता। आम चीज़ें रचनात्मकता में ढलती नज़र आतीं और

ज़िन्दगी का मामूलीपन उनकी विशेष दानिशवराना पेशकश से कहाँ-से-कहाँ पहुँच जाता। 'उर्दू की इश्क़िया शायरी' जैसी किताब जिस ज़माने में (45 ई०) में लिखी और उसमें बहुत नर्म व नाज़ुक विषय पर जिस क़दर हिम्मत से भरी बातें कीं उसने उर्दू के मासूम व प्रिय पाठक के होश उड़ा दिये। बरसों यह किताब बहस व हंगामा का विषय बनी रही। मुहम्मद हसन अस्करी-जैसे निडर आलोचक ने स्वीकार किया कि यह किताब "एक साथ दहशतनाक, अलमनाक (दुःखपूर्ण) तरबनाक (सुखपूर्ण) और सुकून आमेज़ सब-कुछ है जो गुर्राती है, डराती है लेकिन नरमी से थपकती भी है जो ज़हर में बुझा हुआ तीर भी है और अमृत भी।" उर्दू साहित्य पर इस्लामी कल्चर और सुकून व शान्ति की कमी के सम्बन्ध में उनकी यह बेबाकाना राय अध्ययन कीजिये......

"उर्दू पर इस्लामी कल्चर के इन्हेताती दौर (पतनकारी युग) के असर से इन्कार नहीं किया जा सकता और इस कल्चर को और मग़रिब (पश्चिम) के ग़ैर इस्लामी कल्चर को भी इतना ऐसा ज़माना नहीं मिला जैसा ज़माना हिन्दुस्तान के कल्चर को मिल चुका है और बग़ैर इस कल्चर के वजूद (विद्यमानता) और एहसासे वजूद, हुस्न व इश्क़ और एहसासे हुस्न वा इश्क़ में इस हम आहंगी, इस शान्ति का एहसास नहीं पैदा हो सकता। सादगी व पुरकारी ख़ैर व बरकत और सलामती का वह मानूस (परिचित) अन्दाज़ और वह रस जिसे हम आबेहयात या अमृत कहें पैदा नहीं हो सकता जो संस्कृत अदब और संस्कृत कल्चर में है। संस्कृत अदब हयातनुमा और हयातआवर्द (जीवनदायी) दोनों है। इसी से जो ग़ज़लियत राम और कृष्ण, सीता और राधा और शकुन्तला के तसव्वुर में मौजूद है वह ग़ज़लियत न क़ैस में है न फ़रहाद में, न लैला में न शीरीं में और कौन कह सकता है कि राम, कृष्ण, सीता, राधा, शकुन्तला, सावित्री और पार्वती की ज़िन्दगी में जाँगुदाज़ (जान को पिघला देनेवाली) और उस्तख्वाँ सोज़ (हड्डी जला देनेवाली) आज़माइशें नहीं थीं लेकिन संस्कृत विजदान ने ग़म के इन अनासिर को क्या-से-क्या बना दिया।"

(उर्दू की इश्क़िया शायरी)

इसी तरह 'मन आनम' के खुतूत में भी जिस तरह खुलेपन के साथ वह अपनी शायरी और बड़ी शायरी के भेदों और सूक्ष्म बातों पर रोशनी डालते हैं और जिस फ़िक्री गहराई से....हिन्दुस्तानी व दुनियावी कल्चर ज़ेरे बहस आता चला जाता है इसी से शायर फ़िराक़ कम, दानिशवर फ़िराक़ की गिरहें ज़्यादा खुलती हैं। इसकी भी एक मिसाल देखते चलें....

"हमारा मुल्क हिन्दुओं की मिल्कियत नहीं है न मुसलमानों की। ये मुल्क बनी नौए आदम की मादरे वतन है। आज भी हमारे सीनों में तहज़ीब की पहली सुब्हें साँस ले रही हैं। हमारे शऊर पर ख़िलक़त (दुनिया) की दायिम (शाश्वत) अज़लियत आज भी मँडरा रही है। हमारा कुफ्र ईमान की आँखों में आँखें डाल देता है। कायनात व इन्सानियत की वहदत (एकता) के तसव्वुर से आज भी हमारी पलकें नम हो जाती हैं। बुद्ध के चक्र, कृष्ण की बन्सी, मन्दिरों के घण्टों की आवाज़ और अज़ान की आवाज़ से हमारे मुल्क की फ़ज़ा गूँजी हुई है। ज़िन्दगी रियासती या सियासी झगड़ों से बड़ी हक़ीक़त है और अदब भी दो क़ौमों की थ्योरी से बड़ी चीज़ है।"

(मन आनम, पृष्ठ 128)

अहले इल्म जानते हैं कि फ़िराक़, मीर और ग़ालिब से बहुत प्रभावित थे लेकिन अन्दाज़े में जिन शायरों पर लेख मिलते हैं उनमें मीर, ग़ालिब के बजाये मुसहफ़ी, ज़ौक़, हाली वग़ैरह ख़ास हैं। ऐसा सिर्फ़ इसलिए कि फ़िराक़ का ख़याल था कि दूसरे दरजे के शायरों में जिस क़दर अरज़ियत (ज़मीनी बातें) व वतनियत के तत्त्व मिलते हैं वह पहले दरजे के शायरों में आम तौर पर प्राप्त नहीं होते। सभ्यता और संस्कृति से उनका लगाव, हिन्दुस्तान और इन्सान से उनका प्यार, मानवता में वैश्विकता और वैश्विकता में मानवता की तलाश उनका प्रिय काम था और यही प्रिय काम उनकी ग़ज़लिया शायरी का भी बहुत बड़ा हिस्सा बना। मैंने इस लेख में उनकी शायरी पर बातें नहीं की हैं लेकिन अगर आप उनकी शायरी का गम्भीरता से अध्ययन करें तो अपने समकालीनों में फ़िराक़ अकेले शायर हैं जिनके यहाँ फ़िक्र, दानिशवरी और शायरी आपस में इस क़दर दूध और शक्कर हो गयी है कि उसकी अलग कोई पहचान मुश्किल काम है। इस क़िस्म के कुछ अशआर देखिये जिनमें दानिशवर फ़िराक़ ज़्यादा बोलता नज़र आयेगा....

नक़ाबे-ग़ैब की गिरहें हैं चुटकियों में मेरी
मजाज़ क्या है हक़ीक़त से खेल सकता हूँ
जौलां गहे हयात कहीं ख़त्म ही नहीं
मंजिल न कर हदूद से दुनिया बनी नहीं
हासिले हुस्न वो इश्क़ बस है यही

आदमी आदमी को पहचाने
सरज़मीने हिन्द पर अक़वामे आलम के फ़िराक़
क़फ़िले आते गये हिन्दोस्ताँ बनता गया
हज़ार बार ज़माना इधर से गुज़रा है
नयी-नयी सी है, कुछ तेरी रहगुज़र फिर भी

फ़िराक़ से पहले इक़बाल ने इन्सान की महानता व स्वतन्त्रता, तरक़्क़ी व आज़ादी, सुलह व शान्ति के नग़मे गाये लेकिन ये सब ऐसे विषय हैं जो मुमताज़ हुसैन के अनुसार....''अपनी तौज़ीह (व्याख्या) सेकुलर ज़बान में चाहते हैं।'' लेकिन इक़बाल ने इसकी व्याख्या मज़हबी ज़बान में की लेकिन बाद के शायरों में फ़िराक़ ऐसे शायर और दानिशवर हैं जिन्होंने बड़े सेकुलर और फैले हुए अन्दाज़ में इन्सान और समाज के नव निर्माण के बारे में कहा। इसकी वजह यह थी कि वह एक सेकुलर मिज़ाज के दानिशवर थे और हिन्दुस्तान की गंगा-जमुनी तहज़ीब पर यक़ीन रखते थे और फिर इन पर तहरीके आज़ादी और तरक़्क़ीपसन्द तहरीक की गहरी छाप थी। प्रोफ़ेसर मुमताज़ हुसैन जो बड़ी मुश्किल से महानताओं को स्वीकार करते हैं साफ़ लिखते हैं.....''फ़िराक़ की फ़िक्र में निस्बतन फ़लसाफ़ियाना गहराई ज़्यादा मिलती है। उनकी शायरी में जिस तरह इन्सानी अज़मत और जहदे मुसलसल (निरन्तर प्रयास) के नग़में मिलते हैं वह आज हमारे शऊर का हिस्सा बन चुके हैं।'' एहतेशाम हुसैन ने फ़िराक़ की शायरी को जमालियाती जदलियत ताबीर किया है। नियाज़, मजनूँ, मुहम्मद हसन, सैय्यद मुहम्मद अक़ील वग़ैरह भी फ़िराक़ की शायरी में फ़िक्र वा दानिश के तत्त्व तलाश करते हुए उन्हें आधुनिक ग़ज़लगोई का एक अहम् फ़िक्री मोड़ स्वीकार करते हैं।

दानिशवरी की दो बड़ी विशेषताएँ क़रार दी जाती हैं–सत्यता और बुद्धिमानी, ये दोनों खूबियां फ़िराक़ में अत्यधिक थीं। मैंने कहा कि शायरी के हवाले से उन्होंने फ़ानी और असग़र का उस वक़्त मज़ाक उड़ाने में संकोच नहीं किया जब इन शायरों का चिराग़ जल रहा था। गाँधी, नेहरू से उस वक़्त मतभेद किया जब वह दोनों नौजवान थे और नौजवानों की बहुत बड़ी तादाद इन हीरों के पीछे बुरी तरह भाग रही थी। यह सब करके फ़िराक़

ने दानिशवरी की उस आवश्यकता को भी पूरा किया जो सत्ता से दूर रहकर करती है।

आज़ादी के बाद फ़िराक़ के सामने दो बड़े मसले थे-एक ज़बान का दूसरा क़ौमी एकता का। ठीक 47 ई० के बाद लिखा उनका लेख 'एक सवाल के कई जवाब' भाषायी सभ्यता, सभ्यता और मिली-जुली संस्कृति पर एक लाजवाब लेख है। इसके अलावा न जाने कितने लेखों, भाषणों, वार्तालापों वग़ैरह में फ़िराक़ की दानिशवरी और निडरता बिखरी हुई है। एक सवाल के कई जवाब में लिखते हैं.....

"यह बात अच्छी तरह ज़ेहन नशीन कर लेना चाहिए कि अगरचे खड़ीबोली की तरक़्क़ीयाफ़्ता शक्ल मुसलमानों के हाथों सांचे में ढली लेकिन इसकी तरक़्क़ीयाफ़्ता शक्ल में इस्लामी अनासिर को कोई दख़ल हरग़िज नहीं है। जैसे साइन्स की कोई दरियाफ़्त (खोज) या ईजाद (आविष्कार) या उसूल किसी क़ौम या मुल्क में जनम लेकर उस क़ौम या मुल्क की छाप से आज़ाद रहती है। बल्कि उर्दू की वह शक्ल जिसे मुसलमानों ने रचाया उसकी ज़्यादा हम आहंगी हिन्दू मिज़ाज और हिन्दू तहज़ीब से है क्योंकि उर्दू की इस शक्ल में हिन्दी अल्फ़ाज़ (शब्दों) का लोच है। उस खड़ीबोली का लोच है जो हिन्दुस्तान और हिन्दुओं की चीज़ थी।"

एक ज़माने में जब कुछ उर्दू वाले बदलते हुए हालात से निराश होकर उर्दू को नागरी लिपि में बदलने को तैयार हुए, फ़िराक़ ने उसके ख़िलाफ़ जबरदस्त जंग किया और अपने अंग्रेजी और हिन्दी के लेखों में हिन्दीवालों और ख़ास तौर पर उस वक़्त के मुख्यमन्त्री सम्पूर्णानन्द की ख़ूब ख़बर ली। जो हिन्दी ज़बान की तरक़्क़ी के लिए उर्दू को एक तरह से ख़त्म कर देना चाहते थे। फ़िराक़ अरबी-व फारसीनिष्ठ उर्दू के भी ख़िलाफ़ थे। उनका ऐतराज़ था कि बहुत-से लोग जान-बूझकर रोज़मर्रा के आसान और सादा-शब्द इस्तेमाल न करके ज़बान को बिला वजह जटिल और न समझने योग्य बना देते हैं। ऐसे लोगों का वह बेहद मज़ाक उड़ाते थे। चाहे वह हिन्दी के हों या उर्दू के। उनका ख़याल था कि ज़बान शुद्ध हिन्दुस्तानी होनी चाहिए और हिन्दुस्तानी से अर्थ वह ज़बान है जिसे बहुतायत अवाम बोलता है और अगर उस ज़बान को न अपनाया गया, हिन्दी को संस्कृत की तरफ़ और उर्दू को फ़ारसी की तरफ़ ले जाया गया तो फ़िराक़ के अनुसार पूरा मुल्क जेहन्नुम बन जायेगा। मुल्क की दूसरी समस्याओं से सम्बन्धित उनका

ख़याल था कि हिन्दुस्तान को बाहरी ताक़तों से इतना ख़तरा नहीं है जितना कि ख़ुद अन्दरूनी सूरतों से। फ़िराक़ साहब के नज़दीक यह मसला एक आर्थिक और सभ्यता का मसला है। वह कहा करते थे....''हिन्दुस्तान की वहदत एक कसरतनुमा वहदत है और ये कसरत बयक वक़्त मुत्तहिद (एकीकृत) भी है और मुनक़सिम (बँटी हुई) भी। ज़बान रस्म वा रिवाज़, रहने, खाने, पीने के तरीक़े चाल-ढाल, मुज़ाहिर व मुहर्रिकात (आन्दोलनकारी) ग़रज़ ये कि हर एतबार से मुसलमान और हिन्दू ही नहीं बल्कि खुद हिन्दू समाज भी छोटी-छोटी क़ौमियत में बँटा हुआ है।''

एक बात उन्होंने यह बड़ी दिलचस्प कही कि हिन्दुस्तान को पाकिस्तान से उतना ख़तरा नहीं है जितना कि बिहार से। फ़िराक़ बिहार में तम्बाकू खाने की स्टाइल से बहुत चिढ़ते थे। वह अक्सर यह भी कहा करते कि हिन्दुस्तानियों के चेहरों पर रात-दिन एक ख़ास क़िस्म की मूर्खतापूर्ण उदासी छायी रहती है। भाँति, भाँति के शहरियों के बीच भी अपनी इस विशेषता की बुनियाद पर हिन्दुस्तानी चेहरा दूर से ही पहचान लिया जाता है। फ़िराक़ इस चेहरे को बदलना चाहते थे। इसके लिए उनके अनुसार न सिर्फ़ बेहतर सियासी और समाजी हालात आवश्यक थे बल्कि उनसे बेहतर शिक्षा, बेहतर ज़बानदानी, और बेहतर घरेलू ज़िन्दगी की ज़रूरत थी। फ़ुजैल जाफ़री ने एक जगह लिखा है....''फ़िराक़ साहब को ख़याल था कि हिन्दुस्तानी ज़ेहन, ज़िन्दगी के मौजूदा हक़ायक़ (सच्चाइयों) से दूर और ख़्वाबनाक माज़ी का शिकार हो गया है। हम सच्चाई और सदाक़त की रट बहुत लगाते हैं लेकिन यह नहीं जानते कि सच्चाई आख़िर कहते किसे हैं? बक़ौल फ़िराक़.....''जब हम लफ़्ज़ सच्चाई की मुहब्बत में गिरफ़्तार हो जाते हैं तो उसकी अस्ल से ख़ुद ब ख़ुद दूर हो जाते हैं। सच्चाई पैसों से भरा हुआ कोई बैग तो है नहीं जिसे राह चलते फुटपाथ पर पड़ा हुआ देखकर उठा लिया जाये। सच्चाई मुख़्तलिफ़ (विभिन्न) चीज़ों का इम्तेज़ाज (मिश्रण) होती है और ये चीज़ें भी यकसाँ और मुतवाज़ी (समानान्तर) नहीं बल्कि मुतज़ाद (विरोधी) होती हैं। सच्चाई तो यह है कि अगर बनी नौए इन्सान (प्राणीमात्र) एक तरफ़ अक़्लियतपसन्द है तो दूसरी तरफ़ उतना ही ज़्यादा अहमक़ भी है। मतलब यह हुआ कि जब तक पकसानियत और तज़ाद (थीसिस और एण्टी-थीसिस) एक ही नुक़्ते पर मरकूज़ (केन्द्रित) न हो जायें सच्चाई का हाथ लगना मुम्किन नहीं।''

जो दानिशवर सदाक़त और हक़ीक़त की ऐसी गहरी पहचान रखता हो उसे हक़गोई से कौन रोक सकता था। इसलिए वह ज़िन्दगी भर सच बोलते रहे, सच लिखते रहे और कभी भी ज़हरे हलाहल को क़न्द नहीं कर सके। इसीलिए उनसे अपने भी ख़फ़ा और बेगाने भी नाखुश। लेकिन उनकी फ़िक्र, उनकी दानिशवरी और उनकी शायरी की आवाज़ बहरहाल बुलन्द होती रही। फ़िराक़ साहब ने लम्बी उमर पायी और यह लम्बी उमर न जाने कितनी खट्टी मीठी घटनाओं से भरी पड़ी है। फ़िराक़ ने भी कोई बात छिपायी नहीं। इस एतबार से वह एक पूर्ण इन्सान थे और एक आज़ाद व निडर दानिशवर।

आज दानिशवरी के पतनकारी माहौल में जब उर्दू दानिशवरी और दानिशवरों की बात होती है तो बड़े अफ़सोसनाक व ख़तरनाक किस्म के सवालात खड़े हो जाते हैं। उर्दू की मशहूर अफ़साना, नावेल निगार सालेहा आबिद हुसैन जिन्होंने दानिशवरी के माहौल में आँखें खोलीं अपने एक लेख में बड़े दर्दमन्दाना अन्दाज़ में लिखती हैं....

''मौज़ूदा दौर के दानिशवर जो अपनी हद भर दानिशवरी की रिवायत (परम्परा) को उर्दू में बढ़ा रहे हैं, माफ़ करें तो पूछूँ कितने हैं? क्या उँगलियों पर गिने जा सकते हैं....कहाँ ढूँढूँ उर्दू दानिशवरों और उनकी रिवायत को। उन दानिशकदरों में जहाँ बेशतर को अपने स्टेटस 'ओहदे, नाम, शोहरत' प्यारी है या उन उर्दू अदीबों और ख़ादिमों में जो हल्दी की गिरह लेकर पन्सारी बन बैठे हैं या उनमें जो पालिटिक्स और हंगामों को ज़्यादा पसन्द करते हैं जिनको उर्दू दानिशवरी से ज़्यादा अपनी अहमियत का ख़याल रहता है। या उन तालिबे इल्मों (विद्यार्थियों) में उर्दू दानिशवरों के नुकूश (छाप) तलाश करूँ जिनको न ज़बान आती है न उसके माने मतालिब (अर्थ) जो न पढ़ते हैं न पढ़ने में दिलचस्पी रखते हैं। क्या उन मुशायरों में जहाँ न शायर कोई नयी राह दिखानेवाली दानिशमन्दाना शेर वा नज़्म सुनाते हैं और सुननेवाले उनको सुनने में दिलचस्पी लेते या समझते हैं। क्या अब दानिशमन्दी या दानिशवरी के माने तो नहीं बदल गये हैं? इनाम एवार्ड सेमिनार, जलसे-जुलूस, यौमे रस्मे इजरा (विमोचन दिवस)। ये तो दानिशवरी की परख नहीं थे। लफ़्ज़ों के माने क्या इसी तरह तो नहीं बदलते। आज हम क्या सारी दुनिया ही एक बारूद के ढेर पर बैठी है। किसी वक़्त सबको भक से उड़ा दे कौन जाने। अन्दर और बाहर जो हो रहा है, उम्मीद का दीया

झिलमिला रहा है और घोर अँधेरे की तरफ इशारा कर रहा है, मगर क्या हम इस नफ़रत, तास्सुब (पक्षपात) ख़ून की होली, लालच, हवस, हिर्स, दौलत-परस्ती, इन्सान दुश्मनी, देश दुश्मनी, ज़बान दुश्मनी को ख़त्म होने देंगे। क्या इन ख़राबियों को मिटाने में उर्दू ज़बान, उर्दू के दानिशवर, उर्दू के ख़ादिम (सेवक) अपना रोल हमेशा की तरह दिल वा जान से अदा न करेंगे? अगर हम भी ग़लत धारे के साथ बहते जायेंगे तो फिर न दानिश रहेगी न दानिशवरी.....न उर्दू रहेगी और न शायद इन्सानियत।''

(दानिशवरी का उरूज और अब?)

फ़िराक़ इसी उर्दू और इसी इन्सानियत के अलमबरदार थे और अब इस रिवायत की गुम होती हुई याद, जिसके सिरे ग़ालिब, सर सैयद, इक़बाल और जोश से जाकर मिलते हैं।

आज जबकि दुनिया को एक महान् सभ्यतात्मक और दानिशवराना इन्क़लाब की सख़्त जरूरत है तो ऐसे में बक़ौल वामिक़ जौनपुरी.....''इस वक़्त बर्रे सग़ीर (उपमहाद्वीप) को एक Dynamic Intellectual Thinking या मोताहर्रिक (आन्दोलनकारी) और जुर्रतमन्दाना दानिशवरी की ज़रूरत है और जो नाम नेहाद दानिशवर हैं वह या तो एफ्तेदार (सत्ता) की मशीनरी का हिस्सा बनने को तैयार बैठे हैं। सियासत और मसलेहत (कूटनीति) की चादर ताने ख़ामोश अलग-थलग....तो ऐसे में फ़िराक़ जैसे बेबाक और बेलाग दानिशवर की याद आना फ़ितरी बात है।''

◆◆◆

क्या फ़िराक़ ख़ालिश इश्क़िया शायर हैं

उर्दू के मशहूर शायर और हमारे दोस्त अब्दुल्लाह कमाल ने पिछले दिनों उर्दू के एक नामवर रिसाले असबात व नफ़ी में बम्बई में मजरूह के साथ गुज़ारी हुई एक अदबी शाम की रिपोर्ट लेख की शक्ल में प्रकाशित की। इस महफ़िल में एक और संजीदा और मशहूर शायर अब्दुल अहेद साज़ ने अपने भाषण में मजरूह सुल्तानपुरी को आज का सबसे बडा ग़ज़लगो स्वीकार किया। अब्दुल्लाह कमाल को साज़ की इस स्वीकृति व रज़ामन्दी पर शायद एतराज़ हुआ और उन्होंने उस शाम की रिपोर्ट को एक बहसतलब लेख में बदल दिया। इस बेरब्त-से लेख में अजीब वा ग़रीब अन्दाज़ में नुकते और गोशे पैदा किये हैं जो ख़ासे बहसतलब तो हैं ही साथ ही अब्दुल्लाह कमाल की तयशुदा ज़ेहनियत और अपने नापसन्दीदा नज़रिये से सम्बन्धित बेख़बरी की दलील पेश करते हैं। अब्दुल्लाह कमाल को साज़ से मतभेद करने का पूरा हक़ है। वह मजरूह को बड़ा शायर या अहम् शायर न मानें, इसका भी उन्हें पूरा हक़ है। लेकिन उन्होंने इसके विरोध में कुछ ऐसी नाक़ाबिले फ़हम और नाक़ाबिले यक़ीन बातें लिख दीं जो उनकी दानिशवराना व्यक्तित्व और शायराना इज़्ज़त के भरम तोड़ती हैं। मतभेद होना एक अख़्तियारी व जमहूरी अमल है लेकिन मतभेद की आड़ में अपने विरोधी नज़रिया का मज़ाक उड़ाना और बेसमझे-बूझे हास्यास्पद फ़ैसले करके मतभेद में मतभेद पैदा करना एक गुस्ताख़ाना अमल के अलावा और क्या हो सकता है। गुस्ताख़ाना इसलिए कि सुना है कि वह गुस्ताख़ क़लम के नाम से कालम भी लिखते हैं और उसी विषय से उनका विभिन्न विषयात्मक कालमों का इन्तेख़ाब (चुनाव) भी प्रकाशित होनेवाला है। कमाल साहब के ये वाक्य बड़े कमाल के हैं.....

''थोड़े-बहुत ज़मानी फ़र्क के साथ मौजूद और ग़ैर मौजूद मगर मजरूह के हम अस्र और हम पल्ला शायरों में ऐसे कई नाम पेश किये जा सकते हैं। जाँ निसार अख़्तर, परवेज़ शाहिदी, मुजफ़्फ़र शाहजहाँपुरी, नासिर काज़मी,

ज़फ़र इक़बाल, मुनीर नियाज़ी, बानी, नश्तर ख़ानकाही, हमदून उस्मानी, मुहम्मद अहमद रम्ज़, खुर्शीद अहमद जामी, शाज़ तमकनत और मुहम्मद अल्वी वग़ैरह।'' (ग़ौर कीजिए कि मुज़फ़्फ़र शाहजहाँपुरी, हमदून उस्मानी, मुहम्मद अहमद रम्ज़, जामी वग़ैरह मजरूह के हम पल्ला शायर हैं।)

''मजरूह समेत तमाम तरक़्क़ीपसन्दों के इस दावे में कोई दम नहीं कि किसी भी जदीद शायर के यहाँ से दो क़ाबिले ज़िक्र शेर पेश नहीं किये जा सकते। मारूफ़ शायरों को तो रहने दें। नयी नस्ल के ग़ैर मारूफ़ शोअरा की ग़ज़लें भी इस क़ाबिल हैं और उनमें इतने अशआर मुन्तख़ब किये जा सकते हैं कि पूरी तरक़्क़ीपसन्द शायरी इसमें ढक जाय।''

(क्या अच्छा होता कि ऐसे कुछ अशआर पेश कर दिये जाते ताकि बात आर-पार होती चलती जैसे वह तरक़्क़ीपसन्दों को आर-पार कर गये हैं।)

''जदीदियत (Modernism) कोई तहरीक नहीं कि ख़त्म हो जाय। जदीदियत एक ज़ाबतए-हयात (जीवन-व्यवस्था) है...बेमानी और खोखली होती हुई ज़िन्दगी का नौहा है....जदीदियत ख़त्म नहीं हुई बल्कि इसने ज़मीन पर क़दम जमाये हैं और आसमान पर कमन्दे फेंक रही है।''

मैं जदीदियत की बुलन्दी और ज़मीनी मज़बूती पर इस वक़्त कोई विश्लेषण नहीं करूँगा। ज़ाबतए-हयात, बेमानी ज़िन्दगी का नौहा, जैसे वाक्यांशों के सार्थक दूरी और फ़िक्री मेल-जोल ज़रूर ग़ौरतलब हैं। इसलिए पाठक से ज़्यादा लेखक को भी नहीं मालूम कि वह कैसे विरोधी बयान दे रहे हैं। वह और आगे लिखते हैं...

''मजरूह साहब मीर, ग़ालिब, रूमी, जामी, उर्फ़ी, अत्तार और हाफ़िज़ को भी तरक्की पसन्द शायर क़रार देते हैं। हज़रत हुसैन, मन्सूर हल्लाज, कबीर और दूसरे सूफ़ी सन्तों और बुजुर्गों के मिशन को भी तरक़्क़ीपसन्दी से ताबीर करते हैं। जहाँ तक तरक़्क़ीपसन्दी के लोग़वी मानी (शाब्दिक अर्थ) का ताल्लुक है, मजरूह साहब के इस ख़याल से इत्तेफ़ाक़ किया जा सकता है। लफ़्ज़ 'तरक़्क़ी पसन्द' नज़रिया मार्क्सिज़्म की जिस ख़ास इस्तेलाह के तौर पर इस्तेमाल होता है उससे मजरूह साहब की इस तफ़हीम (समझ) की नफ़ी (नकार) होती है क्योंकि इस नज़रिये के फ्रेमवर्क में रूहानियत (अध्यात्म) और मावराइयत (समझ से परे) की कोई गुंजाइश नहीं थी। अब अगर सक़ूते कम्यूनिज़्म (जब तक चीन में कम्यूनिज़्म बाक़ी है

सक़ूत का शब्द बेमानी है) के बाद लफ़्ज़ तरक़्क़ीपसन्दी की तफ़हीम व तशरीह (व्याख्या) बदल गयी हो तो और बात है।''

अस्बातो नफ़ी के इसी अंक में जिसमें अब्दुल्लाह कमाल का यह लायक लेख प्रकाशित हुआ है इसके फ़ौरन बाद मेरा एक मामूली-सा लेख प्रकाशित हुआ है जिसका अन्त तरक़्क़ीपसन्द तहरीक के एक स्तम्भ पर प्रोफ़ेसर अब्दुल अलीम की इन लिखावटों पर होता है....

''तरक़्क़ीपसन्दी किसी नज़रिये से काँधे-से-काँधे मिलाकर चलने या किसी बँधे टके फार्मूले का नाम नहीं है। अगर कोई शख़्स यह समझता है कि तरक़्क़ीपसन्द अदब किसी ख़ास जमाअत के नज़रियात तक महदूद (सीमित) है तो वह सख़्त ग़लती करता है। कुछ तरक़्क़ीपसन्द अदीब (साहित्यकार) ऐसे हैं जो यह समझते हैं कि बीसवीं सदी में जब मार्क्सिज्म की तरक़्क़ी हुई, मार्क्सी तारीख़ के इर्तेक़ा (विकास) के साथ ही तरक़्क़ीपसन्द अदब का इर्तेक़ा भी वाबस्ता है, तो मैं ऐसे लोगों से कहूँगा कि वह बेबुनियाद बातें सोचते हैं। यह तरक़्क़ीपसन्दी नहीं है इसलिए कि तरक़्क़ीपसन्दी किसी ख़ास नज़रिये का पाबन्द होकर रह जाने का नाम नहीं है बल्कि यह भी ज़िन्दगी की तरह रवाँ दवाँ और बेकराँ (अनन्त) है। हालात, माहौल और ज़माने के मुतालए (अध्ययन) के साथ तरक़्क़ीपसन्द अदब के मुतालबे (माँगें) भी बदल जाते हैं।''

प्रोफ़ेसर अब्दुल अलीम की यह उस वक़्त की तहरीरें (लिखावटें) हैं जब कम्यूनिज़्म का सक़ूत नहीं हुआ था। इसके अलावा और भी ऐसे पहलू जिनका विस्तृत जवाब दिया जा सकता है और सज्जाद ज़हीर, एहतेशाम हुसैन, सरदार जाफ़री, मुमताज़ हुसैन वग़ैरह की कई तहरीरें व मिसालें पेश की जा सकती हैं जिनसे साफ़ जाहिर होता है कि तरक़्क़ीपसन्दी किसी ढले हुए फारमूले या नज़रिये का नाम नहीं है और न ही इसका रिश्ता सिर्फ़ मार्क्सिज़्म से है लेकिन ये जवाबात फिर कभी। इस वक़्त मैं सिर्फ़ फ़िराक़ के सम्बन्ध से बात उठाना चाहता हूँ। इसी लेख में एक जगह वह लिखते हैं...

''फ़िराक़ ने ख़ालिस इश्क़िया ग़ज़लें कहीं और इस मामले में तरक़्क़ीपसन्दों के सियासी मन्शूर (मेनीफेस्टो) की क़तई परवाह नहीं की। उनका शेरी

रवैया उनकी सियासी फ़िक्र से क़तई मुख़्तलिफ़ था। उन्होंने अपनी ग़ज़ल पर अपनी सियासी फ़िक्र की छाप नहीं पड़ने दी।"

इन वाक्यों से अन्दाज़ा लगाया जा सकता है कि लिखनेवाले ने फ़िराक़ की ज़िन्दगी और शायरी का सम्पूर्ण अध्ययन किया है। तमाम काव्य-संग्रहों के एक-एक पन्ने और ज़िन्दगी के एक-एक कोने को छानने और खंगालने के बाद इस नतीजे पर पहुँचा है कि फ़िराक़ की पूरी ग़ज़लिया शायरी की इमारत सिर्फ़ इश्क़ के स्तम्भ पर खड़ी है और वह भी ख़ालिस इश्क़ और उन्होंने अपनी शायरी और सियासत को दो अलग-अलग खानों में इस तरह बाँट रखा था कि एक-दूसरे का एक-दूसरे पर दूर-दूर तक असर पड़ने नहीं दिया लेकिन सच यह है कि तस्वीर इसके बिल्कुल उलटी है। जिस किसी ने फ़िराक़ का अमूमी अध्ययन भी किया है वह इन बातों से क़तई इत्तेफ़ाक़ नहीं कर सकता। फ़िराक़ जैसे-गम्भीर और जटिल शायर, और ग़ज़ल-जैसी नाज़ुक और संवेदनशील तबीयत और उसके रद्द वा क़बूल व कैफ़ो कम को इतनी आसानी से गिरफ़्त में नहीं लिया जा सकता। यह बात मुझसे बेहतर कमाल साहब महसूस कर सकते हैं इसलिए कि वह ख़ुद ग़ज़ल के अच्छे शायर हैं और वह इस बात का ऐतराफ़ करेंगे कि रचना-प्रक्रिया बहुत अजीब वा ग़रीब हुआ करती है। कब कौन-सा वाक़या, निरीक्षण और अनुभव शायर के संवेदनशील दिमाग़ और नाज़ुक तबीयत पर किस शक्ल में चित्रित हो जाय कहा नहीं जा सकता। फिर यह भी है कि ग़ज़ल-जैसी विधा में आमतौर पर जो कुछ दिखायी देता है वह अन्दर कुछ और ही समाये हुए रहता है। वर्ड्सवर्थ जब कहता है कि अगर फ्रांस में इन्क़लाब न आया होता तो मैं नेचरिया शायरी नहीं कर सकता था, तो बात अजीब-सी लगती है लेकिन अहले इल्म जानते हैं कि अंग्रेज़ी साहित्य में रोमानी शायरी के आन्दोलन के क्या कारण हैं। प्रकृति से ये लगाव अपने-आप तो नहीं, ज़ाहिर है कि इसके कुछ कारण थे जो स्पष्ट नज़र नहीं आते। संजीदा और ज़िम्मेदार आलोचक व शोधकर्त्ता इन्हीं कारणों की तलाश करके ही रचना की एक नयी और वास्तविक दुनिया आबाद करता है।

अब्दुल्लाह कमाल ने फ़िराक़ को ख़ालिस इश्क़िया शायर कहा है। ख़ालिस इश्क़ से अर्थ अगर यह कि फ़िराक़ सिर्फ़ चूमा-चाटी, होंठ व गाल और संयोग व वियोग के शायर हैं तो इससे ज़्यादा फ़िराक़ नाशनासी और

फ़िराक़ कजफ़हमी की और कोई बात नहीं हो सकती। प्रोफ़ेसर मुमताज़ हुसैन ने अपने लेख 'शायर....फ़िराक़ गोरखपुरी' में लिखा है.....''फ़िराक़ उर्फ़े आम के इश्क़िया शायर या कि ठेठ इश्क़िया शायर नहीं हैं। वह दर्दे जीस्त (ज़िन्दगी) और दर्दे कायनात के शायर हैं और वह इस दर्द का मुहर्रिक जज़्बए इश्क़ को ठहराते हैं...

रफ़्ता-रफ़्ता इश्क़ मानूसे जहाँ होने लगा।

खुद को तेरे हिज्र में तन्हा समझ बैठे थे हम।।''

प्रोफ़ेसर सैयूयद मुहम्मद अक़ील लिखते हैं....

''पहली सूरत यह कि फ़िराक़ साहब सिर्फ़ इश्क़ वा मुहब्बत के सीधे-सादे शायर हैं। दूसरी यह कि इश्क़िया शायरी में हुसनो जमाल और तहसीने-ज़ौके जमाल की क़ुदरत और परख ही सही तौर पर दरजए अव्वल का इश्क़िया शायरी या अच्छी ग़ज़ल का शायर बनाती है। तीसरी शक्ल यह कि अच्छी और बुलन्द शायरी में गहराई उस वक़्त पैदा होती है जब हुस्न अपनी तमाम कसाफ़तों (गन्दगी) से पाक होकर फ़िक्र के इम्तेज़ाज (मिश्रण) के साथ, शायर के शऊर का हिस्सा बन जाये। चौथी बात यह कि इसमें हुस्न वा इश्क़ की लताफ़तों (आनन्द) के साथ आफ़ाक़ियत और अवामी तजुर्बों की ऐसी गूँज सुनायी दे जो सतही पैमाने और आमियाना रवैयों से दूर रहकर शेरी तजुर्बों में एक आडम्बर रचने को तैयार हो।''

इन्हीं सवालों के दरमियान प्रोफ़ेसर अक़ील ने फ़िराक़ की इश्क़िया शायरी और जमालियाती तसव्वुरात का जायज़ा लेते हुए 'फ़िराक़ की बोतीक़ा' जैसा अच्छा लेख लिखा...लेकिन ये दोनों ही आलोचक तरक़्क़ीपसन्द स्कूल के हैं। इसलिए कमाल साहब की नज़रों में प्रामाणिक नहीं हो सकते। इसलिए ज़रूरी है कि इश्क़ के सम्बन्ध में सीधे फ़िराक़ साहब की ही फ़िक्र अंगेज़ और आलिमाना लेखों के उद्धरण पेश किये जायँ जो उन्होंने किसी गुफ्तगू या भाषण में नहीं बल्कि अपनी श्रेष्ठ किताब 'मन आनम' और उर्दू की इश्क़िया शायरी में लिखे हैं।

''इश्क़िया शायरी महज़ इश्क़िया शायरी नहीं होती।''

(उर्दू की इश्क़िया शायरी)

''बड़े इश्क़िया शायरी की निगाह में जहाँ एक तरफ़ माशूक़ होता है वहाँ दूसरी तरफ़ कौमी ज़िन्दगी और उसके इम्कानात होते हैं।''

(मन आनम)

"इश्क़िया शायरी को सतहियत, ख़ुश्की, खुशूनत (कठोरता) मुग़ायरत (अपरिचित) और छोटेपन से बचाना और उसमें आलातरीन क़द्रें समोना ही मेरी कोशिश रही है।" (मन आनम)

"ज़िन्दगी की इकाई है ज़िन्दगी में सिकुड़न पैदा कर देना कि वह आरिज़ व काकुल (गाल व बाल) तक महदूद होकर रह जायँ, इश्क़ और इश्क़िया शायरी, दोनों में छोटापन पैदा कर देगा।"

(उर्दू की इश्क़िया शायरी)

"इश्क़ कायनाती और आफ़ाक़ी मसायल से मस और लम्स (छूना) से ही सही मानों में इश्क़ होता है।"

मिसालें और भी हैं। फ़िराक़ निरे शायर न थे बल्कि चिन्तक और अध्यापक भी थे। अंग्रेज़ी, हिन्दी, उर्दू, फ़ारसी साहित्य व सभ्यता का अध्ययन किया था। ग़ज़लिया शायरी के भेद व कला और इश्क़ के अमल पर उनकी गहरी नज़र थी। ग़ज़ल की बनावट और विशेषता पर उनके कुछ लेख प्रोफ़ेसर अनवर सिद्दकी के अनुसार..."बड़ी-बड़ी किताबों पर हावी हैं। उन्होंने जहाँ एक तरफ़ मुसहफ़ी, ज़ौक़, हाली वग़ैरह की शायरी पर लिखा तो दूसरी तरफ़ अपनी शायरी की तौज़ीहात व मोहर्रिकात (व्याख्याओं व प्रेरणाओं) पर भी खूब लिखा और कहीं-कहीं मुबालगा (अतिशयोक्ति) से भी लिखा। मसलन एक जगह वह लिखते हैं...

"अमूमन उर्दू मंज़रिया (दृश्यात्मक) और जमालियाती शायरी दोनों Dimensional रही हैं यानी तूल व अर्ज (लम्बाई व चौड़ाई) का कुछ तो अन्दाज़ा हो जाता है लेकिन हजम (मोटाई) दबाज़त वा ज़ख़ामत (मोटाई) का अन्दाज़ा उस वक़्त मुम्किन है जब शायरी Three Dimension और आइनण्टाइन का चौथा Dimension यानी Space Curvature हो तो यह बड़े दूर की चीज़ है। 'रूप' की रुबाइयों में मैंने जिस्मियत के तीसरे Dimension को पेश करने की कई मौक़ों पर कोशिश की है....दूसरी चीज़ जिसकी कमी उर्दू शायरी में रही है वह है एहसासे रंग या Colour Sense मैंने उर्दू शायरी में इस कमी को पूरा करने की कोशिश की है....उर्दू की मंज़रनिगारी को बुरे कलाम से बहुत फ़रोग़ हुआ लेकिन कीट्स, टेनीसन,

कालिदास, शेक्सपीयर के यहाँ मंज़रनिगारी के जो मोजज़े (अलौकिकता) हैं वहाँ तक अपने कलाम को कभी नहीं ले जा सका हूँ।''

(मन आनम)

इस अतिशयोक्ति से हटकर, जिस ख़ालिस इश्क़ की बात अब्दुल्लाह कमाल ने की है उसकी ज़द में लखनऊ की इश्क़िया शायरी, दाग़ स्कूल की शायरी या हसरत मोहानी, अख़्तर शीरानी की शायरी के कुछ हिस्से ज़रूर आ सकते हैं लेकिन फ़िराक़ की शायरी किसी भी दृष्टिकोण से ख़ालिस इश्क़िया शायरी नहीं है। वह इश्क़ के पीछे जिस तरह हयात व-कायनात का सुराग़ लगाते हैं, इन्सानी और कायनाती कद्रों की तलाश करते हैं। वह ज़िन्दगी को भौतिक और बौद्धिक सूरतों में पाने की कोशिश में गिरफ़्तार रहते हैं। इसीलिए जिन्स और जिस्म उनके यहाँ एक फ़लसफ़ा बन गये हैं। वह जिस्म व जिन्स के ज़रिये इन्सान की बुनियादी मुहब्बत, उसकी सम्पूर्ण सभ्यता को पेश करते हैं। वह इश्क़ को सिर्फ़ इश्क़ के तौर पर नहीं बल्कि वक़्त, फ़ज़ा मौसम और जिस्म के अंगों में ढालकर ज़मीन और ज़मीन के हुस्न तक ले जाते हैं और यहीं से ज़मीन और संस्कृति के अँखुवे फूटने लगते हैं। उनका ख़याल था कि इन सब चीज़ों से अलग शेर की अपनाइयत, परिचितता से अलग कर देती है। उनका यह भी ख़याल है कि स्थानीयता, अपनाइयत और परिचितता इन्सानी अनुभवों से आती है और इन्सानों के बीच से होती हुई जीवन-निर्माण का रोल अदा कर जाती है और शायरी का अस्ल मक़सद भी यही है तभी तो वह कहते हैं....

यही मक़सद हयाते-इश्क़ का है
ज़िन्दगी ज़िन्दगी को पहचाने
तहों में जहाँ की कोई वारदात हुई
हयाते ताज़ से लबरेज़ कायनात हुई

जिस जगह वह मुहब्बत और जिन कद्रों की बात वह बार-बार करते हैं ज़ाहिर है कि वह एकान्त निवास, इन्सान से नफ़रत और दुनिया से सम्बन्ध तोड़ करके नहीं आती। इसके लिए दुनिया, समाज और सामाजिकता से सीधे आँखें चार करनी पड़ती हैं। फ़िराक़ साहब एक अमली इन्सान थे। बाप के इन्तेक़ाल के बाद ज़िन्दगी और हालात से उन्होंने जिस तरह संघर्ष

किया वह अपनी मिसाल आप हैं। क़ौमी ज़िन्दगी, जेल की मुसीबत और फिर तरक़्क़ीपसन्द तहरीक से उनकी वाबस्तगी, तारीख़ी हक़ीक़तें हैं। मैंने अपने एक लेख में लिखा है कि वह बाक़ायदा अंजुमने तरक़्क़ीपसन्द मुसन्नफ़ीन (प्रगतिशील लेखक संघ) के बुनियाद गुज़ारों में से थे। न जाने कितने लेख उन्होंने अंजुमन के प्लेटफार्म से पढ़े और उसकी तरफ़दारी में लड़ाई लड़ीं। सियासत, समाजवाद वग़ैरह का गहरा अध्ययन किया और उससे प्रभावित भी हुए और फ़ितरी तौर पर उनकी शायरी भी प्रभावित हुई। ऐसी सूरत में उनकी शायरी का सियासत और समाजवाद से वेताल्लुक़ी ज़ाहिर करना, ज़ाहिर है कि लिखनेवाले की बेख़बरी के अलावा कुछ नहीं। इस सिलसिले में ख़ुद फ़िराक़ साहब प्रत्यक्ष लिखते हैं....

"1936 ई० के बाद मेरी इश्क़िया शायरी पर इश्तेराकी (समाजवाद) फ़लसफ़े का कभी बराहे रास्त और कभी बिलवास्ता असर बराबर पड़ता रहा...." (मन आनम)

"इश्तेराकियत के फ़लसफ़े ने मेरी इश्क़िया ज़िन्दगी को निस्बतन बहुत कुछ मुतवाजुन (सन्तुलित) बनाया।" (मन आनम)

"जब मैं ज़िन्दगी में अमल की हैसियत से मुतास्सिर होने लगा तो उसके साथ इश्तेराकियत (समाजवाद) का नसबुलऐन (उद्देश्य) भी समझ में आने लगा। 1936 ई० के बाद से मेरी मुताद्दिद (कई) नज़्मों, ग़ज़लों और रुबाइयों में ये ख़यालात जगह पाने लगे। इश्तेराकियत के फ़लसफ़ा में अमल के जो माने हैं वह इन्सान की गुज़श्ता तारीख़ के अमल के फ़सलफ़ों से बहुत मुख़्तालिक हैं। अब मेरी कोशिश ऐसी नज़्मों में यह होने लगी कि मसायल को आलमगीर इन्सानियत के इर्तेक़ा की रोशनी में पेश करूँ। महज़ मुतकैफ़ (आनन्दित) होना या ज़िन्दगी जैसी है उससे मुतास्सिर होना, क़ौमी कल्चर और क़ौमी मेराज (सोपान) के तसव्वुर पर वज्द करना, उसे अब मैं नाकाफ़ी समझने लगा। अब दुनिया और ज़िन्दगी पर वज्द करने के बदल देने के आलमगीर अमल और अवामे आलम की मुत्तहिदा (संगठित) कोशिशों की मानवियत, दूर रसी और उसके विजदानी (उत्साहित) पहलू को अदब में चमकाने और रौशन करने को मैं बहुत अहमियत देने लगा।"

(मन आनम)

'मन आनम' के एक लम्बे ख़त में वह बाक़ायदा तरक़्क़ीपसन्द साहित्य और आन्दोलन के बारे में लिखते हैं....

''तरक़्क़ीपसन्द अदब की तहरीक जिसमें मैं बावस्ता हूँ बहुत-सी ग़लत फ़हमियों का शिकार रही है। ये ग़लतफ़हमियाँ बड़ी हद तक दूर हो सकती हैं। अगर इतनी बात लोगों की समझ में आ जाय कि इस तहरीक में जो लोग शरीक हैं वह हर मामले में हम ख़याल नहीं हैं, सिर्फ़ चन्द बुनियादी मसायल पर वह मुत्तहिद व मुत्तफ़िक़ हैं। वे बुनियादी मसायल ये हैं–

(1) अदब के ज़रिये से अवाम को उसके लिए बेदार व मुनज़्ज़िम (संगठित) किया जाय कि वह दुनिया में तीसरी जंग न होने दें।

(2) ममलूकियत या गुलामी को दुनिया से मिटाया जाय इसके लिए अवामे आलम को बेदार व मुनज़्ज़िम किया जाय और तमाम ऐसी कोशिशों को मदद पहुँचायी जाय।

(3) अपने मुल्क में हुकूमत के ज़रिये और हुकूमत की मदद से जो निज़ाम क़ायम है उससे होनेवाली बेइन्साफ़ियों, बदउनवानियों और बदनज़्मियों के ख़िलाफ़ जद्दो जहद जारी रखना। यूँ तो यह सब काम सियासी पार्टियों का है या अवाम की ग़ैर अदबी कोशिशों का लेकिन इन कोशिशों को फ़नफराना अन्दाज़ से अदब में पेश करना, सियासी पार्टियों या अवाम का काम नहीं है बल्कि तरक़्क़ीपसन्द अदीबों और फ़नकारों का है। इन कोशिशों के जमालियाती और विजदानी पहलू फ़नकार ही उजागर कर सकते हैं। इसके अलावा हुस्न वा इश्क़ की दास्तान, हुस्ने फ़ितरत का बयान, हयात वा कायनात के बेशुमार पहलू हैं। जिनको सेहतमन्दाना और सालेह (सम्पूर्ण) अन्दाज़ में पेश करना भी तरक़्क़ीपसन्द अदीबों का फ़र्ज़ है।''

मिसालें और भी बहुत-सी हैं जो इनके गहरे सियासी और समाजी शऊर का पता देती हैं। और उनका, उनकी शायरी में किस तरह मेल हुआ है इसके भी ख़ूबसूरत और स्पष्ट इशारे मिलते हैं। यह लम्बा उद्धरण ख़ास तौर से इसलिए कि फ़िराक़ के बारे में जल्दी-जल्दी में बहुत-कुछ कह दिया जाता है। तहरीक से अलगाव और उनकी ग़ज़लिया शायरी से सियासत की दूरी, तरह्अक़्क़ीपसन्दी से बेज़ारी को लेकर इत्तफ़ाक़ व मतभेद की कुछ बेहद नाज़ुक और जटिल सूरतें बिला वजह पैदा कर दी जाती हैं। कुछ उलझावे

फ़िराक़ के कुछ बयानात से भी पैदा होते हैं जो उन्होंने अक्सर ज़ाती पसन्द व नापसन्द के हवाले से दिये हैं लेकिन आम बातचीत या इण्टरव्यू के मुक़ाबले में उनकी किताबें (मन आनम, उर्दू की इश्क़िया शायरी) सोच-समझकर और ठण्डे दिल वा दिमाग़ के साथ लिखी गयी हैं जिन पर एतबार न करने की बजाहिर कोई वजह नज़र नहीं आती। इन किताबों में फ़िराक़ ने क़दम-क़दम पर उन अशआर की भी निशानदेही की है जो उनके सियासी रुझान, क़ौमी तहरीक और समाजवाद से प्रभावित होकर रचे गये हैं। कुछ अशआर आप भी देख लें...

अहले ज़िन्दाँ की यह महफ़िल है सुबूत इसका फ़िराक़
कि बिखर कर भी ये शीराज़ा परीशाँ न हुआ

आने दो वक़्त होगी बहारे चमन की बात
अहले वतन अभी न उठायें वतन की बात

हम तो हर इम्तेयाज़ मिटाने को आये हैं
मुद्‌दत हुई कि भूल चुके मा व मन की बात

ऐ निज़ामे कोहन कुछ आहट ले
वह दबे पाँव मौत आयी देख

देख रफ़्तारे इन्क़लाब फ़िराक़
कितनी आहिस्ता और कितनी तेज़

दिखा तो देती है बेहतर हयात के सपने
ख़राब हो के भी यह ज़िन्दगी ख़राब नहीं

रुका है क़ाफ़िलएग़म कब एक मंज़िल पर
कब इन्क़लाब ज़माने का हम रकाब नहीं

अहले जुनूँ को वुस्अतें कुछ और मिल गयीं
दिल बढ़ गया है पाँव में ज़ंजीर देखकर

साँस है गर्म वा तेज़ सीने में
हुई जाती है देर जीने में

फूँक डाले निज़ामे कोहना तमाम
आग ऐसी हो तेरे सीने में

कुछ क़फ़स की तीलियों से छन रहा है नूर-सा
कुछ फ़ज़ा कुछ हसरते परवाज़ की बातें करो

तेरा फ़िराक़ तो उस दम तेरा फ़िराक़ हुआ
जब उनको प्यार किया मैंने जिनसे प्यार नहीं

अशआर और भी हैं जो उनकी उत्कृष्ट व मशहूर ग़ज़लों की ज़ीनत हैं। यह सूरत तो ग़ज़ल की है लेकिन अगर इन रुझानात का अन्दाज़ा उनकी नज़्मों में लगाया जाय तो बात और निखरकर सामने आ जायगी और साफ़ अन्दाज़ा हो जायगा कि फ़िराक़-जैसे दानिशवर, मुफ़क्किर, साहित्यकार व आलोचक व ज़माने की समस्याएँ और सियासी रुझान से बेख़बर रहना और शायरी से इसकी बेताल्लुक़ी व नाहमवारी मुमकिन ही न थी। प्रोफ़ेसर मुमताज़ हुसैन ने साफ़ लिखा है...."36 के बाद से जब इनका मुकालमा (बातचीत) नौजवान तरक़्क़ीपसन्द अदीबों व शायरों से शुरू हुआ और एक बायें बाजू की सियासत कांग्रेस के अन्दर शुरू हुई तो वह एक शायरे जमाल से शायरे जलाल या शायरे इन्क़लाब भी बनते हुए नज़र आते हैं। और यह मोड़ उनकी शायरी में तरक़्क़ीपसन्द तहरीक से मुतास्सिर होने के बाद आया। इस ज़माने में उन्होंने नयी ज़िन्दग़ी का एक ख़्वाब देखा और एक नये अन्दाज़ से ग़ज़ल ख़्वाँ हुए...

फ़िराक़ हमनवाए मीर वा ग़ालिब, अब नये नग़मे
वह बज़्मे ज़िन्दगी बदली, वह रंगे शायरी बदला।

इस दौर की शेरी ज़रूरेयात से सम्बन्धित, और अपने अन्दर बदलावों से सम्बन्धित फ़िराक़ की यह तहरीर (लिखावट) और देखिये....

"1936 ई० के क़रीब मेरा रुझान इश्तेराकियत की तरफ़ होना शुरू हुआ....ज़िन्दगी की आला कद्रों, नेकी, ख़ुलूस, हमदर्दी, शराफ़त, इन्सानियत, दोस्ती, इल्मपरस्ती, हक़ीक़ी, अज़मतपरस्ती और बाद को इश्तेराकियत का इल्म होने के पहले से सच्ची वतनपरस्ती और हिन्दुस्तान की आज़ादी,

हिन्दुस्तान की अज़मत का एहसास, ये तमाम चीज़ें मेरे अन्दर कारफ़रमा थीं। इसलिए शुरू ही से मेरी इश्क़िया शायरी में यह मुहर्रिकात (प्रेरणादायक) व अक़दार (क़द्रें) इस तरह कारगर होता है कि इश्क़िया जज़्बात में शराफ़त और तरबियतयाफ़्ता (प्रशिक्षण प्राप्त) इन्सानियत के अनासिर घुल-मिल गये....जब मैंने होश सँभाला तो हिन्दुस्तान में नशातुस्सानिया (पुनर्जागरण) और नयी शायरी का आग़ाज हो चुका था और यह अमल इश्क़िया शायरी पर असर अन्दाज़ हो रहा था। क़ौमी ज़िन्दगी में एक बड़ापन आने लगा था। दाग़ और मीर का इन्हेताती (पतनकारी) दौर मिट रहा था। फिर 36 ई० से इश्तेराकी फ़लसफ़ा ने मेरे इश्क़िया शऊर और मेरी इश्क़िया शायरी को नयी वुस्अतें (विस्तार) और नयी मानवियत (अर्थ) दी....मैंने महसूस किया कि मेरी इश्क़िया शायरी में और उर्दू की पिछली चौथाई सदी की शायरी में क़ौमी ज़िन्दगी की बेदारी, नयी तवानाइयाँ (शक्तियाँ) और नये इम्कानात (सम्भावनाएँ) पैदा करती जा रही है। लोग तरक़्क़ीपसन्दी को बुलन्द पाया और मोअस्सिर (प्रभावकारी) इश्क़िया शायरी का दुश्मन ग़लती से समझ बैठते थे।''

हालाँकि यह ग़लती फ़िराक़ ने भी की है और उसके नक़्ल में कुछ बेख़बर या ज़रूरत से ज़्यादा बाख़बर आलोचकों ने फ़िराक़ और तरक़्क़ीपसन्दी के सम्बन्ध से तरह-तरह के फ़ैसले किये। इसकी ताज़ा तरीन मिसाल अब्दुल्लाह कमाल की यह तहरीरें (लिखावटें) हैं। मैंने मिसालों में ऐसे ही अशआर पेश किये हैं जिनमें सीधे सियासी व समाजी रुझान शामिल हैं। फ़िराक़ के यहाँ ऐसे अशआर भी बेपनाह हैं जो बज़ाहिर इश्क़िया या जमालियाती क़िस्म के हैं लेकिन जिनकी तहों में एक ऐसा फ़िक्री निज़ाम काम कर रहा है जो समाज और मोआशरा, हयात वा कायनात के सकारात्मक व सेहतमन्दाना अक़दार से सीधे सम्बन्धित व प्रभावित है। एहतेशाम हुसैन ने फ़िराक़ की इन्हीं शेरी नज़ाकतों के तहत उन्हें काफ़िरे ग़ज़ल कहते हुए उनके इस शेरी व जमालियाती रुझान को जमालियाती जदलियत से ताबीर किया है और एक सच्चे तरक़्क़ीपसन्द जमालियाती शायर करार दिया है। फ़िराक़ की जमालियात भी ग़ौर तलब है। आमतौर पर उन्हें शायरे जमाल कहा जाता है लेकिन उनके इश्क़ की तरह उनका जमालियाती तसव्वुर भी

किसी एक फ़िक्र एक रुझान या एक मज़ाक का वाहक नहीं है। हर फ़नकार, फ़िक्र व ख़याल, अध्ययन व अनुभव के न जाने कितनी राहों से गुज़रकर आता है। किस राह पर, किस मोड़ पर कौन-सी चीज़ प्रभावित करती है और किस अंश में सब और किस बुराई में भलाई के तत्त्व नज़र आ जायँ कहा नहीं जा सकता। फ़िराक़ एक हिन्दू कायस्थ घराने के व्यक्ति थे। ज़ाहिर है कि इस सम्बन्ध से हिन्दू सभ्यता उनकी तालीम व तरबियत का बुनियादी गहवारा थी जिसके हवाले से पुरानी हिन्दुस्तानी जमालियात के तत्त्व फ़ितरी तौर पर उनके यहाँ रचे-बसे थे जिनका फ़ितरी और रचनात्मक इज़हार ग़ज़ल में आम तौर पर और नज़्म व रुबाई में ख़ास तौर पर अनोखे अन्दाज़ में हुआ है। हिन्दुस्तान की मिली-जुली सभ्यता में शुरू से ही परवरिश पानेवाला उनका क्लासिकी ज़ेहन उर्दू के पुराने शायरों की तरफ़ ले जाता है और मीर, सौदा, दर्द, ग़ालिब, मोमिन-जैसे क्लासिकी शायरों के गहरे अध्ययन के ज़रिये वह ईरानी रूपक व सौन्दर्य से असर क़बूल करते हैं। जमालियात की यह नयी लहर हिन्दुस्तानी जमालियात पर एक नयी परत चढ़ा रही थी। अंग्रेज़ी साहित्य के अध्यापक होने की वजह से उन्होंने पाश्चात्य सौन्दर्य का एक नया सबक़ पढ़ा जो उनकी फ़िक्र का बेहतरीन हिस्सा बनती है। पाश्चात्य सौन्दर्य ने उन्हें कलर सेन्स (Colour Sense) मंजरनिगारी और नेचर को बेहद क़रीब से समझने का मौक़ा दिया। इसके अलावा दुनिया में तेज़ी से बढ़ते हुए सोशलिज़्म और समाजवादी रुझानात से भी प्रभावित हुए जो उनके अन्दर एक सन्तुलित ज़िम्मेदारी का एहसास पैदा करता है और समाजवादी जमालियात के क़रीब ले जाता है। फ़िराक़ के एक ज़ेहन में जमालियात की कितनी परतें थीं, रंगारंग एहसासात, तरह-तरह के तजुर्बात और कई जमालियात के नक़्श। क्या फ़िराक़ की जमालियात को कोई वहदत (एकता) प्रदान करते हैं? यह अपने-आपमें तलाश व शोध का अमल है कि इन्हीं सब चीज़ों ने मिलकर उन्हें परम्परागत इश्क़िया व जमालियाती शायर नहीं बनने दिया। वह उर्दू के एक अहम् और बड़े इश्क़िया और जमालियाती शायर बनकर उभरे। यह अलग बात है कि कुछ आलोचकों की नज़रों में उनकी शायरी की बहुमुखी, रंगारंगी और विभिन्न विचार उन्हें कोई एक फ़िक्री बुनियाद और अलग रंग नहीं दे पायी। इस पर बहस हो सकती है लेकिन यह भी सच है कि इतनी आसानी से इन्हें

नज़र अन्दाज़ भी नहीं किया जा सकता। लेकिन अगर कोई यह कहे कि इन पर इश्तेराकी जमालियात या उस दौर के सियासी रुझान व प्रवृत्ति का उनकी शायरी पर असर नहीं, यह बात किसी तरह मुनासिब नहीं। तलाश उस इकाई की होनी चाहिए जो इन तमाम रुझानात के मेल-जोल के बाद किसी बड़े शायर में ज़ाहिर हुआ करती है। प्रोफ़ेसर मुमताज़ हुसैन की ये तहरीरें देखिये.....

"एक शायर की अज़मत की वह निशानियाँ जो औरों के यहाँ मिलती हैं और फ़िराक़ के यहाँ नहीं हैं तो मुझे इसका कोई जवाब मिलता नज़र नहीं आता। उस वक़्त मैं यह कहने पर मजबूर हो जाता हूँ कि हर चन्द वह मुश्ते ख़ाक (मुट्ठी भर मिट्टी) सही लेकिन उसकी शायरी अज़मतों से ख़ाली नहीं....फ़िराक़ की शायरी उनके अपने अल्फ़ाज़ में एक जंगल सही, खुदरौ पौधों, ख़ारदार झाड़ियों और बेगाना अशजार (वृक्ष) पर सही इसमें सर बुलन्द दरख़्त भी हैं जो शाख़ेतूबा को छूते हुए नज़र आते हैं।"

इस लेख में फ़िराक़ की महानता व अद्वितीयता की तलाश मक़सद नहीं बल्कि उस ख़याल की तरदीद (रद्द करना) मक़सद है जो कमाल साहब ने यह कहकर ज़ाहिर किया कि फ़िराक़ ख़ालिस इश्क़िया शायर हैं और उनका शेरी रवैया उनके सियासी फ़िक्र से बिल्कुल अलग था और इस मामले में तरक़्क़ीपसन्दों के सियासी मेनीफेस्टो की कोई परवाह न की।

तारीख़ी और ज़मानी एतबार से तो यह ग़लत है ही, फ़िक्री और रचनात्मक एतबार से भी यह बात ग़लत और बेबुनियाद है। फ़िराक़ से सम्बन्धित अक्सर व बेशतर बेसर-पैर की बातें उड़ती रहती हैं। इरादी व शऊरी तौर पर भी ऐसा किया जाता है। उनकी ज़िन्दगी में यह सिलसिले कम थे लेकिन उनकी मौत के बाद कुछ ज़्यादा हो गये हैं। किसी हद तक इसके ज़िम्मेदार ख़ुद फ़िराक़ भी हैं। फ़िराक़ को तरक़्क़ीपसन्द तहरीक या तरक़्क़ीपसन्द फ़िक्र से अलग करने या उन्हें मामूली दरजे का शायर क़रार देने के जो सोचे-समझे और मन्सूबा बन्द सिलसिले उन दिनों क़ायम किये गये हैं वह फ़िराक़ की अमूमियत को कम लिखनेवाले की बेख़बरी व सतहियत (निकृष्टता) और दुश्मनाना मिज़ाज का पता ज़रूर देते हैं।

◆◆◆

'आधी रात': एक अध्ययन

फ़िराक़ ने एक बार किसी तक़रीर में कहा था..."ग़ौर से सुनना मेरी शायरी में सदी बोलती है।" इस बात को उन्होंने अपने एक शेर में भी ढाला है...

हर उक़्दए-तक़दीरे-जहाँ खोल रही है
हाँ ध्यान से सुनना ये सदी बोल रही है

गिरह खोलने और सदी के बोलने की बात बज़ाहिर आसान-सी है लेकिन विश्लेषण किया जाय तो इस सदी की तलाश अक्सर व बेश्तर फ़िराक़ शनासी के मामलात को उलझाये भी रहती है। मैंने कई जगह लिखा है कि फ़िराक़ निरे शायर न थे बल्कि अध्यापक व विचारक भी थे, दानिशवर थे, दुनिया के हालात पर उनकी शायराना अन्दाज़ की ही सही, एक नज़र थी और एक राय भी। यही वजह है कि डॉ० अफ़ग़ान उल्लाह के अनुसार......."उन्होंने शेर के या शायरी के हर नये रुझान को समझा, परखा और कुबूल किया। उन्होंने हर सेहतमन्द फ़िक्र को अपने-आपमें जज़्ब किया और अपनी शायरी का जुज़ (हिस्सा) करार दिया है। समाज और वक़्त की बदलती हुई क़दरों को शायरी की क़दरें क़रार दिया है। उनकी शायरी अपने अहेद और उसके तक़ाजों (आवश्यकताओं) से हम आहंग रही है।" और आगे वह लिखते हैं.....

"फ़िराक़ की कामयाबी का राज़ बहुत कुछ इस बात में मुज़मिर (छिपा) है कि उन्होंने समाज और तहज़ीब (सभ्यता) की बदलती हुई क़दरों को न सिर्फ़ अपनी शायरी की क़दरें क़रार दिया बल्कि अपनी पूरी शायरी में बरता भी। वह अपने अहेद (युग) के दूसरे शोअरा की तरह मसनूई (बनावटी) और रिवायती दुनिया को कलेजे से लगाये नहीं रहे बल्कि उन्होंने ज़िन्दगी की तल्ख़ व शीरीं (कड़वी व मीठी) हक़ीक़तों और तजुर्बों को चाहे वह ज़ाती रहे हों या समाजी, अपनी शायरी का मौज़ूँ (विषय) क़रार दिया। इसीलिए उनकी शायरी उनके अहेद के नुमाइन्दा शोअरा के मुक़ाबले में भी नयी और ताज़ी मालूम होती है।"

इन पैराग्राफ़ों के पेश करने का मक़सद यह है कि खुली आँखों और बेदार ज़ेहनवाले शायर की ज़िन्दगी में कई तरह के जज़्बाती और फ़िक्री उतार-चढ़ाव आते हैं और गम्भीर व संवेदनशील शायर अपने हर मोड़ से एक दर्से-नुमू लेता है और फिर अपनी शायरी को नया मोड़, नयापन देने की कोशिश करता है। फ़िराक़ की ज़िन्दगी भी तरह-तरह की घटनाओं और प्रेरणाओं से भरी है। मैं ज़ाती क़िस्म के हादसात व तजुर्बात की बातें नहीं करूँगा लेकिन फ़ितरी तौर पर जिस तरह वह विभिन्न विद्याओं व चिन्तनों, सभ्यता व संस्कृति और रुझानात व तहरीकात से प्रभावित हुए और पूरी ईमानदारी से इन प्रभावों को अपनी शायरी में घोला व शामिल किया, हालाँकि इस पर भी काफ़ी बातें हो चुकी हैं इसलिए इस नज़्म को समझने के लिए एक सरसरी नज़र डालना ज़रूरी है। फ़िराक़ हिन्दुस्तान की पूर्वी सभ्यता के दिलदादा थे। कायस्थ घराने के पुराने संस्कारों का उन पर गहरा असर था। अंग्रेज़ी शायरी का अध्ययन किया था। ख़ासतौर पर रोमानी शायरी का, इस रोमान की कुछ अहम् महसूसात को उन्होंने अपनी शायरी में समोने की कोशिश भी की और इन कोशिशों का उन्होंने ऐतराफ़ भी किया है। वह पुराने साहित्य व सभ्यता से लगाव रखते थे लेकिन नये रुझानात का स्वागत भी करने को तैयार रहते। इसलिए तरक़्क़ीपसन्द तहरीक के हवाले से उन्होंने साहित्य के नये रुझानात, समाजवाद, स्थानीयता, जमालियात की बदलती हुई सूरतों को न सिर्फ़ ग़ौर किया बल्कि पूरी ईमानदारी से अपनी शायरी में बरता भी। इसका वह जगह-जगह ऐतराफ़ करते हैं बल्कि उनकी ग़ज़लों में यह असर जगह-जगह देखा भी जा सकता है। लेकिन ग़ज़ल चूँकि एक नाज़ुक और शर्तिया पद्य-विधा है और अपनी मिज़ाजी कैफ़ियात की बहुत-सी पाबन्दियाँ ओढ़े रहती है। इसलिए ऐसे स्पष्ट असरात ग़ज़लों के बजाय नज़्मों में ज़्यादा नज़र आते हैं। फ़िराक़ का कमाल यह है कि उन्होंने जिस दौर में ग़ज़लें कहीं वह असलन नज़्मों का दौर है, तरक़्क़ीपसन्दों का दौर है लेकिन फिराक़ ऐसे ही दौर में बेपनाह ग़ज़लें कहकर ग़ज़ल को एक नयी ज़िन्दगी और ताक़त देते हैं। नज़्मों की तरफ़ आये तो इसमें खुलकर अपने जज़्बात व एहसासात का इज़हार तो किया लेकिन ज़्यादातर नज़्में कुछ ज़्यादा ही खुल गयीं। इसलिए इसमें वह बात पैदा न हो सकी जो ग़ज़लों में आ सकी। अतः उनकी दो नज़्में ऐसी हैं जिनमें वे सारी विशेषताएँ विद्या व विचार, अनुभव व ज्ञान सिमट आये हैं जो वह अपनी शायरी में अलग-अलग स्थान पर बरतते आ रहे हैं।

'आधी रात' को सही मानों में रात की जागृति और दिमाग़ की जागृति का ख़ूबसूरत फ़नकाराना मिश्रण कहा जा सकता है लेकिन इन दो वाक्यों के पीछे फ़िक्र व एहसास की जो एक निराली दुनिया आबाद है उसको समझे बग़ैर इस नज़्म को ठीक से समझा नहीं जा सकता। फ़िराक़ की ज़िन्दगी में रात भर जागने और रात को विभिन्न दृष्टिकोणों से समझने का जो अमल है और उसके पीछे दर्द व कर्ब की जो दास्तान है उसे मैं अपने एक लेख 'आधी रात का शायर-फ़िराक़' में ज़ेरे बहस ला चुका हूँ इसलिए यहाँ दोहराना मुनासिब नहीं। उनका कमाल यह है कि उन्होंने फ़ानी और असग़र की तरह उस मुसीबत को सिर्फ़ आसमानी या आत्मिक मुसीबत नहीं समझा बल्कि उसे अपने अन्दर शोषित करके शीर्ष पर पहुँचाकर हरारत व मुसर्रत (खुशी) की कैफ़ियत में ढालकर तजुर्बा और फ़लसफ़ा का निराला रूप दे दिया। यह फ़लसफ़ा उन्हें फ़लसफ़ए-हयात के क़रीब तो ले जाता ही है, साथ-ही-साथ नेचर और क़ुदरत के भी क़रीब ले जाता है और कभी-कभी फ़लसफ़ा और फ़ितरत दर्द वा मुसर्रत, दोनों इतनी ख़ूबसूरती से समाहित हो जाते हैं कि नज़्म एक नयी दुनिया में पहुँच जाती है। ख़लीलुर्रहमान आज़मी ने एक जगह लिखा है...

"वाक़या यह है कि फ़ितरत और इन्सान के बाहमी ताल्लुक़ के बारे में ये नज़्में 'आधी रात' और परछाइयाँ एक ऐसे अन्दाज़ की मज़हर हैं जो उर्दू शायरी में नापैद था।"

'आधी रात' को दस बन्द (Stanzas) में विभाजित किया गया है। हर बन्द में रात की विभिन्न सूरतों, दशाओं को फ़ितरत के हवाले से पेश करने की कोशिश की गयी है। वैसे तो रात ज़ाहिर में सिर्फ़ रात होती है, कुछ अन्धकार और ख़ामोश लम्हात, लेकिन लगातार रात भर जागना और हयात व कायनात का दर्दमन्दाना अध्ययन ऐसे ख़ामोश और तारीक लमहात में भी बहुत-कुछ तलाश कर लेता है। नज़्म शुरू होती है इन पंक्तियों से.....

सियाह पेड़ हैं अब आप अपनी परछाईं
ज़मीं से ता महो-अंजुम सुकूत के मीनार
जिधर निगाह करें एक अथाह गुमशुदगी
एक एक करके फ़ुसुरदा चिराग़ों की पलकें

झपक गयीं....जो खुली हैं झपकनेवाली हैं
झलक रहा है पड़ा चाँदनी के दरपन में
रसीले, कैफ़ भरे, मंज़रों का जागता ख़्वाब
फ़लक पर तारों को पहली जमाहियाँ आयीं

इसके बाद नज़्म अपनी दिलनवाज़ कैफ़ियत और भरपूर असर के साथ आगे बढ़ती जाती है और दूसरे बन्द की आख़िरी पंक्ति बड़ी सज-धज के साथ यूँ सामने आती है...

''कँवल की चुटकियों में बन्द है नदी का सुहाग''

इस पंक्ति में बकौल हसन अस्करी पूरा हिन्दू कल्चर गूँज रहा है लेकिन इस हिन्दू कल्चर को भी फ़िराक़ ने कुछ इस तरह ख़ूबसूरत आहंग के साथ कँवल, चुटकी और सुहाग-जैसे शब्द पेवस्त किये हैं यह अलग शाहकार (सर्वोत्तम) पंक्ति हो गयी। इस तरह इन पंक्तियों को भी देखिये...

ये रस का सेज, ये सुकुमार ये स कोमल गीत
खड़ा है देर से चुपचाप हरसिंगार का पेड़

ये झाँय-झाँय-सी, रह-रह के एक झींगुर की
क़रीब चाँद के मँडला रही है एक चिड़िया

ये सर निगूँ हैं सरे-शाख़ फूल गुड़हल के

ये सब ऐसी पंक्तियाँ हैं जिनमें फ़ितरत का बेपनाह हुस्न उमड़ आया है। साथ ही अक्षर व शब्द का संगीतात्मक स्वर कुछ इस तरह घुल-मिल गया है जो नज़्म को बेहद असर अंगेज़ बनाता है। शब्दों की ऐसी सम्बद्धता, फ़ितरत की ऐसी गिरफ़्त, इसी में डूबकर इसी का एक हिस्सा हो जाता है और फिर उसके अन्दर से एहसासात का दरिया बहा देना, यह कोई मामूली बात नहीं। हसन अस्करी ने अपने एक लेख में अच्छी बात कही है कि आम तौर पर उर्दू शायरी सीधे इन्सान और उसके इश्क़ वा मुहब्बत से कुछ इस तरह जुड़ गयी है कि हमने फ़ितरत के हुस्न को इस तरह परखा ही नहीं जिस तरह परखा जाना चाहिए, जैसा कि विश्व के साहित्य में परखा गया है। हमने फ़ितरत को भी इन्सान के हवाले से देखा। फ़ितरत के हवाले से इन्सान को देखने की कोशिश नहीं की। उनका ख़याल है कि फ़िराक़ की नज़्म आधी रात एक ऐसी नज़्म है जिसमें फ़ितरत की एक अलग और

मज़बूत हैसियत बनती है एक आज़ाद और आत्मनिर्भर वजूद, यहाँ फ़ितरत के साथ भागम-भाग नहीं है। बल्कि शायर की आवाज़ बता रही है कि इसकी रूह एक-एक चीज़ पर मँडला रही है। वह लिखते हैं...''इस नज़्म में फ़ितरत के लिए भी फ़िराक़ साहब के यहाँ वही महबूबियत, वही सुपुर्दगी, वही ख़ुद फ़रामोशी मिलती है जो महबूब के लिए है।''

फ़ितरत और अक्षर व शब्द के हवाले से फ़िराक़ ने इस नज़्म में जो एहसासे रंग (Colour Sense) पैदा करने की कोशिश की है वह भी बेमिसाल है। इन पंक्तियों को देखिये....

धुवाँ-धुवाँ से मनाज़िर, तमाम नम दीदा
खुनक धुँधलके की आँखें भी नीम ख़्वाबीदा

गुलों ने चादरे-शबनम में मुँह लपेट लिया
लबों पे सो गयी कलियों की मुस्कुराहट भी

ज़रा भी सुम्बुले तर की लटें नहीं हिलतीं
सुकूते नीम शबी की हदें नहीं मिलतीं

इन पंक्तियों में फ़ितरत अपने ग़ैर मामूली एहसासात के साथ जलवागर हुई। इसमें शब्दों के मोतियों को जिस तरह पिरोया गया है उससे फ़ितरत का हुस्न दमक उठा है और नज़्म ज़ाहिरी व महसूसाती सतह पर दोबाला हो गयी है और नज़्म पूरे हुस्न, आवेग और निरन्तरता के साथ कानों में रस घोलती चली जाती है। अंग्रेज़ी के एक अध्यापक सैय्यद वक़ार हुसैन ने इस कैफ़ियत को कुछ इस तरह महसूस किया है...

''आधी रात में हर हिस्सा आवाज़ की एक इकाई है जो अपने बाद आनेवाली सौती इकाई (स्वर की इकाई) में घुल जाती है और ऐसा महसूस होता है कि जैसे एक सुर है जो रोज़े अव्वल ता आख़िर क़ायम है। यह वह मंज़िल है जहाँ लफ़्जों की आवाज़ ही रिद्म है। यह नज़्म हमारे रागों में फैलती और बढ़ती है और रागों की कैफ़ियतें होती हैं, कोई क़ाबिले बयान मानी नहीं होते। इन नज़्मों में भी मानी का सवाल सानवी (द्वितीय) और ग़ैर अहम् हो गया है।''

यह सच है कि इस नज़्म में ये ख़ूबियाँ पूरी तरह मौजूद हैं और फ़िराक़ ने शऊरी तौर पर यह तजुर्बा किया है। नेचर के हवाले से रंग व सौत (स्वर)

की एक ऐसी दुनिया आबाद करना जो इससे पहले उर्दू शायरी में न थी। ख़ुद फ़िराक़ ने एतराफ़ किया है...

"दूसरी चीज़ जिसकी कमी उर्दू शायरी में रही है वह है एहसासे-रंग (Colour Sense)। मैंने उर्दू शायरी में इस कमी को पूरा करने की कोशिश की है....मंज़रिया जमालियाती शायरी महज़ फ़ोटोग्राफ़ी नहीं होती बल्कि मुसव्विरी (चित्रकारी) के साथ-साथ उन कैफ़ियात को भी पैदा करना मेरे नज़दीक एक कामयाब मंज़रनिगारी है। महसूसात को फ़िक्र या (Thought) का मर्तबा दे सकता है। मंज़रिया शायरी है यह तफ़क्कुर (फ़िक्र करना) किसी ज़बान की आग़ाज़ या इब्तेदाई (शुरुआती) मंज़रिया शायरी में पैदा नहीं होता। हवासे ख़मसा (पाँच ज्ञानेन्द्रियाँ) की तहज़ीब सदियों की तरबियत (क्रम) चाहती है।"

फ़िराक़ के इन तर्कसंगत वाक्यों का अध्ययन कीजिये जिसमें महसूसात को फ़िक्र का दरजा दे दिया गया। नेचर से सम्बन्धित फ़िराक़ के इन हसीन तरीन पंक्तियों के बाद अब ज़रा इन पंक्तियों का अध्ययन कीजिये....

न मुफ़लिसी हो तो कितनी हसीन है दुनिया
एक आदमी है कि इतना दुःखी है दुनिया में
ज़माना कितना लड़ाई को रह गया होगा
मेरे ख़याल में अब एक बज रहा होगा
सिपाहे रूस हैं अब कितनी दूर बर्लिन से
नयी ज़मीन, नया आसमाँ, नयी दुनिया
नये सितारे, नयी गर्दिशें, नये दिन-रात

ऐसी पंक्तियों के बारे में यह कहना..."यक़ीनन इन मिस्रों (पंक्तियों) और अशआर पर दूसरी जंगे अज़ीम (विश्व युद्ध) का साया है और यहाँ शायर ने सरमायादारी (पूँजीवाद) की मौत में अपने ईक़ान (विश्वास) का ऐलान भी किया है लेकिन जंग और सरमायादारी आधी रात का मौज़ूँ (विषय) नहीं है।" (वक़ार हुसैन)

हो सकता है यह बात सच हो लेकिन एक सच और भी है, लेकिन इससे पहले एक मुश्किल को समझते चलें अगर कोई नज़्म पूरे तौर पर फ़ितरत के हवाले से अपने फ़ितरी बहाव में बह रही हो और उसका एक-एक मंज़र,

एक-एक शब्द या प्रभाव और कैफ़ियत के हवाले से अपना एक अलग वजूद और इकाई रखता हो तो ऐसे में ईमान, ईक़ान, पैग़ाम वग़ैरह की सम्भावनाएँ ख़त्म या कम होने लगती हैं लेकिन इस नज़्म में फ़िराक़ का कमाल यह है कि तक़रीबन हर बन्द में फ़ितरत के पूरे वजूद और ख़ूबसूरत दृश्य व स्पष्टता के साथ-साथ एक पैगाम भी छोड़ते चलते हैं जिसका सम्बन्ध इन्सान और उसकी फ़ितरत से होता है। यह एक ऐसा असम्भव कार्य है जिसकी बारीकी से गुज़र जाना हर एक के बस की बात नहीं लेकिन फ़िराक़ गुज़रे हैं और बहुत उम्मीद और फ़नकारी से गुज़रे हैं और फ़िराक़ यह कहने में सफल हैं कि कामयाब मन्ज़रनिगारी महसूसात को फ़िक्र का दरज़ा दे देती है। आमतौर पर आलोचकों ने इस नज़्म की साहित्यिकता, स्वरात्मक लय और शैली की तारीफ़ की है और यह सच है कि इन विशेषताओं से यह नज़्म भरी है। लेकिन सच यह भी है कि कोई नज़्म सिर्फ़ अक्षर व शब्द की मुनासिब तरतीब, सम्बद्धता से ख़ूबसूरत और उत्कृष्ट नहीं बनती। क्या कोई शायरी सिर्फ़ अलंकार या शब्दों के ख़ूबसूरत इस्तेमाल से बड़ी और सच्ची शायरी हो सकती है। अक्षर व शब्द तो बेजान होते हैं इनमें जान डालता है फ़नकार अपनी ख़यालबन्दी और मानी आफ़रीनी (अर्थ पैदा करना) से और ये ख़याल और मानी ज़िन्दगी से जनम लेते हैं। फ़िराक़ ने ही साफ़ तौर पर कहा था....“मैं शुरू से ही अदब को अदबी ज़बान देने के बदले ज़िन्दगी की ज़बान देने की कोशिश करता रहा हूँ। ज़बानदानी का हक़ीक़ी मफ़हूम (अर्थ) है हयातदानी व हयातशनासी।”

फ़िराक़ इस बात से भी वाकिफ़ थे कि इश्क़ कायनाती और आफ़ाक़ी मसायल (दुनियावी समस्याएँ) के छूने से ही सही मायनों में इश्क़ बनता है। आधी रात में यह इश्क़ आफ़ाक़ियत के हदूद (सीमा) को छूता हुआ नज़र आता है। यह अहसास उन्हें 36 ई० की तहरीक के बाद समाजवादी फ़लसफ़ा के अध्ययन के बाद हुआ जिसको वह जगह-जगह स्वीकार करते हैं। कमाल यह नहीं है कि इस नज़्म में “न मुफ़लिसी हो तो कितनी हसीन है दुनिया ‘या’ अब इन्क़लाब में शायद ज़्यादा देर नहीं” जैसी पंक्तियाँ उनकी तरक़्क़ीपसन्दी और इन्सान दोस्ती का पता देती हैं। बल्कि कमाल यह है कि उन्होंने ऐसे बेबाक और सपाट क़िस्म की पंक्तियों को नेचर और क़ुदरत के हुस्न से लबरेज़ इस नज़्म में और इसकी ख़ूबसूरत तसलसुल और बहाव में कुछ ऐसे फ़नकारा अन्दाज़ में पेवस्त किये हैं कि मुफ़लिसी और

बदसूरती इसके हुस्न का एक हिस्सा मालूम होने लगते हैं और फ़िराक़ की मंज़रिया शायरी बहुत ख़ूबसूरत अन्दाज़ में फ़िक्रिया शायरी में ढल जाती है और फ़िराक़ के अनुसार यही मन्ज़रिया जमालियाती शायरी का मिज़ाज है। हसन अस्करी ने इन्सान के हवाले से फ़ितरत तक पहुँचने पर एतराज़ किया है। हो सकता है यह एतराज़ सही हो, लेकिन ग़ौर तलब बात यह है कि फ़ितरत के हवाले से देखना एक ख़ूबसूरत अमल ज़रूर है लेकिन फ़ितरत के अस्ल दृश्यों में डूबकर हयात वा कायनात को समझना, फ़ितरत के हवाले से इन्सान को समझना, उसके सुख-दुःख का ज्ञान हासिल करना एक ग़ैरमामूली रचनात्मक अमल होता है और यह अमल मामूली ख़यालात व बिसात रखनेवाले शायरों के बस का नहीं। इस नज़्म में फ़िराक़ की ख़ूबी यही है कि उन्होंने फ़ितरत और फ़िक्र को एक इकाई में ढाल दिया है इसलिए यह कहना कि नज़्म के यह विषय हैं ही नहीं, असल में फ़िराक़ या उनके फ़लसफ़ए-फ़ितरत को न समझ पाने के अलावा और क्या है।

एक बात क़ाबिले ग़ौर और यह है कि उनकी तमाम नज़्मों के मुक़ाबले इस नज़्म को हर तबक़ए-फिक्र के आलोचकों ने, दानिशवरों ने पसन्द किया हालाँकि और भी नज़्में हैं जिन पर बातें हो सकती हैं और जिनमें फ़ितरत है और फ़ितरत के अलावा भी बहुत-कुछ है लेकिन इन नज़्मों में फ़िराक़ का अस्ल जादू नहीं चल पाता और आलोचकों की ज़बान में दूसरे या तीसरे दरजे की नज़्में होकर रह जाती हैं लेकिन आधी रात की तारीफ़ सब करते हैं। शायद इसलिए इसका सम्बन्ध रात से ज़्यादा है। नींद न आने की बीमारी की वजह से शुरू में रातें फ़िराक़ के लिए बोझ और सज़ा के तौर पर होती थीं। लेकिन जब समझदार और फ़नकार फ़िराक़ को रात बसर करने या अंगेज़ करने का हुनर आ गया तो फिर वही रातें उनके लिए तोहफ़ा व इनाम साबित हुईं। रात से सम्बन्धित उन्होंने जैसे अशआर, ग़ज़लें और नज़्में कहीं और जितने अन्दाज़ से कहीं कोई और शायर न कह सका। उन्होंने अपने को रात का शायर ही कहलाना पसन्द किया। एक जगह वह लिखते हैं....''मुझे ऐसा महसूस होता है कि रात की कैफ़ियतें और रात की रम्ज़ियत (भेद) जिस तरह मेरे अशआर में फ़ज़ा बाँधती है वह चीज़ कहीं और नहीं मिलेगी। मेरे कलाम का एक हिस्सा ऐसा है जिसकी बिना पर मुझे शायरे नीम शब (आधी रात का शायर) कहा जा सकता है।'' अब मैं फ़िराक़ की ग़ज़ल के दो शेर पेश करता हूँ...

छिड़ते ही ग़ज़ल बढ़ते चले रात के साये
आवाज़ मेरी गेसूए शब खोल रही है।

जब साज़े ग़ज़ल को छूता हूँ रातें लौ देने लगती हैं
ज़ुमलात के सीने में हमदम मैं रोज़ चराग़ाँ करता हूँ

क्या ऐसा महसूस होता है कि नज़्म आधी रात और दोनों अशआर का एक हसीन मिश्रण बनती है या इसमें ज़्यादा-से-ज़्यादा एक पंक्ति और जोड़ दीजिये....''तारीकियाँ चमक गयीं आवाज़ें दर्द से''....इस नज़्म में रात के गेसू (बाल) खुलते नज़र आते हैं। रात चराग़ाँ होकर सामने आती है और फिर फ़ितरत की इस हसीन फ़ज़ा में फ़िराक़ की अपनी आवाज़े दर्द गूँजने लगती है जो पूरी दुनिया पर छा जाती है। ग़ज़ल उर्दू की हज़ार खूबसूरत और नाज़ुक विधा सही लेकिन इसमें इस तरह फ़ितरत से आँखें मिलाने और बाल की ख़ाल खींचने की ताक़त नहीं। मंज़रों की ये इकाइयाँ, फ़ितरत की बेहिजाबियाँ, रात के अँधेरे में झींगुर की आवाज़, घुँघरुओं की झंकारें, हरसिंगार की उदासी, कँवल की चुटकी, नदी का सुहाग और फिर इसी सिलसिले और रवानी में मुफ़लिसी, ज़माने का बदलाव और इन्क़लाब एक तरफ़ फ़ितरत की भरपूर जागती हुई दुनिया, दूसरी तरफ़ हयात वा कायनात के फ़लसफ़े ज़ाहिर है कि इन दोनों का मेल-जोल आसान काम नहीं है। इसके पीछे फ़िराक़ की जो आवाज़े दर्द है उसे भी समझते चलना चाहिए कि बग़ैर दर्द व कसक और महसूसात की शायरी जनम नहीं लेती चाहे वह मंज़रिया शायरी ही क्यों न हो और फ़िराक़ ने अपनी इस आवाज़ को मर-मर के पाला था और इसी को पाने और महसूस करने की कोशिश की थी लेकिन इस आवाज़ को समझने की कोशिश कम की गयी और नज़्म की इस तरह की पंक्तियाँ....''क़रीब चाँद के मँडला रही है एक चिड़िया।''.... को सिर्फ़ फ़ितरत के हवाले से देखा गया। इस पंक्ति में छिपी हुई दुःखी इन्सान की जो कैफ़ियत है और साथ ही अगली पंक्तियों में इस कैफ़ियत से छुटकारा पाने की जो तड़प है इसको आसानी से महसूस नहीं किया जा सकता। ऐसे कितने ही दृश्य हैं जहाँ फ़ितरत और फ़िक्र, फ़िराक़ की ज़ात और कायनात आपस में एक हो गये हैं....जहाँ फ़िराक़ का बैंक रोड और रूस व जर्मन सब एक हो गये हैं। जहाँ तँबोली और सिपाहे रूस एक पंक्ति

में खड़े हो गये हैं और यही फ़न का आला मज़हर (उच्च प्रदर्शन) हुआ करता है जहाँ कई लोग, कई कैफ़ियात, ज़ात और कायनात सब मिलकर एक पूरी इकाई बनकर सामने आयीं और नज़्म में कुछ इस तरह जज़्ब वा पेवस्त हो जायँ कि बाहर और अन्दर एक-सा लगने लगे। फ़िराक़ का बाह्यरूप और अन्तःकरण एक था। फ़िराक़ के ख़यालात में भी किसी तरह की पर्दापोशी न थी। यही वजह है कि इस नज़्म में फ़िराक़ अपनी पूरी सच्चाई और ताक़त के साथ जलवागर नज़र आते हैं और यह नज़्म उनके तमाम एहसासात व नज़रियात का हसीन पैकर बन जाती है और सिर्फ़ फ़िराक़ की ही नहीं बल्कि उर्दू की कुछ उम्दा और श्रेष्ठ नज़्मों की श्रेणी में शामिल हो जाती है।

◆◆◆

फ़िराक़ की सियासी ज़िन्दगी

फ़िराक़ गोरखपुरी ने रचनात्मक और राजनीतिक ज़िन्दगी तक़रीबन एक साथ शुरू की। उनके शेरी प्रेरणादायक स्रोतों में घर का इल्मी व अदबी माहौल ख़ासा रोल अदा करता है। उनके पिता मुन्शी गोरखप्रसाद इबरत मशहूर वकील ही नहीं मशहूर शायर भी थे। उनकी मसनवी 'हुस्ने फ़ितरत' 1929 ई० में मजनूँ गोरखपुरी की भूमिका के साथ प्रकाशित हुई और बेहद लोकप्रिय हुई और उनका यह शेर तो बहुत मशहूर हुआ...

ज़माने की गर्दिश से चारा नहीं है
ज़माना हमारा, तुम्हारा नहीं है।

इस शेर को सुनकर हसरत मोहानी ने कहा था कि यह शेर नहीं, इल्हाम (ख़ुदा की तरफ़ से दिल में आयी हुई बात) है। ग़रज़ यह कि पिता के ज़ौक़ व शौक़ और कायस्थ घराने की ख़ास तहज़ीब में फ़िराक़ ने बचपन से ही शेर वा शायरी का माहौल देखा, लेकिन घर में सियासत का कोई माहौल न था। अलबत्ता शहर में, मुल्क में हर तरफ़ सियासत का माहौल था, धीरे-धीरे तहरीके आज़ादी ज़ोर पकड़ रही थी। गाँधीजी के हिन्दुस्तान आने और अमली सियासत में हिस्सा लेने से मुल्क की सियासत और तहरीक को एक नया रुख और ताक़त मिली थी। हर तरफ़ गाँधीजी का शोर था। ज़रा बड़े होकर फ़िराक़ जब घर से बाहर निकले तो गोरखपुर की सियासी फ़ज़ा की खूबू उन्हें भी प्रभावित करने लगी। जवानी के इन्हीं दिनों महात्मा गाँधी गोरखपुर आये। फ़िराक़ अपने दोस्तों के साथ उनका भाषण सुनने के लिए उस मैदान में भी गये जहाँ बहुत भीड़ थी। इसके बाद वह अपनी शिक्षा में व्यस्त हो गये। 1913 ई० में गोरखपुर से हाई स्कूल पास करने के बाद वह एफ० ए० करने इलाहाबाद गये। एफ०ए० करते-करते वह कई मामलात में एक साथ फँस गये। शेरो-शायरी की शुरुआत, इश्क़ की पहली दुःखद घटना, पिता की जानलेवा बीमारी और सियासत से दिलचस्पी। 1916 ई० में कांग्रेस का ऐतिहासिक समारोह लखनऊ में हुआ। वह अपने कुछ दोस्तों

के साथ इसमें शामिल होने गये जहाँ का ज़िक्र वह अपने एक अधूरे लेख यादे-रफ़्तगाँ में यूँ करते हैं....

"लखनऊ में 1916 में कांग्रेस का तारीख़ी इजलास था। मैं इलाहाबाद में बी० ए० का तालिबे इल्म था। कई हम जमाअत तलबा (विद्यार्थियों) के साथ मैं भी कांग्रेस का यह इजलास देखने लखनऊ गया था। महात्मा गाँधी भी कांग्रेस में शरीक थे...इस इजलास में तिलक भी शरीक थे। हज़ारहा हाज़रीन के दिलों में आज़ादी की आँच गरम-से-गरमतर हो रही थी लेकिन यह आँच अभी दबी-दबी-सी थी। इसलिए महात्मा गाँधी को एक नीम सानवीं की हैसियत से नवाज़ा गया था और उन्हें सिर्फ़ जुनूबी अफ्रीका में हिन्दुस्तानियों के हुकूक़ (अधिकारों) वाली तजवीज़ (सुझाव) ही तक़रीर करने का मौक़ा दिया गया था।

इस इजलास में सर मुहम्मद इक़बाल ने नया शिवाला के उनवान (शीर्षक) से अपनी नज़्म सुनायी थी जिसका सामईन (श्रोताओं) ने ख़ासा असर लिया। इस इजलास में चकबस्त ने भी अपनी नज़्म सुनायी थी–

तलब फ़ुज़ूल है काँटे की, फूल के बदले
न लें बहिश्त भी हम, होम रूल के बदले। (यादे-रफ़्तगाँ)

1918 ई० में उनकी शादी हुई और कुछ माह के बाद उनके पिता का इन्तेक़ाल हो गया जिससे फ़िराक़ को गहरा सदमा पहुँचा। मामूली औरत से शादी और भाई बहनों की ज़िम्मेदारी ने फ़िराक़ को बेहद परेशानी में डाल दिया। उन्हीं दिनों कुछ अच्छी ख़बरें भी मिलीं। वह बहुत अच्छे नम्बरों से पास हुए थे और स्वयं उनका चुनाव आई० सी० एस० के लिए हो गया था लेकिन वह उदासीन भावना और आज़ादी के तहत नहीं गये। उनके ज़ेहन पर गाँधी व नेहरू के प्रभाव और मुल्क को आज़ाद कराने की भावना कुछ ज़्यादा ही हावी थी। चुनाव और नौकरी ज्वाइन न करने के मामलात पर अभी शोध कार्य बाक़ी है। मजबूरी की वजह से हमको फ़िराक़ के ही लेखों पर सन्तोष और यक़ीन करना पड़ता है। वह लिखते हैं...

"क़ब्ल इसके कि आला ओहदों की कुर्सी सँभालना मैंने ये भयानक फ़ैसला किया कि जब गत की रफ़ीकए हयात (जीवन साथी) मेरी क़िस्मत में नहीं है तो दौलत और सरवत किस काम की और मैंने दिल शिकस्तगी के आलम में कांग्रेस की तहरीक में शिरकत कर ली।" (यादें-रफ़्तगाँ)

अपने एक और लेख 'ग़ुबारे कारवाँ' प्रकाशित 'आजकल' दिसम्बर, 1970 ई० में लिखते हैं :

"कुछ ही दिनों बाद महात्मा गाँधी ने तहरीके-आज़ादी शुरू कर दी। मैं ज़िन्दगी से बेज़ार हो चुका था। मैंने सोचा...मैं तमाम सरकारी ओहदों को छोड़कर जंगे आज़ादी में शरीक हो जाऊँ...।"

पिता के इन्तेक़ाल के बाद वह अभी गोरखपुर जाकर पिता के क़र्ज और बहनों की शादी से फ़ुरसत हो ही रहे थे कि एक बार फिर महात्मा गाँधी गोरखपुर आये और फ़िराक़ अपने दोस्तों के साथ तक़रीर सुनने गये। मुख़्तार ज़मन लिखते हैं....

"1921 ई० का साल उनकी ज़िन्दगी का अहम साल साबित हुआ, इसी साल महात्मा गाँधी गोरखपुर आये और एलाही बाग़ के मैदान में एक बहुत बड़ा जलसा हुआ जिसमें फ़िराक़ साहब, मजनूँ साहब और प्रेमचन्द भी मौजूद थे। बस उसी दिन से फ़िराक़ साहब ने मुलाज़मत (नौकरी) का ख़याल तर्क कर दिया और सियासत के मैदान में कूद पड़े।"

(फ़िराक़ साहब की याद में, 'नया दौर' लखनऊ, 84 ई०)

मुम्किन है मुख़्तार ज़मन की यह बात सही हो लेकिन 1921 ई० में इस जलसा में फ़िराक़ साहब की शिरकत सही नहीं मालूम होती इसलिए कि वह इससे पहले नेहरू ख़ानदान के क़रीब आ चुके थे और बाक़ायदा सियासी जलसों में शिरकत करने लगे और सबसे अहम् बात तो यह है कि 1920 ई० में जब जार्ज पंचम के वली अहेद प्रिन्स आफ़ वेल्ज़ हिन्दुस्तान का दौरा करने आये तो गाँधी के नेतृत्व में उस दौरा का बाईकाट किया गया। 6 दिसम्बर, 1920 ई० को बहुत-से लोग गिरफ़्तार कर लिये गये। पण्डित नेहरू की गिरफ़्तारी के बाद इलाहाबाद में कांग्रेस की राज्य कमेटी की मीटिंग हुई जिसमें फ़िराक़ न सिर्फ़ पूरे जोर-शोर बल्कि नयी जिम्मेदारियों के साथ शामिल हुए। वह ख़ुद लिखते हैं....

"पण्डित नेहरू जब गिरफ़्तार हुए तो यू. पी. की सूबाई कमेटी की एक नशिस्त में गिरफ़्तार होते वक़्त पण्डित ने पूरे सूबे का डिक्टेटर मुझको नामज़द किया था। नशिस्त की सदारत (अध्यक्षता) मौलाना हसरत मोहानी जी कर रहे थे। जब पण्डित का ये एलान सुनाया गया तो मैंने खड़े होकर एलान किया कि पूरे सूबे की डिक्टेटरी से मैं रफ़ी अहमद क़िदवई के हक़

में दस्त बरदार (त्यागना) होता हूँ। अभी यह कार्रवाई हो ही रही थी कि पूरी सूबा कांग्रेस कमेटी जिसकी नशिस्त में तक़रीबन सौ लोग शरीक थे गिरफ़्तार कर ली गयी लेकिन मलाका जेल इलाहाबाद में 55 क़ैदियों की जगहें ख़ाली थीं इसलिए सिर्फ़ 55 आदमियों को गिरफ़्तार किया गया और बक़िया को यह कहकर गिरफ़्तार नहीं किया गया कि ये लोग नशिस्त में शरीक ही नहीं थे। मैं गिरफ़्तारशुदा लोगों में था। ये वाक़या 6 दिसम्बर, 1920 ई० का है। 13 दिसम्बर, 1920 ई० को जेल ही में मुक़दमें की एक फ़र्जी कार्रवाई के बाद फ़ैसला सुनाया गया। (आधे लोगों की डेढ़ बरस की क़ैदे सख़्त सौ रुपया जुर्माना की सज़ा मिली। पहला क़ाफ़ला नैनी जेल भेज दिया गया और दूसरा क़ाफ़ला आगरा के लिए रवाना कर दिया गया। मैं और मेरे साथी 14 दिसम्बर, 1920 ई० को तीसरे पहर आगरा जेल में पहुँच गये।''

(मेरी ज़िन्दगी की धूप-छाँव)

फ़िराक़ साल भर से ज़्यादा जेल में रहे। जेल में जो साथी थे उनमें अलीगढ़ के अब्दुल मजीद, आरिफ़ हसवी, मिस्टर जोज़फ, महात्मा गाँधी के सेक्रेटरी महादेव देसाई वग़ैरह लेकिन इनके अलावा कुछ और अहम् लोग भी थे ख़ासतौर से शायरों में जिनके नाम मुम्किन हैं फ़िराक़ भूल गये हों और उनमें अहमक़ फफूँदवी, हफ़ीज़ फ़र्रुख़ाबादी, मौलाना शाहिद हसन इलाहाबादी (शाहिद फ़ाख़री) पण्डित रामप्रसाद, शाह सग़ीर असीर, रतनलाल ज़मुर्रद फ़र्रुख़ाबादी वग़ैरह। ज़ाहिर है कि इन पढ़े-लिखे लोगों और शायरों के समूह ने न सिर्फ़ इल्मी अदबी सोहबतों को हवा दी बल्कि आरिफ़ हसवी के नेतृत्व में मुशायरा का इन्तेज़ाम होने लगा।

जेल के हालात मामूलात और मुशायरे वग़ैरह एक अलग अध्याय की हैसियत रखते हैं जिन पर विस्तार से लिखे जाने की ज़रूरत है। यहाँ इतना लिखना ज़रूरी है कि जेल के इन मुशायरों के हालात पहले 'जमींदार' लाहौर ने फ़रवरी, मार्च, 1922 ई० में प्रकाशित किये, इसके काफ़ी अरसे के बाद यू० पी० उर्दू अकादमी ने 1983 ई० यानी फ़िराक़ की मौत के बाद मुशायरए ज़िन्दाँ के नाम से प्रकाशित की। यह किताबचा भी अब दुर्लभ हो चुका है। फ़िराक़ के सम्बन्ध में इन मुशायरों के हालात की अहमियत यूँ ज़्यादा बढ़ जाती है। प्रोफ़ेसर महमूद इलाही के अनुसार...

''आज जेल के उन मुशायरों की आज यूँ भी अहमियत है कि फ़िराक़ गोरखपुरी की शिनाख़्त यहीं हुई और उनका इब्तेदाई क़लाम इन्हीं मुशायरों

से दस्तयाब (प्राप्त) हुआ। अब तक यही मालूम था कि उनका क़लाम पहली बार 1923 ई० में तोहफ़ए ख़ुश्तर गोरखपुरी में शाया हुआ था मगर ये इल्म अब हुआ कि आगरा डिस्ट्रिक्ट जेल के मुशायरों में जो क़लाम उन्होंने सुनाया था वह 1922 ई0 में बाज़ अख़बारात में शाया हो चुका था।"

(पेश लफ़्ज मुशायरए ज़िन्दाँ)

क़ैदियों में शेरो सुख़न के बहुत-से आशिक़ थे, यारों ने हफ़्तावार मुशायरों की बुनियाद डाल दी। पहले मुशायरे में जो पंक्ति थी उसमें मेरी ग़ज़ल का मक़ता ये था....

अहले जिन्दाँ की ये महफ़िल है सुबूत इसका फ़िराक़
कि बिखर कर भी ये शीराज़ा परेशाँ न हुआ

डॉ० नवाज़िश अली ने लिखा है कि ये पहला तरही मुशायरा 20 जनवरी, 1922 ई० को हुआ। तरही मिस्रा हसरत मोहानी का था-"है ये वह दर्द जो शर्मिन्दए एहसाँ न हुआ।" इस ज़मीन पर फ़िराक़ ने जो ग़ज़ल कही वह उनकी शुरुआती ग़ज़लों में से एक है। चूँकि ग़ज़ल सियासी रंग की है इसलिए यहाँ पूरी ग़ज़ल लिखी जा रही है...

कभी उज़लत गहे जानाँ दिले वीराँ न हुआ,
मेरे उजड़े हुए घर में कोई मेहमाँ न हुआ।

बाग़ में बादे सबा भेजने वाले हर रोज़
क्यों असीराने क़फ़स पर कभी एहसाँ न हुआ।

खिल गया सूरते गुल दिल जो चला नावक तेज़
हुई एक मौजे सबा तीर का पैकाँ न हुआ

करके ज़ख़्मी हमें कहते हैं वह किस हसरत से,
हाय इस वक़्त मेरे पास नमकदाँ न हुआ।

दिले वीराँ की यहाँ सैर क्या करता हूँ,
मानए-दश्त नवर्दी मुझे ज़िन्दाँ न हुआ।

अहले ज़िन्दाँ की ये महफ़िल है सुबूत इसका फ़िराक़
कि बिखरकर भी ये शीराज़ा पेरेशाँ न हुआ।

दूसरा मुशायरा 24 फरवरी, 1922 ई० को हुआ जिसमें फ़िराक़ की ग़ज़ल के दो शेर पेशे ख़िदमत हैं...

न कुछ बतला सका बीमार अश्क आँखों में भर आये,
किसी ने हाले दर्दे दिल जो पूछा मेहरबाँ होकर
फ़िराक़ एक दूसरी दुनिया की कुछ-कुछ याद आती है
नहीं मालूम आये हैं जहाँ में हम कहाँ होकर

तीसरा मुशायरा 3 मार्च, 1922 ई० को सम्पन्न हुआ जो बहुत लोकप्रिय हुआ। 'ज़मींदार' अख़बार ने लिखा....''जुमा का मुशायरा बहुत ज़ोर-शोर से हुआ। मौलाना आरिफ़ हसवी और बाबू रघुपति सहाय फ़िराक़ की ग़ज़लें ग़जब़ की थीं...आगरा जेल के मुशायरे की इस वक़्त मुल्क में धूम है। लोग ख़ूब दिलचस्पी ले रहे हैं। बैरून जात से जेलख़ानोंवालों के नाम जो ख़ुतूत मौसूल (प्राप्त) होते हैं इनमें मुशायरे की बहुत तारीफ़ की जाती है।''

(बहवाला मुशारए ज़िन्दाँ)

आख़िरी मुशायरा 4 मई, 1922 ई० को हुआ। फ़िराक़ की ग़ज़ल का मतला था...

लहू में कुश्तों के अक्से रुख़े निगार रहा
ये लाला ज़ार नया ज़ेरे लाला ज़ार रहा।

आख़िरी शेर था...

ख़ुलासा हिन्द की तारीख़ का ये है हमदम
ये मुल्क वक़्फ़े सितम हाए रोज़गार रहा

जेल की तक़रीबन साल भर की इस मुद्दत में फ़िराक़ ने काफ़ी पढ़ा-लिखा। हिन्दी में लेख लिखवाये और छपवाये, ग़ज़लें कहीं और 'नग़मए हक़ीक़त' जैसी उम्दा नज़्म भी कही। आप उनके शुरुआती क़लाम का ग़ौर से अध्ययन करें तो साफ़ अन्दाज़ा होता है कि शुरू से ही फ़िराक़ की शायरी में उनका सियासी शऊर उनकी ग़ज़ल की ज़बान को ही नहीं बल्कि फ़िक्री व मानवी निज़ाम (अर्थ व्यवस्था) में भी बदलाव बरपा कर रहा था। दिले वीराँ, असीराने क़फ़स, तीर का पैकाँ, कुश्तों का लहू, वक़्फ़ हाये, सितम हाये रोज़गार-जैसी पुरानी उक्तियों में नया रंग और सियासी फ़िक्र ने फ़िराक़ की शायरी को परम्परागत ग़ज़लिया शायरी से निकालकर मुल्क व समाज की

बदहाली और एहसासे गुलामी की वजह से ग़ज़ल का मानवी मिज़ाज व मज़ाक बदलकर रख दिया जिसने आगे चलकर एक नये मुफ़क्किर व दानिशवर फ़िराक़ को जनम दिया जिसकी बुनियाद पर फ़िराक़ की सम्पूर्ण शेर व सुख़न की इमारत खड़ी हुई।

एक साल के बाद वह आगरा जेल से लखनऊ जेल में भेज दिये गये लेकिन यहाँ वह सुकून और माहौल न था। मुद्दत से कुछ महीने पहले ही रिहाई हो गयी। जेल से छूटने के बाद जब वह अपने घर गोरखपुर पहुँचे तो गृहस्थी उजाड़ थी। छोटे भाई की तपेदिक से मौत हो चुकी थी। सब-कुछ बिखर गया था। अभी वह इसी परेशानी के आलम में थे कि पण्डित नेहरू गोरखपुर आये। उन्हें फ़िराक़ की परेशानियों का एहसास हुआ। उन्होंने फ़ौरन एक ज़िम्मेदारी सौंप दी। फ़िराक़ के अनुसार...

"इसी ज़माने में पण्डित जवाहरलाल नेहरू गोरखपुर आये और मेरे मेहमान हुए। मैंने अपना दर्द कुछ नहीं बताया लेकिन सियासते आलम के क़याफ़ा शनास (चेहरा पहचाननेवाला) नेहरू ने बे कुछ सुने सब-कुछ समझ लिया और फ़ौरन मेरे सामने तजवीज़ (सुझाव) रखी कि तुम आल इण्डिया कांग्रेस कमेटी के अण्डर सेक्रेटरी की हैसियत से इलाहाबाद आकर दफ़्तर का कुल कारोबार सँभाल लो। यह बात 1923 ई० की है। मैं गोरखपुर को अलविदा कहा। कांग्रेस के सदर (अध्यक्ष) मौलाना मुहम्मद अली मुझे देख चुके थे और कांग्रेस के एक जलसे की अंग्रेज़ी ज़बान में मेरी क़लम बरदाश्ता रिपोर्ट पढ़कर मेरी सलाहियतों (योग्यताओं) के क़ायल हो गये। उन्होंने पण्डित नेहरू की तजवीज़ पर हामी भर ली। मैं गोरखपुर छोड़कर इलाहाबाद आ गया और अब ढाई सौ रुपये महीने पर आल इण्डिया कांग्रेस कमेटी का मुस्तक़िल (स्थायी) अण्डर सेक्रेटरी बन गया।"

(मेरी ज़िन्दगी की धूप-छाँव)

फ़िराक़ 1923 ई० से लेकर 1927 ई० तक इस पद पर रहे। दफ़्तर में काम अगरचे कम था फिर भी इन्हें क़ौमी सतह की सियासी पार्टी और एक प्रिय सियासी घराने को क़रीब से देखने का मौक़ा मिला जहाँ इन्हीं बाप-बेटे यानी मोतीलाल नेहरू और जवाहरलाल नेहरू के बीच सियासी मतभेद को भी क़रीब से समझने का मौक़ा मिला। नेहरू की सियासी समझदारी और इल्मियत भी उन्हें प्रभावित करने लगी, साथ ही, पार्टी के दूसरे लोगों की

अयोग्यताएँ और चापलूसियाँ भी उनकी तबीयत को खट्टा करने लगीं। लेकिन वह नेहरू की मुहब्बत व मुरव्वत में सब-कुछ बर्दाश्त करते रहे। डॉ० अफ़गान उल्ला ख़ाँ ने अपनी किताब दस्तावेज़ इन्सानी में फ़िराक़ और नेहरू के शीर्षक से बाक़ायदा एक लेख लिखा है जिसमें वह लिखते हैं....

"दरअस्ल पण्डित नेहरू और फ़िराक़ की ज़ेहनी व अदबी दिलचस्पियाँ किसी हद तक मुश्तरक (एक) थीं जिसने दोनों को एक-दूसरे से क़रीब कर दिया। फ़िराक़ ने नेहरू से क़ुरबत (नज़दीकी) की एक ख़ास वजह यह बतायी..."अक्सर दिल में सोचता हूँ कि जवाहरलाल नेहरू और मैं इस क़दर बाहमी क़ुरबत और हम आहंगी क्यों महसूस करते हैं। मैं इस नतीजा पर पहुँचा हूँ कि मशिरक़ी और मग़रिबी (पूर्वी और पश्चिमी) क़दीम और जदीद (प्राचीन और आधुनिक) कल्चर का जो संगम हिन्दुस्तान को ज़ूतकमीली के मक़सद को पूरा करने के लिए लाज़िमी है वही संगम या वही इम्तेज़ाज हम दोनों चाहते थे। न महज़ मग़रिबज़िन्दगी से काम चलनेवाला है न सिर्फ़ भारतमाता पुकारने से काम चलनेवाला है। हम दोनों के दिल एक ही साज़ के परदों की धड़कन थे।"

नेहरू की दिलनवाज़ शख़्सियत और नज़दीकी ने फ़िराक़ के ज़ेहन पर गाँधीजी के असर को कम कर दिय। फ़िराक़ नेहरू को सियासत का जगत् गुरु कहने लगे। नेहरू से फ़िराक़ की नज़दीकी का यह आलम हो गया कि एक बार मोतीलाल नेहरू को एक सेक्रेटरी की ज़रूरत थी उन्होंने इस काम के लिए फ़िराक़ को चुना लेकिन जब जवाहरलाल नेहरू को मालूम हुआ तो बहुत अपनाईयत से वह फ़िराक़ को एक कोने में ले गये और कहा...

> "पापा के सेक्रेटरी होने का मशविरा मैं तुम्हें नहीं दूंगा। जब यह बात पण्डित मोतीलाल नेहरू को मालूम हुई तो एक अरसे के लिए वह जवाहरलाल नेहरू से काफ़ी नाख़ुश हो गये।"

(आजकल, नवम्बर, 68 ई०)

फ़िराक़ अपने और नेहरू के सम्बन्ध से एवं और नाज़ुक बात कहते हैं-

"मुझे एक बात और याद करके फ़ख्र (गर्व) महसूस होता है। कभी-कभी जवाहरलाल का मूड देखकर मैं उन्हें उर्दू के रचे हुए अशआर सुनाता था। उर्दू शायरी में मेरी बातचीत वह बड़े इन्हेमाक (ध्यान) से सुनते थे अजब क्या कि उर्दू हिन्दी के मामले में जिस बुलन्द मुदब्बिराना (संरक्षक भूमिका)

रौशन ख़याली का वह सबूत देते रहे इस मामले में इन बातों और वक़्फ़ों (अन्तराल) का कुछ हिस्सा हो।" (आजकल, नवम्बर, 68 ई०)

ऐसा न था कि फ़िराक़ एक सियासी पार्टी के दफ़्तर में मुलाज़िम होकर इल्म वा अदब से कट गये हों। उन्होंने जेल में ख़ूब पढ़ा, उनके इल्मी व रचनात्मक सफ़र को रोशनी मिलती रही, दफ़्तर में काम कम था। वह अक्सर शेरो शायरी का शौक़ रखते। इस बीच उन्होंने तक़रीबन 32 ग़ज़लें कहीं जिनका रंग अगर एक तरफ़ आसी ग़ाज़ीपुरी, जलील मानिकपुरी, मोमिन, मुसहफ़ी-जैसे उस्तादों से मिलता है तो ग़ैर शऊरी तौर पर सियासी और बदलती हुई दुनिया के आसार भी दिखायी देते हैं। आज़ादी का एहसास, आज़ाद फ़ितरत की आदत तो बहरहाल उनकी शायरी में झलकने लगती है।

1927 ई० में पण्डित नेहरू यूरोप चले गये तो फ़िराक़ की सियासत व मुलाज़मत से दिलचस्पी कम हो गयी। यहाँ तक कि महात्मा गाँधी के बारे में उनकी राय कुछ यूँ हो गयी...

> "महात्मा गाँधी के मुताल्लिक़ मेरे अन्दर यह ख़याल पोख़्ता हो गया कि वह मौजूदा तहज़ीब व तमद्दुन के हर अहम् और बड़े इदारे की अहमियत समझने के क़ासिर (असमर्थ) हैं और यह सोचकर मेरे दिल में गाँधीजी के ख़िलाफ़ एक चिढ़ पैदा हो गयी। मुझे ऐसा मालूम होता था कि गाँधीजी न उलूम (विद्याओं) की अहमियत समझते हैं जिसमें अदब, फ़लसफ़ा और साइन्स और तमाम दीगर उलूम शामिल हैं न उन यूनिवर्सिटियों की अहमियत समझते हैं जिनको अपनाये वग़ैर एशिया का कोई मुस्तक़बिल (भविष्य) हो ही नहीं सकता।" (मेरी ज़िन्दगी की धूप-छाँव)

इस प्रतिक्रिया में फ़िराक़ ने न सिर्फ़ मुलाज़मत छोड़ी बल्कि अमली सियासत भी छोड़ दी। सच यह है कि फ़िराक़ का दानिशवराना ज़ेहन सत्ता और फ़ायदे की सियासत के साथ दूर तक चल ही न सकता था। वह मुलाज़मत छोड़कर लखनऊ, कानपुर के कालेज में पढ़ने लगे। यहीं से उन्होंने आगरा यूनिवर्सिटी से प्राइवेट अंग्रेज़ी से एम० ए० किया।

1930 ई० में वह बाक़ायदा इलाहाबाद यूनिवर्सिटी में अंग्रेज़ी के लेक्चरर हो गये जिसका सिलसिला 1958 ई० तक रहा। इस मुलाज़मत से उन्हें एक क़िस्म का सुकून ज़रूर मिला लेकिन क़ैद ज़िन्दगी के रात-दिन, अमली सियासत से जुड़ाव, गाँधी-नेहरू हसरत, मुहम्मद अली और कुछ दूसरे सियासी नेताओं की नज़दीकी इन सबने आमतौर पर और नेहरू की इल्मी और तहज़ीबी शख़्सियत ने ख़ास तौर पर इनके शऊर की आँखें खोल दीं। हयात वा कायनात को समझने और समझाने के आलमी पैमाने इनकी पहुँच में आये जिसने इनकी दानिशवराना शख़्सियत को मज़बूत और तहदार तो किया ही इनके शायराना ज़ेहन, कल्पना और उत्साह को एक नयी रोशनी और समझ व ज्ञान से मालामाल किया। उन्होंने शायरी को उन्हीं बुनियादी और आलमी हवालों से समझना और पेश करना शुरू कर दिया और इस तरह फ़िराक़ एक बड़ी शायरी ही नहीं अज़ीम दानिशवरी की राह पर चल पड़े। अगर वह मामूली इन्सान होते, दुनियादार होते तो सियासत से तरह-तरह के फ़ायदे उठाते लेकिन वह ऐसा नहीं कर सकते और जल्दी ही दामन झटककर अलग हो गये। मजनूँ गोरखपुरी ने अच्छी बात लिखी है..

> ''रघुपति शायर के अलावा बहुत-कुछ हो सकते थे और बहुत कुछ हैं...अगर वह चाहते तो अपनी तमाम शराफ़तों और सदाक़तों (सच्चाइयों) को कुरबान करके हासिल कर सकते थे। उन्होंने ज़ाहिरी जाह वा सरवत (समान व दौलत) और अमली मफ़ाद (फ़ायदा) की इतनी परवाह नहीं की जितनी दुनियादारों के दरमियान अपनी इज़्ज़त और साख क़ायम रखने के लिए करना चाहिए।''
>
> (रघुपति)

यह उनके अन्दर का फ़ितरी शायर और फ़नकार था जिसकी निगाह भौतिक सुख से ज़्यादा आध्यात्मिक सुख की तरफ़ थी उसने सियासत को ज़िन्दा रहने के लिए ज़रूर पकड़ा लेकिन उनके अन्दर की इज़्ज़त और आज़ादी ने शुरू में गाँधी को हीरो बनाया लेकिन जब वह सियासत के सम्पूर्ण सभ्यतात्मक पहलुओं पर ग़ौर करने लगे तो उन्हें नेहरू पसन्द आने लगे फिर जल्द ही सियासत से किनाराकशी कर ली... लेकिन यह किनाराकशी शारीरिक थी, आत्मिक नहीं। यही वजह है कि जब 1935 ई० में सज्जाद ज़हीर लन्दन से वापस इलाहाबाद आये और एक ख़ास सियासी और समाजवादी दृष्टिकोण के साथ इलाहाबाद में प्रगतिशील लेखक संघ की

बुनियाद डालनी चाही तो इलाहाबाद में जिन लोगों ने सज्जाद ज़हीर का सबसे ज़्यादा खुलकर साथ दिया उनमें अहमद अली, एजाज़ हुसैन के साथ फ़िराक़ पेश-पेश थे।

31 दिसम्बर, 1935 ई० को पहली मीटिंग हो या अप्रैल, 1936 ई० में संघ की पहली कान्फ्रेन्स फ़िराक़ सबमें आगे-आगे थे। पहली कान्फ्रेन्स में उन्होंने लेख पढ़ा और भाषण भी दिया। एक लम्बे समय तक इस संघ से न सिर्फ़ जुड़े रहे बल्कि पूरी हरकत व अमल, फ़िक्र व नज़र से इसकी देखभाल करते रहे। प्रोफ़ेसर सैयद मुहमद अक़ील अपने लेख 'तरक़्क़ीपसन्द तहरीक और इलाहाबाद' में एक जगह लिखते हैं...

''1945-46 ई० का ज़माना था। एक दिन एक जलसे में मुझे मेरे उस्ताद पण्डित शिवप्रसाद पाण्डेय अपने साथ ले गये। पाण्डेयजी उस्ताद तो अंग्रेज़ी के थे मगर हिन्दुस्तानी अदब से उनकी बड़ी दिलचस्पी थी। वहीं से वह मुझे लेकर फ़िराक़ गोरखपुरी के घर बैंक रोड पहुँचे जहाँ PWA (अंजुमन तरक़्क़ीपसन्द मुसन्नफ़ीन) की कोई मीटिंग होनी थी। वहाँ पहुँचा तो बहुत से लोग मौजूद थे जिन्हें मैं जानता था उनमें डॉ॰ एजाज़ हुसैन, मुजफ़्फ़र शाहजहाँपुरी, महमूद अहमद हुनर, मेरे दोस्त तेग़ इलाहाबादी वग़ैरह। PWA का यह पहला जलसा था जिसमें मैंने शिरकत की। इस जलसे में एक तालिबे इल्म (विद्यार्थी) ने अली सरदार जाफ़री की नयी आयी हुई किताब 'नयी दुनिया को सलाम' पर एक मक़ाला (लेख) पढ़ा। उस वक़्त कान्फ्रेन्स होनेवाली थी जिसके प्रोग्राम बने। फ़िराक़ साहब ग़ालबन उस वक़्त PWA के मुक़ामी सेक्रेटरी थे। उस वक्त PWA का मेम्बर होना एक तरह से अंग्रेज़ी हुकूमत की नज़र में खुद को ख़ासा मश्कूक (सन्देह) बनाना था। फिर ये मेम्बरशिप इतनी सस्ती न थी जितनी बाद को हो गयी बल्कि PWA सिर्फ़ दानिशवरों की जमाअत समझी जाती थी और इस जमाअत का मेम्बर होना अदीबों को वक़ार अता करता था।'' (तरक़्क़ीपसन्द अदब के पचास साल)

अंजुमन से जुड़ने और समाजवाद को पसन्दीदगी का दर्जा देने के बावजूद फ़िराक़ साहित्य में सीधे किसी सियासी नज़रिया को बेहद दख़लअंदाज़ी पसन्द न करते थे। उनका ख़याल था कि ज़िन्दगी सियासत, सियासी अक़ीदे बल्कि सामूहिक अमल से भी ज़्यादा विस्तृत और गहरी, बुलन्द और बड़ी हक़ीकत है। वह इस बात से सहमत थे कि किसी विचारधारा का फ़नकाराना इज़हार किया जा सकता है लेकिन बड़ा अदब उसके बग़ैर भी बड़ा अदब हो

सकता है। ज़िन्दगी के बहुत-से हिस्से सियासी होते हैं और न ग़ैर सियासी बल्कि सिर्फ़ ज़िन्दगी होते हैं। चूँकि फ़िराक़ शायर व फ़नकार थे इसलिए फ़ितरी तौर पर वह समाजियात व सियासियात से ज़्यादा शेरियात, जमालियात पर ज़ोर देते थे। इसलिए उनका ख़याल था कि जमालियाती महसूसात सियासी विचारधारा से बुलन्द व बाला चीज़ें हैं। उनका यह ख़याल भी किसी क़दर दानिशवराना फ़नकाराना है कि....

> "अगर कोई बड़ा अदीब इश्तेराकियत का सौ फ़ीसदी क़ायल भी हो तब भी वह अपने तख़लीफ़ करदा वह बड़े-से-बड़े अदब में महज़ इश्तेराकी न होगा। इश्तेराकी अदीब सिर्फ़ निज़ामे सियासत में इश्तेराकी होगा। अपनी जमालियाती तख़लीकात में न वह इश्तेराकी होगा और न ग़ैर इश्तेराकी।"

वह यह भी लिखते हैं...

> "अदब बराये ज़िन्दगी का सबसे ज़्यादा शोर कम्युनिस्टों ने उठाया, लेकिन कम्युनिज़्म के ज़ेरे असर न अदब बराये अदब और न अदब बराये ज़िन्दगी की ऐसी जबरदस्त तख़लीक़ात वजूद में आयीं जैसी आग़ाज़े तहज़ीब (सभ्यता के प्रारम्भ से) से ग़ैर कम्युनिस्ट निज़ाम और ग़ैर कम्युनिस्ट अदीबों ने दुनिया को दीं।"

फ़िराक़ साहब के इन विचारों से मतभेद किया जा सकता है लेकिन ये मतभेद मुम्किन नहीं कि वह साहित्य को सियासत व संस्कृति के हवालों से सोचने का मिज़ाज व मज़ाक रखते थे। डॉ० नवाज़िश अली ने अपनी किताब में अदब और सियासत के सम्बन्ध में फ़िराक़ के इन्हीं ख़यालात को ज़्यादा पेश किया है जो पार्टी सियासत या किसी हद तक समाजवाद के ग़लबा के ख़िलाफ़ थे। वह समाजवाद से इस क़दर प्रभावित थे और तरक़्क़ीपसन्द फ़िक्र के किस क़दर क़ायल थे इसका ज़िक्र नहीं के बराबर किया। इस सम्बन्ध में मन आनम के ख़तों में उन्होंने कुछ जगहों पर खुलकर बातें की हैं। एक ख़त में लिखते हैं....

> "1936 ई० के क़रीब मेरा रुझान इश्तेराकियत की तरफ़ होना शुरू हुआ....इश्तेराकी फ़लसफ़ा ने मेरे इश्क़िया शऊर और मेरी इश्क़िया शायरी को नयी वुस्अतें (विस्तार) और नयी मानवियत (अर्थ) दी...पिछली चौथाई सदी की शायरी में क़ौमी ज़िन्दगी की

बेदारी, नयी तवानाइयाँ (ताकतें) और नये इम्कानात (सम्भावनाएँ) पैदा करती जा रही हैं। लोग तरक़्क़ीपसन्दी को बुलन्द पाया और मुअस्सिर (प्रभावकारी) इश्क़िया शायरी का दुश्मन ग़लती में समझ बैठते हैं।" (मन आनम, पृष्ठ 26)

"निरी शायरी और निरा शायर सही मानों में न शायरी होती है न शायर होता है। पूरी कायनात और तारीख़े कायनात में एक हक़ीक़ी (सच्चे) शायर को गुम हो जाना पड़ता है। इब्तेदा में मेरी दिलचस्पियाँ अपने वतन की बदनसीबी और ग़ुलामी की जंजीरें तोड़ने की कोशिशों से थीं। आज़ादी की तहरीक में डेढ़ बरस तक क़ैदे फ़िरंग (अंग्रेज़ों की क़ैद) झेलता रहा....1936 ई० के क़रीब मेरी मुलाक़ात एक बड़ी हस्ती से हुई। उन्होंने मेरा पीछा करके मुझे अपना दोस्त बना लिया और मैं उनके हाथ बेदामों बिक गया। एक बार तरक़्क़ीपसन्द शायरी पर दौराने गुफ़्तगू मैंने हसरत का ज़िक्र किया और कहा अपनी ग़ज़लों में हमीं हक़ीकत देते हैं। उन्होंने कहा....लेकिन बहुत छोटी हक़ीकतें। ये फ़िक़रा (वाक्य) मेरे लिये तिलिस्मे शायरी की एक कलीद (कुंजी) साबित हुआ..."

(मन आनम, पृष्ठ 69)

एक और ख़त में वह बड़े काम की बात लिखते हैं....

"जब मैं ज़िन्दगी के अमल की हैसियत से मुतास्सिर होने लगा तो उसके साथ-साथ इश्तेराकियत का नसबुलऐन (उद्देश्य) भी समझ में आने लगा। 1936 ई० के बाद से मेरी मुताद्दिद (कई) नज़्मों, ग़जलों और रुबाइयों में ये ख़यालात जगह पाने लगे। इश्तेराकियत के फ़लसफ़ा में अमल के जो मानी हैं वह इन्सान की गुज़श्ता तारीख़ के अमल के फ़लसफ़ों से बहुत मुख़्तलिफ़ (भिन्न) हैं। अब मेरी कोशिश ऐसी नज़्मों में ये होने लगी कि मसायल को आलमगीर सियासत और इन्सानियत के इर्तेका (विकास) की रोशनी में पेश करूँ। ज़िन्दगी जैसी है उससे मुतास्सिर होना क़ौमी कल्चर और क़ौमी मिज़ाज के तसव्वुर पर वज़्द करना उसे अब मैं नाकाफ़ी समझने लगा। अब दुनिया और ज़िन्दगी पर वज़्द करने के बदले दुनिया और ज़िन्दगी को बदलने का तसव्वुर मेरे अन्दर

कारगर होने लगा। दुनिया को बदल देने के आलमगीर अमल और अवाम की मुत्तहिदा (संगठित) कोशिशों की मानवियत, दूररसी, और उसके विजदानी (उत्साहित) पहलू को अदब में चमकाने और रौशन करने को मैं बहुत अहमियत देने लगा।''

(मन आनम, पष्ठ 21)

प्रत्यक्ष या अप्रत्यक्ष सियासत से प्रभावित होकर कही गयी ग़ज़लों, नज़्मों या रुबाइयों की निशानदेही इस लेख में मुश्किल है कि यह अध्याय विस्तार चाहता है। अलबत्ता उनके कुछ प्रकाशित-अप्रकाशित वक्तव्यों की निशानदेही ज़रूर करूँगा जिससे फ़िराक़ के साहित्यिक दृष्टिकोण व सियासत और दोनों के बीच उलझे हुए रिश्तों को समझने में आसानी हो सकती है। 1947 ई० में देहली में प्रगतिशील लेखक संघ की कान्फ्रेन्स का अध्यक्षीय भाषण, इसी के आस-पास फ़िरकापरस्ती के विषय पर एक लम्बे भाषण की मक़ालाती शक्ल 'हमारा सबसे बड़ा दुश्मन' 1954 ई० में बस्ती की एक कान्फ्रेन्स में उनका ज़ोरदार लेक्चर। 1956 ई० में एशियायी साहित्यकारों की कान्फ्रेन्स में उनका यादगार लेक्चर। 1970 ई० में गोरखपुर में फ़िराक़-दिवस के मौक़े पर उनके अध्यक्षीय भाषण, 1973 में लखनऊ में रामलाल के द्वारा सम्पन्न की गयी। कुल हिन्द ग़ैर मुस्लिम उर्दू साहित्यकारों की कान्फ्रेन्स में फ़िराक़ साहब का यादगार लेक्चर, 1975 ई० में लेखक (अली अहमद फ़ातमी) के द्वारा सम्पन्न किये गये उस्ताद प्रोफ़ेसर सैय्यद मुहम्मद अक़ील की किताब 'नयी अलामत निगारी' के जलसा के विमोचन में जो उन्होंने लेक्चर दिया वह तो शुरू ही इन वाक्यों से होता है....

''हज़रात ! मैं कई दिन से नशे में हूँ। नशा किसी और चीज़ का नहीं बल्कि जिस दिन से मैंने सुना है कि वियतनाम में एक छोटी-सी ताक़त ने अमेरीका जैसी ताक़त रखनेवाले को शिकस्त दे दी...।''

इस वाक्य की पृष्ठभूमि में फ़िराक़ का यह शेर देखिये...

छोटी-सी एक क़ौम ने हिम्मत ही तोड़ दी
एक दस्ते नातवाँ ने कलाई मरोड़ दी

इसी लेक्चर में आगे उन्होंने कहा....

''इण्डो चाइना और कम्बोडिया की लड़ाई सारी इन्सानियत का सबसे बड़ा ख़तरा थी और चार हज़ार साल में शायद ही ऐसी लड़ाई हुई हो। मैं कम्युनिस्ट पार्टी का मेम्बर नहीं लेकिन कम्युनिस्ट इन मानों में हूँ कि महज़ लेनिन के रास्ते पर चलते रहना कम्युनिज़्म है तो मैं सबसे बड़ा कम्युनिस्ट हूँ। तो यह वाक़या बत्तीस बरस की जंग का है जिसमें एक करोड़ आदमी मारे गये। पहला और दूसरा जंगे अज़ीम (विश्व युद्ध) को भी इसमें शामिल कर लीजिये। यह फ़तेह एक रौशन निशानदेही है। दुनिया के मुस्तक़बिल की तरफ़ अगर आदमी को ऐसा वाक़या जो वियतनाम में हुआ है नशे में नहीं डालता तो ताज्जुब है। भंग पीकर, शराब पीकर, नशा सभी को आता है। मैं उन लोगों में से हूँ जिनको ख़बरों का नशा होता है। आज अगर न सही 1945 ई०] के क़ब्ल जर्मनी अगर जीत गया होता तो यूरोप का पता न होता वह जर्मानिया होता या पता नहीं क्या कहलाता। न फ्रांस होता न रूस होता और न हम होते। आज बर्लिन से बग़दाद तक तमाम फासिस्टों की हुकूमत होती, हर तरफ़ मुसोलिनी और हिटलर की हुकूमत होती। बर्लिन से बग़दाद तक पीकिंग सब एक ही हल में जोत दिये जाते और फिर मैं उन शायरों में हूँ जो शायरी से कहीं ज़्यादा अहमियत दूसरी चीज़ों को देते हैं।''

(लेक्चर फ़िराक़ नम्बर इलाहाबाद यूनिवर्सिटी मैगज़ीन)

पैराग्राफ़ का आख़िरी वाक्य बेहद मानी ख़ेज है जिससे साफ़ जाहिर होता है कि फ़िराक़ निरे शायर न थे। वह शायरी से ज़्यादा कुछ दूसरी चीज़ों को अहमियत देते थे और वह कुछ दूसरी चीज़ें संस्कृति और सियासत ही होती थीं। न जाने कितनी बार लेखक ने भी इलाहाबाद के जलसों में उनके लेक्चरों, ज़ाती महफ़िलों और उर्दू विभाग इलाहाबाद यूनिवर्सिटी की बैठकों में एजाज़ हुसैन, एहतेशाम हुसैन, सैयूयद मुहम्मद अक़ील वग़ैरह की मौजूदगी में घण्टों शायरी से ज़्यादा सभ्यता, संस्कृति व सियासत पर दिल हिला देनेवाली गुफ़्तगू सुनी है। अजीब वा ग़रीब विषय और उससे ज़्यादा अजीब व ग़रीब अन्दाज़े गुफ़्तगू एक जादू तारी हो जाता है। आज भी सोचता हूँ तो ज़ेहन थरथराने लगता है।

एक बार मैंने ख़ुद उनसे उनकी मशहूर ग़ज़ल 'शामे ग़म कुछ उस निगाहे नाज़ की बातें करो।' के इस ख़ास शेर की व्याख्या चाही। वह शेर यह था....

कुछ क़फ़स की तीलियों से छन रहा है नूर-सा
कुछ फ़ज़ा कुछ हसरते परवाज़ की बातें करो

मेरे सवाल पर उन्होंने लम्बा-सा साँस लिया फिर एक ख़ास दानिशवराना अन्दाज़ से कहा....''ग़ज़ल' 46 ई० के आसपास की है। यह शेर उस वक़्त कहा गया था जब आज़ादी दो क़दम पर खड़ी थी और हमारा मुल्क ग़ुलामी से निजात हासिल करने के लिए आख़िरी अँगड़ाई ले रहा था। आज़ादी की पौ फूट रही थी।'' आँखों में बैज़ावी रक़्स (नाच) और उँगलियों की थरथराहट से मानी के दरिया बह निकले और शेर आईना की तरह साफ़ हो गया। ग़ज़ल के इस भरपूर शेर में ग़ज़लियत के साथ-साथ भरपूर सियासी इशारे को पाकर हम हैरान रह गये। इस सम्बन्ध में उन्होंने इसी मिज़ाज के दो-तीन शेर और गुनगुनाये थे जो ये थे...

देख रफ़्तारे इन्क़लाब फ़िराक़
कितनी आहिस्ता और कितनी तेज़

झपक रही है ज़मान वो मकाँक की भी आँखें
मगर है क़ाफ़िला आमादए सफ़र फिर भी

ज़मीन जाग रही है इन्क़लाब है कल
वह रात है कोई ज़र्रा भी महवे ख़्वाब नहीं

इन्हीं महफ़िलों में कई बार फ़िराक़ ने इन बातों की भी व्याख्या की थी कि सियासत और समाजवाद ने जिस तरह उनके शऊर और विजदान को प्रभावित किया उससे उनकी इश्क़िया शायरी भी प्रभावित हुई। तस्वीरे इश्क़ और फ़लसफ़ए जमाल में इन्क़लाबी बदलाव आये। याद आता है कि इन्होंने बार-बार उर्दू की इश्क़िया शायरी और मन आनम के ख़त पढ़ने की हियादत की थी।

कभी-कभी यह ज़रूर होता था कि उनके अशआर और ख़यालात, लेख और लेक्चर के बीच मज़ेदार विरोध या टकराव नज़र आने लगता लेकिन फिर जल्द ही एहतेशाम हुसैन का यह वाक्य याद आ जाता जो वह इक़बाल के बारे में कहा करते थे कि ''हमें यह नहीं भूलना चाहिए इक़बाल शायर पहले थे मुफ़क्क़िर व फ़लसफ़ी बाद में।'' फ़िराक़ पर भी यही बात सच लगती है। कभी-कभी यह भी होता था कि फ़िराक़ मूड, तबीयत और मौक़ा

महल देखकर भी लेक्चर दिया करते थे और मजनूँ गोरखपुरी के अनुसार....''वह अक्सर तखय्युल (कल्पना) से भी मवाक़े (मौक़े) पैदा कर लिया करते थे''...लेकिन यह सब-कुछ उनकी मासूम क़लन्दाराना शख़्सियत की एक शायराना अदा हुआ करती थी इसके पीछे किसी मन्सूबा या बदनियती का दख़ल नहीं होता। सच तो यह है कि वह हयाते इन्सानी के अन्दरूनी भेद और सियासत व संस्कृति के बाहरी दिखावे पर गहरी नज़र रखते थे और यह उसका विचारात्मक व रचनात्मक विश्लेषण मालूम हुआ करता था। कभी-कभी उनकी तहदार और बहुमुखी शख़्सियत उलझावे भी पैदा कर देती थी।

फ़िराक़ की छियासी-सत्तासी बरस की ज़िन्दगी में अमली या पार्टी की मुद्दत सात-आठ या ज़्यादा-से-ज़्यादा दस साल की है लेकिन ठीक जवानी के आलम में मुल्क की आज़ादी और गुलामी से नजात पाने का जज़्बा, गाँधी, नेहरू, हसरत, जौहर-जैसे सियासी नेताओं और दानिशवरों से नज़दीकी और ख़ास तौर पर पण्डित नेहरू से दोस्ताना व आलिमाना संगतें, जेल के मुशायरे, कांग्रेस पार्टी का अण्डर सेक्रेटरी होना ग़रज़ यह कि इन तमाम अवसरों और साधनों ने शुरू से ही दरिया की तरह लहरें मारती उनकी शायरी और दानिशवरी की लहरों को महमेज़ किया, उनकी फ़िकरी धार को तेज़ किया। इसलिए वह जल्द ही मामूली सियासत और मामूली विरोध व इन्क़लाब से ऊपर उठकर क़ौमी और आलमी सियासत और इन्सानियत के बारे में सोचने पर मज़बूर हो गये। फिर एक वक़्त ऐसा भी आया कि इन्हें गाँधी, हसरत वग़ैरह भी मामूली लगने लगे और बेचैन व बेक़रार होकर सियासत से बाहर निकल आये। कांग्रेस जमाअत से निकलने के बाद उन्होंने कहा था...

> ''मैं समझता हूँ कि जब कोई जमाअत मुनज़्ज़िम (संगठित) होकर बग़ावत करती है या कि मुनज़्ज़िम तहरीक में शरीक होती है तो उसके बहुत-से अफ़राह (व्यक्ति) में बुराई आ ही जाती है।''
>
> ''कुछ ऐसा मालूम होता है कि अगर कोई हुकूमत बुरी है तो हुकूमत भी ग़ालबन(शायद) ज़्यादातर ऐसे लोगों के हाथों से मिटेगी जो ख़ुद बड़े हों।''

जमहूरियत के बारे में भी उन्होंने बहुत पहले कहा था...

"जमहूरी हुकूमत हिन्दू या मुसलमान नहीं हुआ करती। ज़राअत (कृषि) की तरक़्क़ी, सनअत (उद्योग) की तरक़्क़ी और अहले मुल्क की ख़ुशहाली, तालीम की तरक़्क़ी, खुश इन्तेज़ामी, नालायक़ी और बेईमानी से महफ़ूज़ (सुरक्षित) ओहदादारी या मन्सबदारी। हुकूमत के तमाम शोबों (विभागों) का मुनासिब तर्ज़े अमल उलूम व क़ुनून (विद्याओं व कलाओं) की तरक़्क़ी हिन्दू मुस्लिम चीज़ें नहीं हुआ करतीं।"

इसके बाद जैसे-जैसे कम्युनिज़्म व समाजवाद से बावस्तगी पैदा होती गयी फ़िक्र व नज़र में बढ़ोत्तरी आती गयी। क़ौमियत व आलमियत के बीच फ़ासले कम-से-कम होते गये और उन्हें पूरी दुनिया और उसके रंगारंग लोग एक रंग और एक इन्सानी इकाई में नज़र आने लगे। तभी तो आगे चलकर मन आनम के ख़तों में जो फ़लसफ़ियाना बातें उठायी हैं उससे असल फ़िराक़ की मुफ़क्किराना व दानिशवराना और शायराना शख़्सियत के मामलात भी समझ में आते हैं। इस स्थान पर उनके एक ख़त का यह पैराग्राफ़ पेश करके अपनी बात ख़त्म करना चाहता हूँ....

"हमारा मुल्क हिन्दुओं की मिल्कियत नहीं है न मुसलमानों की। यह मुल्क बनी नौए आदम (मानव जाति) का मादरे वतन है। आज भी हमारे सीनों में तहज़ीब की पहली सुब्हें साँस ले रही हैं। हमारे शऊर पर ख़िलक़त (दुनिया) की दायमी अज़लियत (शाश्वत आदि) आज भी मँडला रही है। कायनात व इन्सानियत की वहदत (एकता) के तसव्वुर से आज भी हमारी पलकें नम हो जाती हैं... .ज़िन्दगी रियासती या सियासी झगड़ों से बड़ी हक़ीक़त है और अदब भी दो क़ौमों की थ्योरी से बड़ी चीज़ है...अलबत्ता हिन्दुस्तान या पाकिस्तान के अदब को हम ग़लती से हिन्दू अदब या इस्लामी अदब बताने और बनाने की कोशिश न करें.....बड़ा अदब किसी क़ौम के अपने कमाल में मस्त रहने का अदब नहीं होता। इसमें आफ़ाक़ियत (वैश्विकता) व मुक़ामियत (स्थानीयता) का संगम होता है। अलहिदगी क़ौमों, तहज़ीबों और फ़ुनून के लिए मौत का

बाइस बन जाती है। हम हिन्दुस्तानी ज़रूर हैं लेकिन कुर्रए अर्ज़ (ज़मीन की ध्रुव) या कायनात के भी शहरी हैं।''

(मन आनम, पृष्ठ 129)

चलते-चलते एक बात और अर्ज़ करता चलूँ, क़ौमी सियासत में फ़िराक़ का अमल दख़ल और सत्ता व सियासत के लोगों से उनका मेल-जोल सीधे तौर पर था। फ़िराक़ चाहते तो क्या-क्या न फ़ायदे उठाते लेकिन इस बड़े शायर और दानिशवर को छोटे काम आते ही न थे। सारी ज़िन्दगी इलाहाबाद यूनिवर्सिटी के क्वार्टर में पड़े रहनेवाले इस अनोखे शायर ने अपनी शायरी और दानिशवरी को सियासी ख़बरों व ज्ञान से कभी अलग न किया लेकिन यह मामूली सियासत न थी बल्कि उसका वह रुख़ था जहाँ से नयी सभ्यता के दरवाज़े खुले होते हैं। नये ज़ेहन की राहें हमवार होती हैं, नयी फ़िक्र, शऊर व विजदान की कलियाँ लहलहाने लगती हैं और समाज फूलों की तरह महकने लगता है। फ़िराक़ के ख़्वाब वा ख़याल की दुनिया तो कुछ इसी तरह की थी और ख़्वाब वा ख़याल, फ़िक्र वो नज़र की इसी बुनियाद पर उनकी रचना की इमारत खड़ी है जिसकी तहों में इन्सान व एख़लाक़ का जमालियाती दबाव और सियासत का सांस्कृतिक रचाव कुछ इस तरह रवाँ-दवाँ है जिस तरह इन्सान के बदन में लहू दौड़ता रहता है। फ़िराक़ और शेरे फ़िराक़ ग़रज़ कि उनकी बुनियादी व कलीदी हैसियत को भी इन तमाम तत्वों से अलग करके देख पाना नामुम्किन न सही तो एक बेहद मुश्किल काम ज़रूर है।

◆◆◆

'हमारा सबसे बड़ा दुश्मन'

(फ़िराक़ गोरखपुरी की एक अप्राप्य और गुमनाम किताब)

जिन लोगों ने फ़िराक़ गोरखपुरी की शायरी को आमतौर से और शख़्सियत को क़रीब से देखा और समझा है उन्होंने अन्दाज़ा लगाया होगा कि फ़िराक़ साहब जितने बड़े शायर और नस्रनिगार (गद्य लेखक) थे उससे कहीं बड़े मुफ़क्किर और गुफ़्तगू करनेवाले थे। उनके अन्दर का फ़नकार और मुफ़क्किर दोनों जब अपनी अस्ल कैफ़ियत में आता तो इल्मी और रचनात्मक गुफ़्तगू की ऐसी-ऐसी फुलझड़ियाँ छूटतीं कि सुननेवाला उनकी जगमगाहट और चकाचौंध कर देनेवाली कैफ़ियत में डूबकर रह जाता। उनकी शायरी के विषय सीमित थे लेकिन उनकी गुफ़्तगू के विषय असीमित। जिन ख़ुशनसीब लोगों के हिस्से में उनकी गुफ़्तगू आयी है वह स्वीकार करेंगे कि उनकी गुफ़्तगू आमतौर पर शायरी से शुरू होकर कल्चर, तहज़ीब, सियासत और फ़लसफ़े से होती हुई लतीफ़े पर ख़त्म होती थी।

फ़िराक़ साहब का जितना सरमाया शायरी का है लगभग उतना ही सरमाया नस्र का भी है लेकिन फ़िराक़ साहब ने जिस अद्वितीय और विस्तृत अन्दाज़ में अपनी शायरी को पेश किया, नस्र (गद्य) को पेश न कर सके। शायद इसलिए कि वह अपने-आपको बुनियादी तौर पर शायर ही समझते थे और यह हक़ीक़त भी है लेकिन उनका हिस्सए-नस्र भी कम अहमियत का हामिल नहीं। उनके गद्यात्मक लेख के जो संग्रह मिलते हैं उनकी क़द्र वा मंज़िलत से हम अच्छी तरह वाक़िफ़ हैं। इसके अलावा न जाने और कितने लेख हैं जो विभिन्न विषयों पर यदा-कदा लिखे गये और जो पत्र-पत्रिकाओं की भीड़ में गुम हो चुके हैं। अगर कोई शोधकर्ता इन्हें तलाश करे तो वह आज खासी कार आमद चीज़ हो सकते हैं क्योंकि हक़ीक़त यह है कि फ़िराक़ साहब सिर्फ़ शायर न थे बल्कि एक दानिशवर भी थे। उनकी कल्पनाशक्ति में सिर्फ़ इश्क़ वा मुहब्बत ही नहीं बल्कि हिन्दुस्तान की

देवमालाई, प्राचीन सभ्यता, इस्लामी हुकूमत का मिज़ाज, ज़बान व तहज़ीब की रंगारंगी, भाषायी समस्याएँ, जंगे आज़ादी, देश-विभाजन, साम्प्रदायिक दंगे, सभी कुछ आ जाते हैं। उनकी फ़िक्र की उड़ान बेहद बुलन्द थी और विषय विभिन्न। अस्ल फ़िराक़ को समझना है तो लेख और लेक्चर्स के उस बिखरे हुए सरमाये (पूँजी) की तलाश की ज़रूरत है और उसे आज के परिप्रेक्ष्य में व्यवस्थित किये जाने की इससे भी ज़्यादा ज़रूरत है।

मेरे इस दावे का समर्थन करेगी फ़िराक़ साहब की एक छोटी-सी दुर्लभ और गुमनाम किताब 'हमारा सबसे बड़ा दुश्मन' जो लेखक को आगरे के एक व्यक्तिगत पुस्तकालय से प्राप्त हुई और जिसके बारे में मेरी अपनी खोज के ऐतबार से माहिरीने फ़िराक़ और वरसाए फ़िराक़ (फ़िराक़ के वारिस) में से किसी को इल्म नहीं कि फ़िराक़ साहब ने इस नाम और क़िस्म की भी किताब लिखी है।

अड़तालीस पृष्ठों पर आधारित, अज़ीजी प्रेस आगरा से प्रकाशित यह किताब 'संगम पब्लिशिंग हाउस', इलाहाबाद के ज़ेरे एहतेमाम प्रकाशित हुई। संगम पब्लिशिंग हाउस इलाहाबाद के बारे में कहा जाता है कि फ़िराक़ साहब को एक ज़माने में प्रकाशन कार्य का शौक़ हुआ। पैसा फ़िराक़ साहब की कमज़ोरी थी। वह पैसा कमाने के लिए अक्सर व्यापार के बारे में भी गम्भीरता से सोचा करते लेकिन जल्दी ही इस क़िस्म की योजनाएँ उनकी ना तजुर्बाकारी और ख़ास क़िस्म की तबीयत की ताब न लाकर दम तोड़ देतीं। इसी तरह 1950 ई० के इर्द-गिर्द उन्हें पब्लिशिंग हाउस के बारे में सूझी। चूँकि इस कारोबार से उनका इल्मी व अदबी मिज़ाज किसी हद तक मेल खाता था और ख़ुद उनकी किताबें धड़ाधड़ छपकर आने लगी थीं इसलिए यह कारोबार कुछ दिनों तक चलता रहा। इसी पब्लिशिंग हाउस के ज़ेरे एहतेमाम यह किताब प्रकाशित हुई। ज़ाहिर है कि जब यह किताब छपी होगी तो इसकी तादाद भी ख़ासी रही होगी। इधर-उधर बाँटी भी गयी होगी। फिर पता नहीं क्यों और कैसे शोधकर्ताओं व आलोचकों की नज़रों से यह किताब ओझल रही।

फ़िराक़ साहब ने अपने होश की ज़िन्दगी की शुरुआत शायरी और सियासत दोनों से किया। बीसवीं सदी की तीसरी, चौथी और पाँचवीं दहाई में हिन्दुस्तान सियासी और समाजी एतबार से किस तरह हिचकोलें खा रहा

था और किस अन्दाज़ से आज़ादी की लड़ाई लड़ रहा था, इसका अन्दाज़ा ख़ूब-ख़ूब लगाया जा चुका है। इस लड़ाई में हर तरह के लोग थे। शायर, अदीब, मुफ़क्किर, दानिशवर सभी शामिल थे। फ़िराक़ साहब का जोशीला ज़ेहन कैसे ख़ामोश रह सकता था। वह भी न सिर्फ़ शामिल हुए बल्कि पूरी तहरीक में गले तक उतर गये। जेल भी गये, दूसरी मुसीबतें भी बर्दाश्त कीं। ग़रज़ यह कि आज़ादी हासिल करने में अपनी योग्यता के अनुसार क़लम और ज़ेहन का ख़ूब योगदान दिया। आज़ादी से पहले आमतौर पर और आज़ादी के बाद ख़ासतौर पर जिस क़िस्म के साम्प्रदायिक दंगे हुए उसने पूरे मुल्क और दानिशवर तबके को बेहद प्रभावित किया। फ़िराक़ साहब की शख़्सियत एक दानिशवर और फ़नकार की मिली-जुली शख़्सियत थी। वह हिन्दू धर्म व सभ्यता पर गहरी नज़र रखते थे लेकिन वह परम्परागत और कट्टर हिन्दू न थे। इसी तरह उर्दू का अच्छा और बड़ा शायर होने और उर्दू तहज़ीब का मोही होने की वजह से उनको मुस्लिमपरस्त और उर्दू दोस्त या हिन्दू विरोधी नहीं कहा जा सकता। वह एक सच्चे हिन्दुस्तानी थे जिन्हें साम्प्रदायिकता से सख़्त नफ़रत थी। वह एक फ़नकार की हैसियत से इन्सान को सिर्फ़ और हिन्दुस्तान को एक प्रगतिशील आज़ाद हिन्दुस्तान की शक्ल में देखना चाहते थे। मुद्दतों और मुश्किलों के बाद आज़ादी मिली थी इसलिए इसको वह किसी तरह बरबाद और ख़राब हाल नहीं देख सकते थे। लेकिन अफ़सोस कि आज़ादी और क़यामे पाकिस्तान के बाद जिस तरह हिन्दू-मुस्लिम साम्प्रदायिक दंगे सर उठाने लगे उससे मुल्क को, सभ्यता को नुक़सान पहुँचने लगा। इसका अन्दाज़ा फ़िराक़ साहब को ख़ूब-ख़ूब था। वह हिन्दुओं से कहना चाहते थे कि अस्ल दुश्मन मुसलमान नहीं हैं, इसी तरह मुसलमानों के बीच से हिन्दुओं के ख़िलाफ़ ज़हर कम करना चाहते थे। वह कहना चाहते थे कि मज़हबी तंगनज़री और जुनून ही हमारा सबसे बड़ा दुश्मन है। यह किताब दो हिस्सों पर आधारित है। पहले हिस्से में फ़िराक़ साहब ने पूरी हिम्मत और निडरता के साथ हिन्दुओं और मुसलमानों को समझाने की कोशिश की है और जगह-जगह इनको मज़हब, उनकी तहज़ीब की अस्ल आत्मा दिखाने की कोशिश की है। साथ ही उन्होंने हिन्दुस्तान के सांस्कृतिक और आर्थिक इतिहास में इस्लाम और मुसलमानों का रोल दिखाकर हिन्दुओं को यह बताना चाहा है कि किस तरह उन्होंने मुल्क की आज़ादी में अपना खून दिया है। इसे आज़ाद कराने में कैसी-कैसी क़ुर्बानियाँ

दी हैं। अब आज अगर पाकिस्तान बन गया तो इसका यह मतलब नहीं कि हिन्दुस्तान में जो मुसलमान बच गये हैं वह हिन्दुस्तानी या वफ़ादार नहीं रह गये हैं। हिन्दू अगर उनके साथ ज़्यादती करते हैं तो इससे मुल्क को, हिन्दू मज़हब को कोई फ़ायदा नहीं पहुँचेगा बल्कि उल्टा नुक़सान होगा। एक जगह वह लिखते हैं....

> "हिन्दुस्तान की कई हज़ार पुरानी सक़ाफ़त (संस्कृति) जिस पर हम नाज़ करते हैं दुनिया की नज़र में कितनी गिरी हुई और दाग़दार समझी जाय अगर हमने मुसलमानों को यहाँ बसने और फलने-फूलने न दिया और हमारे मुक़ाबले में चीन और रूस ने ऐसा करके दिखाया तो हिन्दू सक़ाफ़त आईने में अपना भयानक रूप देखकर शर्मिन्दा होगी और फ़ख़्र से अपना सर ऊँचा न कर सकेगी।" (पृष्ठ 8-9)

वह कारोबार, तेजारत, रहन-सहन, रफ़्तार व गुफ़्तार ग़रज़ कि हर तरीके से मेल-जोल की बातें बताते हैं, और मुहब्बत व भाईचारा की फ़ज़ा पैदा करके नादानों को बार-बार समझाते हैं....

> "हिन्दू और सिख मुसलमानों को अपना सबसे बड़ा दुश्मन समझने के बदले फ़िरक़ावारियत से बचकर उस नये हिन्दुस्तान को बनायें, जहाँ हिन्दू, मुसलमान, सिख, ईसाई, पारसी सभी इज़्ज़त के साथ ज़िन्दगी बिता सकें और सबके लिए तरक़्क़ी करने के मवाक़े (अवसर) हों।" (पृष्ठ 13, 14)

वह फ़िरक़ावारियत को जिन शब्दों में याद करते हैं उसे भी देखते चलिये....

> "फ़िरक़ापरस्ती का जज़्बा और ख़यालात देखने में बहुत ख़ूबसूरत मालूम होते हैं मगर वह हमारे सबसे बड़े दुश्मन हैं। फ़िरक़ावारियत हमें डस लेगी। हम हिल के पानी भी न माँग सकेंगे। इस साँप का सूँघा हुआ लहर नहीं लेता है।" (पृष्ठ 21)

इन वाक्यों में फ़िराक़ साहब का दर्द व क़र्ब साफ़ झलका पड़ता है। किताब के दूसरे हिस्से में वह इसी अन्दाज़ से मुसलमानों को भी समझाते

हैं लेकिन समझाते हुए वह अपने-आपको मुसलमानों से अलग नहीं समझते। इसकी शुरुआत वह इन वाक्यों से करते हैं....

> "हम मुसलमानों को इस देश में आये हुए और बसे हुए एक हज़ार बरस का युग ख़त्म हो गया। जब तक इस देश में हमारे अच्छे दिन थे हम मुसलमान यहाँ के दूसरे धरमवालों के साथ ऐसा घुल-मिल गये थे जैसे सगे-सम्बन्धी मिल-जुल कर रहते हैं। दुनिया की तारीख़ में कई धरम माननेवालों के संगम की बहुत कम मिसालें मिलती हैं। मुसलमानों ने हिन्दू समाज और हिन्दुस्तान पर इतना अच्छा असर डाला कि मुसलमानों को हिन्दुओं के लिए वरदान माँगना पड़ा। लड़ाइयाँ भी होती रहीं लेकिन हर टकराव के बाद हिन्दुओं और मुसलमानों की जीवनधाराएँ और अच्छी तरह मिल जाया करती थीं। इस तरह एक मिली-जुली तहज़ीब इस देश में बनती रही और क़ौमियत का एक नया एहसास मुसलमानों के दिलों में पलता रहा। ज़बान अदब, फुनूने लतीफ़ा, रीति-रिवाज़, जज़्बात और हर बात में हिन्दू-मुसलमान एक-दूसरे पर इतना असर डाल चुके हैं, एक-दूसरे से इतना पा चुके हैं कि इस मेल-जोल को तोड़ा नहीं जा सकता।" (पृष्ठ 26, 27)

मुसलमानों को समझाते हुए उन्होंने जिस तरह इस्लाम की तस्वीर पेश की है उससे उनकी इस्लाम से मुहब्बत का अन्दाज़ा लगाया जा सकता है। एक जगह वह लिखते हैं....

"इस्लाम हिन्दू धरम या ईसाइयत या मज़ाहिरपरस्ती के ख़िलाफ़ जेहाद नहीं था बल्कि ग़ैर मोहज़्ज़ब (असभ्य) ज़िन्दगी की मुख़ालिफ़त (विरोध) था। इस्लाम ने यह कभी नहीं कहा था कि कलमा पढ़नेवाले मुसलमानों के अलावा दुनिया की दूसरी सब क़ौमें ख़राब या ग़ैर मोहज़्ज़ब हैं और वह इस्लाम को समझने से क़ासिर (असमर्थ) हैं। यही बात मुसलमानों में वह लोग नहीं समझते जिनकी निगाह तंग है। उन्हें तो इस बात की पड़ी है कि दुनिया की ढाई अरब आबादी चाहे जैसा जीवन बिताये लेकिन कहे अपने-आपको मुसलमान, इस्लाम संसार में इसलिए हरगिज़ नहीं आया था कि संसार के सौ फ़ीसद इन्सानों या दुनिया के ज़्यादातर इन्सानों से यह कहलाये कि हम क़लमा पढ़नेवाले मुसलमान हैं। इस्लाम आया था इसलिए

कि दुनिया के सौ फ़ीसद इन्सान यह कहें कि हम भले और नेक हैं और हमें ज़ात, धरम और देश का फ़र्क सोचे बग़ैर इन्सान से प्रेम है।

हम मोअहिहद हैं हमारा केश है तर्के रसूम
मिल्लतें जब मिट गयीं अज्ज़ाए ईमाँ हो गयीं (ग़ालिब)

और इन क़ौमियतों के मिटने पर यह हरगिज़ ज़रूरी नहीं कि जो एक इन्सानी समाज संसार में बन जाय वह इस्लामी ही कहलाये या हिन्दुस्तानी कहलाये। ग़ालिब के शेर में ईमान का जो लफ़्ज़ आया है उसका मतलब यह नहीं है कि ईमान वही चीज़ है जिसे मुसलमान समझते हैं और जिसे ग़ैर मुस्लिम समझ ही नहीं सकते।'' (पृष्ठ 39, 40)

आख़ीर में वह पते की बात कहते हैं....

''फ़िरक़ापरस्ती हिन्दू, हिन्दू क़ौम के लिए ख़तरनाक है। मुसलमान के लिए इतना ख़तरनाक नहीं है। फ़िरक़ापरस्त मुसलमान फ़िरके के लिए ज़्यादा नुक़सान पहुँचानेवाला है, हिन्दू के लिए इतना नहीं और यही हाल फ़िरक़ापरस्त सिख, फ़िरक़ापरस्त पारसी, फ़िरक़ापरस्त एंग्लो इण्डियन, फ़िरक़ापरस्त ईसाई का है। ये सब अपनी जान के दुश्मन हैं।'' (पृष्ठ 46, 47)

और आख़ीर में फ़िराक़ साहब अपने विशेष अन्दाज़ में किताब ख़त्म करते हैं....

''दुनिया इतनी बड़ी है कि एक धरम के सँभाले नहीं सँभल सकती। अगर हम यह बात मान भी लें कि हिन्दू सफ़ाक़त (संस्कृति) मुस्लिम सक़ाफत, बौद्ध सक़ाफ़त, बड़ी-बड़ी सक़ाफ़तें होते हुए भी एक दूसरे से कुछ अलग हैं तो भी संसार को उस लगाव की ज़रूरत है जो इस्लामी ग़ैर इस्लामी सक़ाफ़तों से मुतास्सिर नहीं हुआ वह इस्लाम से कम मालामाल रहेगा जो ग़ैर इस्लामी सक़ाफ़तों से मुतास्सिर हुआ है।'' (पृष्ठ 47)

इन ख़यालात से कोई विरोध तो कर सकता है लेकिन फ़िराक़ की नियत पर शक हरग़िज नहीं कर सकता। आज़ादी से लेकर इस वक़्त तक दंगों के विरोध में और राष्ट्रीय एकता के समर्थन में इतना कुछ लिखा जा चुका है कि अब यह सब पुराना, जंग आलूदा और पिटा-पिटाया-सा लगता

है लेकिन ग़ौर कीजिये कि 1950 ई0 के इर्द-गिर्द फ़िराक़-जैसे ग़ज़ल के शायर की क़लम से इस तरह की निडर बातें निकलना कोई मामूली बात न थी।

इस किताब का एक बेहद अहम् पहलू इसकी ज़बान है जिसे ख़ालिस हिन्दुस्तानी कहा जा सकता है। जिसमें उर्दू के साथ-साथ बोलचाल के अनगिनत हिन्दी शब्द शऊरी तौर पर इस्तेमाल किये गये हैं जो फ़िराक़ साहब की हिन्दीदानी का सबूत तो पेश करते ही हैं साथ ही विषय से अनुकूलता भी पैदा करते हैं। इस क़िस्म की ज़बान मेरी जानकारी के अनुसार शायद कम या नहीं के बराबर इस्तेमाल की गयी है। फ़िराक़ साहब के बारे में कम-से-कम हिन्दीवालों के ज़ेहन में यह ख़याल आम रहता है वह जितने उर्दू के समर्थक थे उससे ज़्यादा हिन्दी के विरोधी थे। जबकि यह बात पूरे तौर पर सच नहीं है। उन्होंने बार-बार अपने लेक्चरों में यह बात कही है कि वह हिन्दी के विरोधी हरगिज़ नहीं हैं बल्कि वह संस्कृतनिष्ठ और बोझिल हिन्दी के ख़िलाफ़ हैं। कुछ पक्षपात हिन्दीवाले इस संस्कृत की तरफ़ ले जाने की कोशिश में ऐसा करते हैं और अस्ल हिन्दी के साथ ज़्यादती करते हैं। यह किताब इस बात का प्रत्यक्ष प्रमाण है कि उन्होंने हिन्दी ज़बान के अच्छे और उचित शब्द इस्तेमाल किये हैं जो किसी तरह बोझिल नहीं बन सकते और यही उनकी शायरी का भी इम्तेयाज़ी पहलू है।

फ़िराक़ साहब उन खुशनसीब या बदनसीब लोगों में थे जिन्हें उर्दू का एक अच्छा और बड़ा शायर स्वीकार किया गया लेकिन साथ ही उन्हें अक्सर व बेशतर हिन्दू शायर समझा जाता रहा। नियाज़ फ़तेहपुरी ने अपने लेख के शीर्षक के ज़रिये कुछ ऐसे ही रुझान को परवान चढ़ाया। कुछ लोगों में वह हमेशा शक की निगाह से देखे गये। यह ख़याल हमेशा आम रहा कि अगर वह हिन्दू न होते तो वह इतने बड़े शायर न थे कि उनकी प्रशंसा की जाती और उन्हें यह स्थान दिया जाता। दूसरी तरफ़ कट्टर हिन्दुओं के लिए यह बात हमेशा अफ़सोसनाक रही है कि उनकी अपनी क़ौम का आदमी न सिर्फ़ यह कि उर्दू ज़बान में शायरी कर रहा है बल्कि अक्सर वा बेशतर हिन्दी ज़बान के ही नहीं बल्कि हिन्दू सभ्यता के ख़िलाफ़ भी ज़हर उगलता रहता है। फ़िराक़ साहब की शख़्सियत से सम्बन्धित उनके ये विरोधी पहलू उनकी ज़िन्दगी में भी विवादित रहे और आज भी हैं लेकिन अगर गहरी नज़रों से उनकी शख़्सियत का जायज़ा लिया जाय तो सच बात यह नज़र आयेगी कि फ़िराक़ साहब हिन्दुस्तानी ज़बान की जिस मिली-जुली तहज़ीब

(सभ्यता) के रसिया और अलमबरदार थे ख़ुद उनकी ज़ात उसका एक जीता जागता नमूना थी। उनकी शख़्सियत में भाषायी एकता, भावनात्मक एकता, और गंगा-जमुनी तहज़ीब जिस क़दर रच-बस गयी उसकी मिसाल कम ही देखने को मिलती है। जिस साम्प्रदायिकता के खिलाफ़ वह ज़िन्दगी भर लड़ते रहे, नफ़रत करते रहे, उसके ख़िलाफ़ ख़ुद उनकी शख़्सियत एक यादगार मिसाल थी लेकिन अफ़सोस कि फ़िराक़ साहब की शख़्सियत के इस पहलू को उनकी कुछ लापरवाहियों के आगे पनपने का मौक़ा नहीं मिला और हिन्दुस्तान के तंगनज़र और पक्षपाती माहौल में उनकी मुफ़क्क़िराना क़लन्दराना शख़्सियत को आज तक ठीक से नहीं समझा जा सका। वह हमेशा इस शेर के प्रमाण रहे....

ज़ाहिदे तंग नज़र ने मुझे काफ़िर जाना
और काफ़िर ये समझता है मुसलमाँ हूँ मैं।

आज के सुलगते हुए माहौल में कि जहाँ फ़िरक़ावारियत एक बार फिर अपने बाल व पर खोल चुकी है और लोगों के दिमाग़ और दिल में घर कर चुकी है और जहाँ दानिशवर तबक़ा अपना इल्मी और इन्सानी फ़र्ज भूलकर अपनी इज़्ज़त व आबरू बचाने की ख़ातिर तक़रीबन गोशानशीन हो चुका है फ़िराक़-जैसे दानिशवर की ऐसी तहरीरों को नये अन्दाज़ से पाठक और आलोचक के सामने लाने की ज़रूरत है।

◆◆◆

कुछ फ़िराक़ की नज़्मों के बारे में

यह सच है कि फ़िराक़ साहब बुनियादी तौर पर ग़ज़ल के शायर थे लेकिन वह बहुत अच्छे नज़्मनिगार भी थे और इससे भी अच्छे आलोचक और बड़े दानिशवर, लेकिन हमारे यहाँ एक अजीब परम्परा रही है कि हर फ़नकार बुनियादी हैसियत से ही पहचाना गया बाक़ी हैसियतें चाहे वह कितनी ही अहम् क्यों न हों दूसरे नम्बर की चीज़ें समझी गयीं। इस सिलसिले में प्रोफ़ेसर वहीद अख़्तर ने अच्छी बात कही है.....

"उर्दू तनक़ीद की यह रिवायत (परम्परा) रही है कि शायर और अदीब को उसके मख़्सूस गोशए तहरीर (विशेष लेखनी का क्षेत्र) के आईने में देखा जाता है। अगर कोई शायर ग़ज़ल, नज़्म, रूबाई वग़ैरह सभी कुछ कह लेता है तो उसके सारे क़लाम का इजमाली (संक्षिप्त) जायज़ा लेकर यह फ़ैसला कर दिया जाता है कि फ़लाँ शायर ग़ज़ल का शायर है और फ़लाँ शायर नज़्म का और उसके बाद जब भी उस शायर का ज़िक्र होगा तो उसको मख़्सूस सिन्फ़ (विशेषविधा) की रोशनी में देखा जायगा।"

साहित्य में पूरी हैसियत से देखने और समझने की ज़रूरत हुआ करती है। हम फ़िराक़ की नज़्मों को जगह-जगह उनकी ग़ज़लों से और कहीं-कहीं उनकी ग़ज़लों को भी उनकी नज़्मों से अलग करके नहीं देख सकते क्योंकि इन सबके पीछे पूरी हैसियत से उनकी रचनात्मक और दानिशवराना हैसियत काम करती दिखायी देती है। कहीं-कहीं तो उनके अन्दर का अध्यापक, शोधकर्ता और आलोचक भी बोलता नज़र आता है। इसी लेख में आगे चलकर वहीद अख़्तार ने यह भी कहा.....

"मुझे फ़िराक़ की ज़िन्दगी का सबूत इसमें मिलता है कि वह निस्फ़ सदी (आधी सदी) के हर मोड़ पर अपनी शायरी को मोड़ देते हैं। न सिर्फ़ अपनी शायरी बल्कि पूरी हम अस्री (समकालीन) शायरी को नये लहजे, नयी तहों और ताज़ातर इम्कानात (सम्भावनाओं) को समझते और समझाते रहे हैं। यही सबब है कि वह अपने से कम उम्र असातज़ा (उस्तादों) नज़्म व ग़ज़ल के मुक़ाबले में आज तक नये हैं।"

कोई चाहे तो वहीद अख़्तर के इन ख़यालात से विरोध भी कर सकता है कि हमारे यहाँ सिर्फ़ अपनी पसन्द वा नापसन्द के हवाले से बिला वजह विरोध करने की पुरानी आदत रही है। विरोध पर भी ग़नीमत है कि इससे फ़िक्र वा ख़याल की नयी राहें और दिशाएँ खुलती हैं लेकिन इन्कार और फ़ैसला करनेवाला इज़हार...यह रवैया फ़िराक़ के सिलसिले में भी रहा, ख़ासतौर पर उनकी नज़्मनिगारी के सम्बन्ध में। ऐसा आलोचनात्मक काम इन आलोचकों ने ज़्यादा अपनाया जो नज़्म को भी ग़ज़ल के विशेष सौन्दर्यात्मक परिप्रेक्ष्य और सभ्यतात्मक भूमिका में देखते हैं.....ज़रा आगे भी बढ़े तो बस फार्म और ज़बान व बयान के हवाले से बात कर ली। हालाँकि यह सब चीज़ें भी अहमियत रखती हैं इसलिए फ़िराक़-जैसे मुफ़क्किर और दानिशवर अंग्रेजी के प्रोफ़ेसर.....हिन्दू और हिन्दुस्तानी सभ्यता में रचे-बसे स्कालर को सिर्फ़ फार्म और अक्षर व शब्द में क़ैद नहीं किया जा सकता। इसके लिए पहले हमें फ़िराक़ के ख़यालात, मुल्क व समाज के हालात और विभिन्न परिवर्तनों व कल्पनाओं को समझना होगा, और इस वजह को भी तलाश करना होगा कि ग़ज़लगोई में अपना विशेष स्थान पा लेने के बावजूद फ़िराक़ नज़्म कहते हैं और ख़ूब कहते हैं।

फ़िराक़ के बचपन के बारे में बहुतों ने लिखा है खुद फ़िराक़ ने भी लिखा है कि मैं यहाँ उन्हें दोहरा□ऊँगा नहीं अलबत्ता इन बातों की तरफ़ ध्यान ज़रूर दिलाऊँगा जिसने उनको ग़ज़ल तक सीमित नहीं रहने दिया। पिता के शायर होने और उनकी मस्नवी हुस्ने फ़ितरत के लोकप्रिय होने का एहसास फ़िराक़ को पहले से था। फ़िराक़ के बड़े फूफीज़ाद भाई बाबू राज किशोर 'सहर' गुलज़ारे नसीम के टुकड़े जादुई अन्दाज़ में सुनाते फ़िराक़ की नज़रें नज़्मों के उन टुकड़ों पर ही टिकतीं जो उनके बचपन की मनोदशा में अहम रोल अदा करतीं। फ़िराक़ खुद कहते हैं...

> "अगर कोई शेर या नज़्म का कोई टुकड़ा ऐसा हाथ आ जाता जिसमें बचपन के शऊर के मुताबिक मुझे रस और तरन्नुम मिले तो वह चीज़ें मेरे दिल में ख़ामोशी से उतर जातीं और शऊर पर मँडलाती थीं। मैं खेलते-खेलते इन नग़मों में खो जाता था और बसा औक़ात (कभी-कभी) अपने साथियों और हमजोलियों में इन मौक़ों पर अपने-आपको तन्हा महसूस करता था।"

और आगे वह लिखते हैं....

"जब मैं सतरह-अठारह बरस का हुआ तो कालेज में आ चुका था। उर्दू शायरी से मेरी दिलचस्पी अगरचे मुस्तक़िल ज़ौक (स्थायी शौक़) बन चुकी थी लेकिन फिर भी अंग्रेज़ी अदब व फ़लसफ़ा और ख़यालात, वाक़यात और मेयारेहयात (जीवन स्तर) जो आफ़ाक़ी कल्चर का जुज़्व (हिस्सा) बन चुके थे। मेरे मुतालया और ग़ौर वा फ़िक्र का मौज़ूँ (विषय) बन रहे थे।"

गोरखपुर में मजनूँ गोरखपुरी, बनारस में प्रेमचन्द और इलाहाबाद में एज़ाज हुसैन और एहतेशाम हुसैन और उसके बाद सज्जाद ज़हीर से मुलाक़ात....तरक़्क़ीपसन्द तहरीक से सम्बन्ध......उनके अन्दर के मुफ़क्किर वा दानिशवर को उभारती रही और रचनात्मक और उत्साहयुक्त दायरे को विस्तृत करती रहीं। वह साफ़ कहते हैं.....

"मैं तंगनज़री का कभी शिकार नहीं हुआ। मैंने महदूद (सीमित) मज़ाक़ को और हलक़ाबन्दियों को अपने मिज़ाज और अदबी मक़सद के मुताबिक़ कहीं नहीं पाया। उर्दू नस्र व नज़्म में आज यक सुरापान नहीं रहा। अदबी मेयारों (साहित्यिक स्तर) और हक़ीक़ी अदबी मक़सदों को ठेस पहुँचाये बग़ैर इसकी ज़रूरत है कि आज हम अदब के मामलात में वसीअ उल मशरब (उदार मस्तिष्क) हो जायँ। यही नहीं बल्कि शायर का फ़र्ज़ है कि वह तमाम अदबी तहरीकों से मुतास्सिर और उनके ज़िन्दा अनासिर (तत्वों) को अपनी शायरी में जज़्ब (शोषित) करता रहे।"

'रूहे-कायनात' की भूमिका में वह साफ़ तौर पर कहते हैं.....

"इस मजमुअए क़लाम (काव्य-संग्रह) में 1926 ई० से लेकर अब तक कही हुई मेरी तमाम नज़्में शामिल हैं। ये नज़्में मेरी ग़ज़लगोई के वक़्फ़ों (अन्तराल) में कही गयी हैं। 1931 ई० तक की नज़्में इस ज़माने की यादगार हैं। जब उर्दू अदब की तारीख़ में वह नयी तहरीक पैदा हुई थी जिसका ताल्लुक़ तरक्क़ीपसन्द अदब से है। 1931 ई० से चार बरस तक मैंने सिर्फ़ ग़ज़लें कहीं फिर 1935 ई० में तरक़्क़ीपसन्द अदब की तहरीक शुरू हुई और उस वक़्त से 1942 ई० तक की नज़्में सियासी, समाजी और इन्क़लाबी असरात व रुझानात की हामिल हैं। इन नज़्मों में मेरा यह मेयार (स्तर) व मक़सद रहता है कि उस दौर की नुमाइन्दगी और उसकी रुहानी

कशमकश (आत्मिक सन्देह) की तर्जुमानी करते हुए भी यह नज़्में वक़्ती हंगामी और सहाफ़ाती (पत्रकारिता) हो कर न रह जायें बल्कि मानवियत और अबरियत (अर्थपूर्ण और शाश्वत) ही हामिल हो सकें। इन नज़्मों की दाख़िली इशारियत मेरे नज़दीक सबसे अहम ख़ूसूसियत है।''

कितने व्यक्ति और कितने विचार शामिल होते हैं एक फ़नकार के निर्माण में। वह तरक़्क़ीपसन्द तहरीक से जुड़ते हैं और तहरीके आज़ादी से भी। पार्टी, जेल, दफ़्तर, कान्फ्रेन्स सभी-कुछ इस हिस्से में आते हैं। फिर उसका जागरूक और संवेदनशील दिमाग़ उनसे अलग भी होता है। आन्दोलनों से जुड़ता भी है लेकिन उसके शान्ति, ठहराव या तीव्रता का हिस्सा भी नहीं बनता। अंग्रेज़ी साहित्य का अध्यापक होता है और अंग्रेज़ी की रोमानी शायरी से इस हद तक प्रभावित होता है कि अक्सर ने उसकी ज़्यादातर रोमानी नज़्मों को अंग्रेज़ी शायरी की नक़्ल कहा....लेकिन यह पूरा सच नहीं है क्योंकि वह नज़्में किसी और वजह से ही कह रहे थे। उनको अक्सर यह शिकायत रही है कि उर्दू शायरी में हिन्दुस्तानी सभ्यता व हिन्दुस्तानी फ़िक्र नहीं रही है या बहुत कम रही है। इसलिए ख़ासतौर से नज़्में कहीं ताकि इस कमी को पूरा कर सकें और फ़िराक़ इसमें बड़ी हद तक कामयाब भी हुए। ग़ज़ल में भी उन्होंने इस कमी को पूरा करने की कोशिश की लेकिन उनका यह भी ख़याल है कि सभ्यता का जिस क़दर पूर्ण प्रतिबिम्ब नज़्म में मुम्किन है शायद ग़ज़ल में मुम्किन नहीं। उनका यह भी ख़याल था कि क्रमिक विकास या किसी ख़ास कैफ़ियत का एक निरन्तर विकास कि वह पाठक के इन्द्रियों पर छा जाय या किसी खास वातावरण की रचना ग़ज़ल के ज़रिये मुम्किन नहीं। इसके लिए ज़्यादा उचित नज़्म है। ये ख़यालात किसी तहरीक या विचार के तहत नहीं थे। बल्कि अपनी तबीयत की पैदावार और अपने अध्ययन व अवलोकन के तहत उभरे थे। यही वजह है कि उन्होंने शुरू से ही ग़ज़लों के साथ-साथ नज़्में कहीं। उनके पहले संग्रह 'रूहे कायनात' में ग़ज़लों के मुक़ाबले नज़्में ज़्यादा हैं। एक लेख 'मेरी ज़िन्दगी मेरी शायरी' में वह लिखते हैं....''मैं अभी फ़िराक़ नहीं हुआ था। मेरी शायरी की कुल कायनात पाँच-सात ग़ज़लें थीं और कुछ नज़्में.... ।''

ग़ज़लों के हवाले से आमतौर पर उन्हें इश्क़िया जज़्बात का शायर कहा गया है और यह सच भी है कि फ़िराक़ इश्क़ वा मुहब्बत के शायर थे लेकिन

उनका इश्क़ फ़ानी, हसरत, जिगर वग़ैरह से बहुत अलग था। 'मिशअल' की भूमिका में इस सिलसिले में उन्होंने बेहद सार्थक बातें की हैं....

"मेरी शायरी क़रीब-क़रीब तमामतर इश्क़िया शायरी रही है। इश्क़िया शायरी के लिए यह काफ़ी नहीं कि शायर एक इन्सान की हैसियत से औरों की बनिस्बत ज़्यादा शदीद (तीव्र) और देरपा ज़्यादा लतीफ़ और रंगीन जिन्सी और रोमानी जज़्बात रखता हो। उर्दू शायर की हैसियत से ऐसे जज़्बात को शेर के सांचे में ढाल सकने की सलाहियत (योग्यता) रखता हो। बअल्फ़ाज़ दीगर (दूसरे शब्दों में) इश्क़िया शायरी के लिए महज़ आशिक़ होना और शायर होना काफ़ी नहीं महज़ नेक या रक़ीकुल्क़ल्ब (नरमदिल) होना काफ़ी है। महज़ जज़्बाती आदमी और महज़ माकूल आदमी भी काफ़ी नहीं। दाखिली और ख़ारजी मुशाहिदा (अवलोकन) भी काफ़ी नहीं। इनसिफ़ात के अलावा पुरअज़मत इश्क़िया शायरी के लिए यह ज़रूरी है कि शायरी की दरकी जमालियाती या विजदानी और एख़लाक़ी दिलचस्पियाँ वसीअ (विस्तृत) हों, उसकी शख़्सियत एक वसीअ ज़िन्दगी और वसीअ कल्चर की हामिल हो, उसका दिल वा दिमाग़ पुर हो, उसके शऊर की थरथराहटों में आफ़ाक़ियत (विस्तार) हो।"

फ़िराक़ पर जिन्सज़दगी या जिन्सियत (कामुकता) का भी इल्ज़ाम रहा है। इस सम्बन्ध में भी उनके ख़यालात अध्ययन कीजिये....

"जिन्सियत महज़ जिन्सियत से मुकम्मल (पूरी) नहीं होती। आफ़ाक़ अपनी ख़ारिजियत और दाखिलियत के साथ जब जिन्सियत में सिहर उठती है जब कहीं पुरअज़मत (महान्) इश्क़िया शायरी की लय जनम लेती है।"

एक और जगह लिखते हैं......

"मेरा यह ख़याल रहा है कि सच्ची और पुरअज़मत इश्क़िया शायरी 'इश्क़' की सच्चाइयों और अज़मतों की शायरी है और जमाले इन्सानी के एहसासात की शायरी है न कि आये दिन उनकी तकलीफ़ों की फ़ेहरिस्त (सूची) है जो माशूक़ के हाथों आशिक़ को होती हैं।....मुहब्बत में ज़ाती दुःख-सुख को तख़य्युल (कल्पना) की कीमिया (रसायन) से अज़मतें और क़द्रें मिलती हैं और तख़य्युल भी महज़ इन्फ़ेरादी (व्यक्तिगत) नहीं बल्कि किसी बुलन्द क़ौमी कल्चर की तख़य्युल कल्चर के ये नाजुक मुक़ामात वहाँ हैं जहाँ इश्क़िया शायरी बयक़ वक़्त आपबीती और जगबीती होते हुए इन

दोनों मंज़िलों से गुज़र जाती है। ज़माँ व मकाँ की इस ख़मीदगी में दुःख-सुख का नया जनम होता है और नया जनम जो एक अज़ीम कल्चर ज़ाती दुःख-सुख को देता है। मैं महज़ अपने दिल वा दिमाग़ के बूते पर इश्क़िया शायरी करना काफ़ी नहीं समझता...मेरा यह अक़ीदा रहा है कि इश्क़िया शायरी करने के लिए महज़ दिल वा दिमाग़ की ज़रूरत नहीं है बल्कि ऐसे दिल व दिमाग़ की ज़रूरत है जिसे कल्चर ने रचाया और सजाया हो। यहाँ इक्तेसाबे फ़न (कलात्मक प्रयत्न) की बनिस्बत इक्तेसाबे तहज़ीब की ज़रूरत ज़्यादा है। शायरी में इसी चीज़ को मैं नज़र कहता हूँ।"

सिर्फ़ ज़बान व बयान और अक्षर व शब्द को सब-कुछ समझनेवालों को फ़िराक़ के ये ख़यालात भी अध्ययन करने चाहिए...

"आलाप में अल्फ़ाज़ (शब्द) नहीं होते न लय में अल्फ़ाज़ होते हैं। न ताल सुम में सलासत (सरलता, धीमापन), फ़साहत (लेखन-शैली), रवानी (प्रवाह), बुलन्द आहंगी, तरन्नुम, नग़मगी इन सबके अलावा आवाज़ की गहराइयाँ और तहें होती हैं। इनका वज़न होता है, एक गूँज होती है और यह सब कैसा भी हो यह भी इस पर मुनहसिर (आधारित) है कि शायर के विजदान (उत्साह) में किस अन्दाज़ से और किस हद तक किन करवटों में आफ़ाक़ी क़ल्चर साँस ले रहा है।"

जीवन, समाज, सभ्यता, संस्कृति, समाजवाद वग़ैरह की अहमियत फ़िराक़ के नज़दीक क्या थी और इन सबकी महानता और अहमियत के किस क़दर क़ायल थे। जज़्बात और कायनात, मुहब्बत और आफ़ाक़ियत के बीच बाहरी और आन्तरिक रिश्ते किस क़िस्म के होते हैं और एक शायर और फ़नकार के दरम्यान कैसे होने चाहिए इसका दानिशवराना और मुफ़क्किराना इज़हार उन्होंने जा बजा किया है। इनकी किताब उर्दू की इश्क़िया शायरी, अन्दाजे, मन आनम वग़ैरह में पढ़े और समझे जा सकते हैं। उन्होंने अपने न जाने कितने इण्टरव्यूज़ और लेक्चरों में भी इन बातों पर सार्थक विचारयुक्त इशारे किये हैं...लेकिन इन सब पर हावी है इश्क़ जो अक्सर जज़्बा की शक्ल में कम फ़लसफ़ा की शक्ल में ज़्यादा सामने आता है। क्योंकि इनका ख़याल है कि इश्क़ की सरमस्ती वा सरशारी के बग़ैर आला-से-आला ख़यालात में भी जलन व पिघलन पैदा नहीं हो सकता और उन सब लेखों के ज़रिये इश्क़ का केन्द्र बिन्दु भी विस्तृत होता है और इश्क़ सिर्फ़ जिन्सियत वा उदासी, असन्तोष और वंचितता की अभिव्यक्ति तक

सीमित न रहेगा। यही वजह है कि फ़िराक़ ग़ज़ल में मेहरबानी को मुहब्बत स्वीकार करने को तैयार नहीं और नज़्म में अपनी सियासी और समाजी ज़िन्दगी के क़ैद वा बन्द का रोना नहीं रोते बल्कि इनके हवाले से अपनी ज़ेहनी विस्तार और तरक़्क़ी पानेवाले शऊर व विजदान का ज़िक्र बार-बार करते हैं। वह यह भी नहीं भूलते कि उन्होंने जब होश व हवास की आँखें खोलीं तो उस वक़्त उनके पिता थे जो जल्दी ही इन्तेक़ाल कर गये और फ़िराक़ कम उम्री में ही परेशान हो उठे...लेकिन यह वक़्त भी था जब सारा हिन्दुस्तान हर सतह पर नये समाजी और क़ौमी शऊर से दो-चार था। उस युग में या उस सदी में जितने बदलाव हो रहे थे उससे पहले नहीं हुए थे। मुल्क आज़ादी की जंग लड़ रहा था। फ़िराक़ इस जंग में भी बराबर से शरीक थे। यही नहीं वह दुनिया में होनेवाली जंगों और इन्क़लाब पैदा करनेवाले परिवर्तनों से वाक़िफ़ थे। एक इण्टरव्यू में एक सवाल का जवाब देते हुए कहते हैं....

"दुनिया एक आलमगीर जंग से दो-चार है। मेरा मतलब उस जंगे-अज़ीम (विश्वयुद्ध) से है जिसकी लगायी आग से दुनियाभर में अब तक धुआँ उठ रहा है। दुनिया जब से वजूद में आयी है शायद चन्द चीज़ में अब पहले मुम्किन हुई है मस्लन एख़लास (सच्चाई) को दूसरे से मिटा देना। तालीम और आज़ादी का आम हो जाना। घरेलू और समाजी ज़िन्दगी का सौ फ़ीसदी आदमियों के लिए खुशगवार बन जाना। इन्हीं मक़सदों को पूरा करने के लिए आज ढाई अरब इन्सान बेचैन हैं। जब ऐसा समाज बन चुकेगा जिसमें आराम और रोशनी आम होगी उस वक़्त ज़िन्दगी देनेवाली शायरी और फ़ुनूने लतीफ़ा (Fine Arts) के दूसरे मशाग़िल (कार्य) और महवियतें (व्यस्तताएँ) भी हमारी ज़िन्दगी को शादाब (हरा-भरा) बनायेंगी। अभी तो ज़िन्दगी, ज़िन्दगी हो ही नहीं सकी है फिर इस पर यह हुक्म लगाना कि ज़िन्दगी क़ैदे ग़म है कुछ क़ब्ल अज़ वक़्त (समय से पहले) मालूम होता है।"

देखिये आलमगीर जंग को उन्होंने किस तरह फ़लसफ़ए हयात से जोड़ दिया। क़ैदे ग़म की भी सार्थक व्याख्या कर दी। इसी तरह से समाजवाद का इस्तेमाल करते हुए एक नहीं कई जगहों पर व्याख्या और उसके असरात क़बूल करते हुए बेहिचक स्वीकार किये हैं। इन अनुभवों और विचारों से तो वह बाद में दो-चार हुए लेकिन उनकी नज़्मनिगारी जैसा कि कहा गया शुरू

से ही उनके फ़िक्र वा शऊर का हिस्सा थीं और उनकी उदारता का रचनात्मक हवाला ...इसकी एक वजह यह भी हो सकती है कि फ़िराक़ के युग में इक़बाल-जैसे महान नज़्म के शायर थे जिनकी चारों तरफ़ तूती बोल रही थी और वह एक ऐसे बुलन्द ख़याल शायर थे जिनका इश्क़ कमज़ोर सदियों और परम्परागत हदों से निकलकर इन्सान और इन्सानियत, हयात वा कायनात की सरहदों को छू रहा था और वह एक नये समाजी, क़ौमी और तहज़ीबी शऊर से लैस होकर ज़िन्दगी, ज़िन्दादिली, अक़्ल वा अमल का बिगुल फूँक रहे थे और एक पैगम्बराना हैसियत हासिल कर रहे थे या कर चुके थे। जोश या फ़िराक़ इक़बाल की महानता के उस तरह क़ायल हों या न हों जिस तरह से कि ज़माना था लेकिन अज़मते इन्सानी, अक़्ले इन्सानी और अमले इन्सानी के जो तार्किक व अक़्ली विचार इक़बाल ने पेश किये थे जोश का इन्सान और फ़िराक़ का विजदान (उत्साह) उससे प्रभावित हुए बग़ैर न रह सका। यह अलग बात है कि इन दोनों की अपनी-अपनी विशेष फ़नकारी, समझदारी और विजदानी सूरतों ने तस्वीरें बदल-सी दी हैं। ज़बान और शैली के विशेष रचनात्मक इस्तेमाल ने भी तमीज़ व फ़र्क़ में मदद की। यह ज़रूरी भी था वरना रचना नक़ल के आगे सर झुका देती।

फ़िराक़ की नज़्मों की संख्या उनकी ग़ज़लों के मुक़ाबले बहुत कम है लेकिन इतनी ज़रूर है कि अस्ल फ़िराक़ को समझने के लिए उनका अध्ययन आवश्यक होगा और कुछ नज़्में तो ऐसी हैं कि जिनकी गिनती फ़िराक़ की ही नहीं उर्दू की अच्छी नज़्मों में की जाती है। मसलन! आधी रात, परछाइयाँ, जुगनूँ, शामे अयादत वग़ैरह, लेकिन वह नज़्में जिनमें इंक़लाब, मार्क्सवाद और तरक़्क़ीपसन्द नज़रियात का ज़िक्र निस्बतन ज़्यादा है इन नज़्मों को अक्सर कमज़ोर नज़्में कहा गया। खुद तरक़्क़ीपसन्द आलोचकों ने भी नहीं बख़्शा। डॉ. अफ़गान उल्लाह कहते हैं...

"फ़िराक़ की ये नज़्में जिन्हें हम इश्तेराकी या तरक़्क़ीपसन्द नज़्में कहते हैं फ़न्नी और फ़िक्री दोनों लिहाज़ से उनकी दूसरी नज़्मों से कमज़ोर और कम हैसियत है। ये नज़्में फ़नकाराना रंग और रौग़न से बड़ी हद तक महरूम (वंचित) हैं।"

अली सरदार जाफ़री का भी ख़याल है कि....

"इधर कोई दो साल से फ़िराक़ ने अमेरीकी बंजारानामा क़िस्म की जो शायरी शुरू की है वह फ़िराक़ के नाम से गवारा नहीं हो सकती। आसान

शायरी और जनता की शायरी करने का यह मतलब नहीं है कि शायरी के सारे लवाज़मात (आवश्यक) ताक़ पर रख दिये जायँ।"

सरसरी तौर पर ये ख़याालात सही हो सकते हैं कि उर्दू शायरी में काफ़ी समय तक जिस क़िस्म की ग़ज़ल तरन्नुम शैली व आहंग का दौर दौरा रहा है और जिसने आगे बढ़कर बाक़ायदा एक सभ्यतात्मक स्कूल की शक्ल धारण कर ली हो और उस स्कूल के पीछे बाक़ायदा सभ्यतात्मक और स्तरता का जज़्बा काम करता रहा हो वहाँ रंग वा रौग़न की बात सही ही लगेगी वरना सवाल यह है कि रंग वा रौग़न से अर्थ क्या है। इसी तरह से शैली व स्वर, ग़ज़लियत व तरन्नुम से सम्बन्धित सवालात, क़ायम किये जा सकते हैं। जिस तरह ज़िन्दगी रंगारंग और बहुमुखी है उसी तरह अदब और शायरी के भी विभिन्न रंग और दिशाएँ हुआ करती हैं। शायरी का अगर कोई समाजी मन्सब है और वह इन्क़लाबे दुनिया से गहरा और अन्दरूनी रिश्ता रखती है तो फिर वह हर वक़्त इश्क़ व मुहब्बत के सस्ते राग नहीं अलाप सकती क्योंकि ज़िन्दगी अपने-आप में कहीं नग़मा है कहीं अलाप और कहीं चीख़ व पुकार। शायरी में अगर कहीं मधुर शब्द की ज़रूरत पड़ती है तो कहीं कठोर शब्द की भी। सच है कि मधुर शब्द की ज़रूरत पड़ती है तो कहीं कठोर शब्द की भी यह सच है कि अगर चारों तरफ़ शोर मचा हो तो सरगोशियों के कोई मानी व मतलब नहीं रह जाते। वही सरदार जाफ़री जो फ़िराक़ की नज़्मों के लिए अवश्यकताएँ ज़रूरी समझते हैं जोश की शायरी के हवाले से एक जगह कहते हैं.......

"जोश साहब हर्फ़े बरहना (अश्लील, कठोर) के शायर हैं। कौन बड़ा शायर है जिसके यहाँ हर्फ़े बरहना नहीं है। अगर नहीं है तो उसकी बड़ाई पर शक किया जा सकता है। क्या इक़बाल के यहाँ हर्फे बरहना नहीं है लेकिन हमारे मुखालफ़ीन (विरोधियों) ने इसे ग़लत तौर पर समझा और पेश किया। दरअसल हमारी ग़ज़ल की शायरी ख़िलवत (एकान्त) की शायरी रही है और खिलवत में हर्फ़े बरहना काम नहीं देता लेकिन जिलवत (भीड़, समाज) में तो हर्फ़े बरहना ही काम देता है और बड़ी शायरी सिर्फ़ ख़िलवत की नहीं होती। दुनिया की बड़ी शायरी जिलवत की शायरी ज़्यादा है। दरअस्ल हम फ़रियाद (शिकायत, प्रार्थना) की शायरी के आदी रहे हैं ललकार की शायरी के नहीं और ललकार की शायरी बग़ैर हर्फ़े बरहना के नहीं हो सकती। दरअस्ल हमारी शायरी बाज़ मामलात में बड़ी नाज़ुक और कमज़ोर रही है हम आज

भी ज़ुल्फ़ को सँवारना चाहते हैं, ज़मीन को सँवारना ही नहीं चाहते। यही हमारी शायरी का मिज़ाज रहा है।

हमारी नज़्म के शायरों ने इस मिज़ाज को तोड़ने की कोशिश की है, ग़ालिब, इक़बाल, जोश वग़ैरह के यहाँ जो इन्सान और इन्सानियत का तसव्वुर है वह दुनिया की जितनी भी शायरी मैंने पढ़ी है नहीं है। इन्क़लाबी शायरी अलग से कोई चीज़ नहीं होती वह अपने ज़माने की आवाज़ होती है और अपने ज़माने की तहरीकात (आन्दोलन) में डूब जाती है।"

ख़ुद सरदार जाफ़री की शायरी हर्फ़े बरहना की बेहतरीन मिसाल है... अब ज़रा टी0 यस0 इलियट के ख़यालात का भी अध्ययन कीजिये...

"हर अच्छा शायर ख़्वाह हो अज़ीम शायर हो या न हो हमें मसर्रत (ख़ुशी) के मासिवा कुछ और भी देता है क्योंकि अगर शायरी का काम सिर्फ़ मसर्रत बहम पहुँचाना ही होता तो यह मसर्रत बहुत आला दरज़े की न होती. ...मसर्रत के सिवा हम उस फ़र्क को भी महसूस करते हैं जो शायरी हमारी ज़िन्दगी में पैदा करती है। इन दोनों तास्सुरात (प्रभावों) को पैदा किये बग़ैर शायरी शायरी नहीं रहती। हम इस बात को तो मान लेंगे लेकिन साथ-साथ किसी ऐसे पहलू को नज़रअन्दाज़ कर बैठेंगे जो इज्तेमाई (सामूहिक) तौर पर शायरी पूरे समाज को सामने लाती है। मैं इस बात को वसीअतर (विस्तृत) मानों में इस्तेमाल कर रहा हूँ क्योंकि मेरा ख़याल है कि हर क़ौम के पास अपनी शायरी होनी चाहिए और यह शायरी न सिर्फ़ उन लोगों के लिए हो जो इससे लुत्फ़ अन्दोज़ (आनन्दित) हो सकते हैं बल्कि ऐसी शायरी जिसका असर बहैसियत मजमूई (पूर्ण रूप से) सारे मुआशरे (समाज) पर पड़ सके।"

इलियट ने शायरी की नज़ाकतों, ज़रूरतों और आवाज़ों से सम्बन्धित बड़े उपयोगी लेख लिखे हैं। सिर्फ़ इलियट ही नहीं दुनिया के आलोचकों और दानिशवरों ने शायरी की क़िस्में....उसकी अहमियत व फ़ायदों पर बेपनाह क़लम चलाया है। साहित्य की समाजियात, शायरी की समाजियात दुनिया के बड़े आलोचकों का अब एक अत्यन्त प्रिय विषय है। उर्दू में शायरी की समाजियात पर कम बातें की गयी हैं और जो की गयी हैं उन्हें एक ख़ास फ़िक्र और उसका ग़लत प्रचार कहकर नज़र किया गया है। यही वजह है कि बीसवीं सदी के शायरों के साथ हमारा आलोचनात्मक रवैया वही है जो

18वीं, 19वीं सदीवाला हुआ करता था जबकि शायरी के साथ आलोचना की दुनिया भी बदल चुकी है। यही वजह है कि फ़िराक़ की नज़्मों, तलाशे हयात, धरती की करवट, दास्ताने आदम वग़ैरह को आधी रात, परछाइयाँ वग़ैरह के मुक़ाबले कमज़ोर कहा गया। यहाँ तक कि आधी रात में जहाँ-जहाँ बीच में इस क़िस्म की पंक्तियाँ आयी हैं....

न मुफ़लिसी हो तो कितनी हसीन है दुनिया
एक आदमी है कि कितना दुःखी है दुनिया में
ज़माना कितना लड़ाई को रह गया होगा

इन पंक्तियों को असम्बद्ध और निरर्थक कहा गया लेकिन फ़िराक़ के इन्सानी व अख़लाक़ी ज़ेहन और तहदार शऊर को समझने की कोशिश नहीं की गयी हालाँकि ये पंक्तियाँ ही उनकी तमामतर नग़मगी, जादूगरी और रोमानी व विजदानी कैफ़ियत के हवाले से इन्सानियत और दुनियादारी से रिश्ता मज़बूत करते हुए उनकी बेचैनी व बेक़रारी का ख़ूबसूरत व सार्थक इशारिया बन जाते हैं। डॉ० अजमल अजमली इस नज़्म की ऐसी ही पंक्तियों के बारे में लिखते हैं.....

"हिन्दुस्तान से हज़ारों मील दूर यूरोप का एक देश है फ़िराक़ सिर्फ़ एक मिस्रा (पंक्ति) में पेश करते हैं। 'सिपाहे रूस है अब कितनी दूर बर्लिन से'। कैमरा फिर खिसकता है एक और Close up है। इस Close up के बाद फिर एक मिस्रा जिसे कैमरे की आँख नहीं सिर्फ़ एक शायर का ज़ेहन पकड़ सकता है कि....'एक आदमी है कि इतना दुःखी है दुनिया में' शायर अपने घर पर अपनी ज़मीन पर खड़ा है। रात की पुर सुकून ख़ामोशियों में उसके ज़ेहन पर कायनात (दुनिया) अपने आप को बेनक़ाब कर रही है। ख़ूबसूरत मंज़र है। दिलकश माहौल है, सुकून है लेकिन ठीक उसी वक़्त दरिया की ख़ामोश सतह पर गिरनेवाले कंकर की तरह यह एक मिस्रा यह एक ख़याल उसे इस माहौल से निकालकर उस दुनिया में पहुँचा देता है जहाँ भूखे है, इफ़लास (ग़रीबी) है, बदहाली है। इन्सान है और दुःख है। उसकी तनहाई और उसका रंग वा ग़म।"

वारिस अल्वी का ख़्याल भी अध्ययन कीजिये......

"पूरी नज़्म पर सुकूत और अथाह गुमशुदगी की कैफ़ियत तारी है। शायर जाग रहा है लेकिन उसका पूरा वजूद (अस्तित्व) रात की पुर असरार

(भेद-भरी) खुमार आगीं कैफ़ियत में ग़र्क (डूबी) है। वह सोचता है लेकिन सोच भी सख़्त-सख़्त है...सिपाहे रूस....न मुफ़लिसी हो तो कितनी हसीन है दुनिया...या...अब इन्क़लाब में शायद ज़्यादा देर नहीं। ख़यालात की इन झलकियों से शायर के शऊर का अन्दाज़ा होता है। यह शऊर एक ऐसी दुनिया का है जिसमें एक अज़ीम जंग छिड़ी हुई है। दुःख और इफ़लास है। इन्क़लाब पलता है। शऊर भी शायर के उस वजूद का हिस्सा है जिस पर रात की मदहोशी तारी है। इन ख़यालात से यह एहसास शदीद (तीव्र) होता है कि दुनिया पर रात भारी है। यह सोच नज़्म को महज़ रात की कैफ़ियत का बयान बनने के बजाय रात से इन्सानी और अरज़ी (जमीनी) रिश्ता को क़ायम रखती है।"

फ़िराक़ एक दानिशवर थे। स्कालर थे। यूनिवर्सिटी में प्रोफ़ेसर थे। उनसे निरी परम्परागत और रोमानी शायरी की उम्मीद करना मुनासिब नहीं। अंग्रेज़ी, हिन्दी, संस्कृत, उर्दू की जानकारी तो थी ही इसके अलावा, इतिहास, सभ्यता, समाजियात, सियासियात वग़ैरह पर वह गहरी निगाह रखते थे। वह एक गहरा गम्भीर जमालियाती शऊर रखते थे और उस शऊर में हिन्दुस्तानी जमालियात का बड़ा दख़ल था। लिहाज़ा ऐसे शायर व दानिशवर से यह उम्मीद करना कि उनकी इश्क़िया शायरी सिर्फ़ जज़्बाती इश्क़िया और मधुर रोमान शायरी होगी ग़लत है और यह भी कि वह सिर्फ़ सियासी, सपाट और खुरदुरी शायरी कर जायेंगे यह भी ग़लत है। यह अलग बात है कि उनकी रचना में इश्क़ वा मुहब्बत, रोमानियत और जज़्बातियत बुनियादी तत्व हैं लेकिन फ़िराक़ के मन की यही वह तत्व हैं जहाँ से इश्क़ की अनगिनत गिरहें खुलती हैं और हयात वा कायनात पर फैल जाती हैं। फ़िराक़ ने ख़ुद कहा था...

उस जा तेरी निगाह मुझे ले गयी जहाँ
लेती हो जैसे साँस अनासिर की कायनात

फ़िराक़ को सिर्फ़ इश्क़िया या सिर्फ़ ख़िताबिया अन्दाज़ से अलग-अलग ख़ानों में बाँट पाना मुम्किन नहीं। अगर वह मार्क्स, अक़बर वग़ैरह पर भी नज़्में कह रहे हैं तो नज़्म में इस तरह की पंक्तियाँ निकल रही हैं...

ज़मीन चीख़ उठी आसमान काँप उठा
फ़ज़ा में नारे थे या ज़लज़लों की आहट थी

नयी ज़मीन नया आसमाँ नयी दुनिया
नयी है महफ़िले साक़ी नये हैं जाम वो सुबू (अक़बर)

ओट में छुपी हुई तहज़ीबों का घूँघट सरकाया किसने
शर्मीली तक़दीर की देवी का आँचल ढलकाया किसने
(धरती की करवट)

पीछे छुटी जा रही है मंज़िलें दैर वो हरम
नग़मए जन्नत में भी है सोज़े यारे रफ़्तगाँ
ज़िन्दगी का ज़िन्दगी होना क़यामत है फ़िराक़
उफ़ यह दर्दे बेनिहायत यह निशाते बेकराँ
(आसारे इन्क़लाब)

आराइशे ख़याल था वह ख़्वाबे ख़ुशगवार
एक लफ़्ज़ था उठे न मआनी का जिससे बार (मार्क्स)

मिसालें और भी हैं जिनके बारे में कहा जा सकता है कि फ़िराक़ ने इस मिज़ाज की नज़्में कहीं ज़रूर और वह तरक्क़ीपसन्द, मार्क्सी फ़िक्र से प्रभावित भी थे लेकिन यह सब-कुछ उनके शायराना रचनात्मक व्यक्तित्व का हिस्सा नहीं बन पाया। तरक़्क़ीपसन्द नज़रियात उनका अक़ीदा नहीं बन सके। हो सकता है यह बात सच हो लेकिन फिर यह बात ग़ौर करने की है कि इन नज़्मों में उनकी भरपूर रचनात्मक शख़्सियत उभर नहीं पायी तो आधी रात और जुगनूँ में किस तरह उभरी और ये नज़्में उर्दू की बेहतरनी नज़्में कैसे हुईं। मैं यह तो नहीं कह सकता कि उनकी सारी नज़्में उतनी ही अच्छी हैं जितनी कि जुगनूँ वग़ैरह। अच्छी चीज़ें हर शायर के यहाँ कम ही होती हैं लेकिन जो चीज़ें कम अच्छी हैं या औसत दरज़े की हैं उनको मुनासिब अन्दाज़ से जाँचा-परखा ही नहीं गया। उनकी ग़ज़लों के आगे उसे ठीक से पढ़ा ही नहीं गया। यही वजह है कि जो शोहरत उनके गुले नग़मा को मिली वह धरती की करवट को नहीं मिली जो सिर्फ़ नज़्मों का ही संग्रह है और बहुत अच्छा संग्रह है जिसमें फ़िराक़ बार-बार लिखते हैं...

"मैंने हमेशा शायरी में मामूलीपन पर ज़ोर दिया है और यह मामूलीपन क्या है। शायर का ज़िन्दगी से और दूसरे लोगों से

मज़ाहिरे फ़ितरत (स्वभाव का प्रदर्शन) से फ़ासला कम-से-कम होना। गौतम बुद्ध मामूलियात में उलूहियत देखते हैं....''

इस उलूहियत (ख़ुदाई) को कबीर, नज़ीर ने पा लिया था लेकिन जागीरदाराना व मेयारपरस्ताना सभ्यता में परवान चढ़ी। उर्दू की शायरी अवाम और अवामी ज़िन्दगी के रंज वा ग़म, कैफ़ वा कम को ठीक से समझ ही न सकी या यूँ कहिये कि समझना ही नहीं चाहा। आलोचना ने भी लगभग वही रोल अदा किया। इस क़िस्म की नज़्मों को समझना है तो हमें एक तरफ़ हिन्दुस्तान की अवामी शायरी, अवामी कल्चर को समझना होगा। हिन्दुस्तान की अवामी जमालियात को समझना होगा। दूसरी तरफ़ युग और ज़माना की उस कशमकश और संघर्ष को समझना होगा जिससे उस युग का हिन्दुस्तान और हिन्दुस्तानी दो-चार थे। जिनके बीच से न सिर्फ़ फ़िराक़ की नज़्मिया शायरी बल्कि इक़बाल, जोश और पूरी तरक़्क़ीपसन्द शायरी परवान चढ़कर अपना तारीख़ी और अवामी रोल अदा कर रही थी। आप इन नज़्मों को ग़ज़लिया शायरी की नज़ाकत, इशारियत और संकेतात्मकता के हवाले से जाँचेंगे तो सही नतीजे पर नहीं पहुँचेंगे। इस क़िस्म की शायरी की अपनी अलग काव्यात्मकता है। अपनी अलग शेरियात....उनके उद्देश्य कुछ और उनका फ़लसफ़ा ही कुछ और होता है। फ़िराक़ ने जब धरती की करवट में नज़्मों को इकट्ठा किया तो उसे बुलन्द मक़सद की नज़्में कहा और भूमिका में यह भी कहा...

> ''मेरी ग़ज़लें जिनकी तादाद एक हज़ार तक पहुँच चुकी हैं ज़्यादातर इश्क़िया हैं। मेरी नज़्में जो अमूनन ग़ज़लों से ज़्यादा तवील (लम्बी) हैं इश्क़िया बहुत कम हैं बल्कि क़रीब-क़रीब मेरी तमाम नज़्में मक़सदी हैं। यह मजमुआ (संग्रह) मेरी नज़्मों का इन्तेख़ाब (चुनाव) है। आज की दुनिया, आज का हिन्दुस्तान, आज की फ़िक्रियात, आज का समाज जो ख़्वाबे ज़िन्दगी देख रहा है इस मजमूए की नज़्मों में इन्हीं बातों से मुताल्लिक (सम्बन्धित) इज़हारे ख़याल किया गया है...''

और आगे वह लिखते हैं...

''अज़ीम शायरी, अज़ीम (महान्) तसव्वुरात से पैदा होती है। शायरी का मौज़ूँ (विषय) जो कुछ भी हो वह मौज़ूँ शेर के क़ालिब में ढलकर अगर

अज़ीम महसूस होने लगे तो ऐसी शायरी को हम अज़ीम शायरी कहने में हक़ व जानिब (न्यायप्रिय) होंगे लेकिन मौज़ूँ अज़ीम कैसे बन जाते हैं। शेर में महज़ इस अम्र (काम) का एलान कि यह मौज़ूँ अज़ीम है मौज़ूँ को अज़ीम नहीं बना सकता। मौज़ूँ को अज़ीम बनाने में कुछ छुपी हुई कुव्वतों (ताक़तों) की कारफ़रमाई होती है जब किसी मख़्सूस मौज़ूँ के मुताल्लिक़ शायर हमें महसूस करा दे कि हम उसमें एक निज़ामे कायनात (सृष्टि व्यवस्था) की झलक देख रहे हैं कि यह मौज़ूँ बा ज़ाहिर जैसा नज़र आ रहा था हक़ीक़तन उससे बहुत बड़ा है। बहुत दूररस है, बहुत गहरा और बुलन्द है और बहुत पाक़ीजा (पवित्र) तो शायरी उस मौज़ूँ को और यह मौज़ूँ शायरी को अज़ीम बना देगा।''

उर्दू आलोचना का एक बड़ा मसला तो यह है कि इसने हयात व कायनात की दृष्टि से शायरी की समाजियात पर गम्भीरता से काम नहीं किया जबकि यूरोप में शायरी की समाजियात व शायरी के समाजी मन्सब पर ख़ूब लिखा गया है। हमारे यहाँ तरक़्क़ीपसन्द आलोचकों ने थोड़ा बहुत काम किया है लेकिन हमारे पक्षपात हमेशा आड़े आते रहे और आलोचना मकतबी और गिरोहबन्दी में क़ैद रही और इस तरह हमने शायरी की एक बड़ी दुनिया, अवामी और निराली दुनिया अपने हाथ से गँवा दी जिसकी कम मायेगी (कम पूँजी होना) का ख़मयाज़ा हमें तरह-तरह से भुगतना पड़ रहा है।

ग़ज़ल की शायरी दाख़िली शायरी है, आन्तरिक भावनाओं और अनुभवों की शायरी है और हम ग़ज़ल की ग़ज़लियत व मज़ा वग़ैरह के इस क़दर आदी हो गये हैं कि हमें नज़्म की हक़ीक़त, ख़ारज़ियत, मक़सदियत रास ही नहीं आती। हमने तो इसे शायरी की ख़राबियाँ मान ली हैं। अब तो हमें नज़्में भी वही पसन्द आती हैं जिनमें दाख़लियत या दाख़िली कैफ़ियत हो। उन नज़्मों को हमने ध्यान योग्य समझा ही नहीं जिनमें ख़ारज़ियत और मक़सदियत हो। यही वजह है कि हमने इन्क़लाबी, विरोधी, अवामी यहाँ तक कि मंज़रिया शायरी को वह स्थान नहीं दिया जिसकी वह हक़दार थीं क्योंकि हमारे पास इसके जाँचने-परखने के पैमाने ही न थे इसलिए हम बेतरतीब अन्दाज़ में सिर्फ़ ज़ाती पसन्द व नापसन्द के हवाले से बेतुके फ़ैसले करते रहे जबकि इस मिज़ाज की शायरी को उसकी अपनी हक़ीक़त विधात्मक और विषयात्मकता के तहत परखना चाहिए। दुर्भाग्य यह है कि

इसके पीछे जो बहुत सारी गड़बड़ियाँ हैं, मंसूबा बन्दिया हैं वह आज भी जारी-सारी हैं। यही गड़बड़ियाँ, नासमझियाँ, कजबहसियाँ फ़िराक़ की नज़्मशनासी ही नहीं पूरी तरक़्क़ीपसन्द नज़्मशनासी के आड़े आती रहीं। इक़बाल के यहाँ मज़हबियत, अनीस के यहाँ रेसाइयत (शोकगीत या मर्सिया) और फ़ैज़ के यहाँ क्लासिकी शेरियत की व्यवस्था न होती तो ये भी दरगाह में बाहर कर दिये गये होते जैसे जोश, फ़िराक़, सरदार वग़ैरह को कर देने की नाकाम और बुरी कोशिश की गयी। इन शायरों और ऐसी शायरी के बेमिसाल और मालामाल ख़जाने को शायरी की समाजियात और समाजियात के नाजुक फ़लसफ़ों को समझने और समझाने की ज़रूरत है। यह सच है कि नज्म में नावेल या ड्रामा की तरह समाज की तलाश या समाजी हक़ीक़त की तलाश मुनासिब नहीं है और समाजियात पर यक़ीन रखनेवाले अक्सर आलोचक नज़्म की आन्तरिक दशाओं से दूर बाह्य सन्दर्भों से नज़्म की तरह-तरह से व्याख्याएँ करके उसमें समाज तलाश करने लगते हैं। यह भी मुनासिब नहीं लेकिन क्या यह मुनासिब है कि हम नज़्म को ग़ज़ल की तरह पढ़ें और परखें और उस तरह के आनन्द और सौन्दर्य की माँग करें। नज़्म में एहसास की हक़ीक़त अपना रूप बदल लेती है। इसके अभिव्यक्ति के तरीक़े भी बदल जाते हैं। व्यक्तिगत सच्चाई सामाजिक चेतना का लबादा ओढ़ लेती है। आख़िर नज़्म और ग़ज़ल की बनावट, मज़ाक और नफ़्सियात में फ़र्क़ तो है ही। इस बुनियादी फ़र्क़ को समझने की ज़रूरत है और इससे ज़्यादा उस शायर को समझने की ज़रूरत है जो व्यक्तिगत और समाजी हालात से प्रभावित होकर ग़ज़ल का शायर होने के बावजूद नज़्म कहने पर मज़बूर है। एक बात और कि आलोचना आमतौर पर किताबों के इर्द-गिर्द घूमती है, बहस-मुबाहिसा पर केन्द्रित व सीमित होती है। और रचना जीवन व समाज में बाल व पर खोलती है। आलोचना अक्सर मक़तबी और मन्तिक़ी (तार्किक) होती है और रचना कल्पनात्मक व उत्साहवर्द्धक...

मैं अपने इन बिखरे ख़यालात को फ़िराक़ के शागिर्द और अपने उस्ताद प्रो० सैयूयद मुहम्मद अक़ील के दिलचस्प और मानी ख़ेज लेख 'फ़िराक़ को कैसे पढ़ें और कैसे न पढ़ें।' के एक पैराग्राफ़ पर ख़त्म करता हूँ...

"अगर कोई फ़िराक़ साहब के तरक़्क़ीपसन्दों की कारकरदगियों से एख़्तेलाफ़ (विरोध, मतभेद) को नज़र में रखकर उनकी शायरी या ख़ुद उनके मुताल्लिक़ राय क़ायम करेगा तो वह फ़िराक़ साहब की तहरीरों

(लेखों) से सही नतीजे कभी नहीं निकाल सकत। यह याद रखना चाहिए कि फ़िराक़ साहब की मार्क्सिज़्म ऊपर से ओढ़ी हुई मार्क्सिज़्म न थी, न ही वह इसकी तरह रेड हाट (Red Hot) सोशलिस्ट थे। उन्होंने मार्क्सिज़्म को अपनी फ़िक्र में हल कर लिया था मगर अपने तजज़ियों (विश्लेषणों) की रोशनी में मीडिया के प्रोपेगण्डे की तरह हैं...

वाक़या यह है कि फ़िराक़ के अशआर की इक़ीक़तें चाहे लुत्फ़ कम दें मगर तबीयत को एक दर्राकी (बात की थाह) और बेचैनी अता कर देती हैं जो इश्क़िया और आम ज़िन्दगी के मुसल्लमात (जानी-मानी बात) से रूशनास कराने में मददगार साबित होती हैं....फ़िराक़ की तलाश, तरीक़े पेशकश और उन मौजूद बातों तक पहुँचने और उनके इदराक (होश) के तरीक़े ही उन ख़यालात और महसूसात की जान बन पाते हैं। फ़िराक़ साहब की इन्फ़ेरादियत (अद्वितीयता) भी यहीं से शुरू होती है जिसमें निशाते ग़म (ग़म की ख़ुशी) और ग़म वा निशात सब इस तरह मुदग़म (सम्मिलित) हो जाते हैं जो इन अशआर को इश्क़िया शायरी की रूहे रवाँ नहीं बनाते बल्कि कहीं-कहीं इनमें आफ़ाक़ी शान पैदा कर देते हैं।

फ़िराक़ की शायरी को मुख़्तलिफ़ (विभिन्न) फेरों (Twish) कहीं सुपुर्दगी की मज़बूरियों और कहीं उनकी अना (Ego) की बुलन्दियों तक उठकर देखना पड़ेगा तभी उनके जौहरों का इदराक किया जा सकता है...''

◆◆◆

फ़िराक़ गोरखपुरी : कई चेहरों वाली शख़्सियत

मख़दूम पर लेख लिखते हुए एक जगह प्रो० एहतेशाम हुसैन ने लिखा था...''तख़लीक़ की अज़मत में ख़ालिक (रचयिता) की अज़मत पोशीदा (छुपी) है क्योंकि अमल तख़लीक़ की हर मंज़िल पर दोनों साथ-साथ रह रहे हैं। एक दूसरे का पता चलता है।'' प्रोफ़ेसर का यह सम्मानित वाक्य और दूसरे प्रामाणिक आलोचनात्मक किताबों के ख़यालात, कि रचना में बहरहाल रचयिता की शख़्सियत प्रतिबन्धित रहती है। हमने विद्यार्थी जीवन से सुना और एतबार किया और अभी तक यही विश्वास मज़बूत रखा कि शायरी और शायर को कभी अलग-अलग नहीं देखा जा सकता है क्योंकि शायर कभी अपनी शायरी के ज़रिये पहचाना जाता है और कभी शायरी, शख़्सियत की पहचान बनती है। वग़ैरह-वग़ैरह लेकिन जब हम ग़ालिब, मण्टो, फ़िराक़ और किसी हद तक जोश और मजाज़ (और भी नाम लिये जा सकते हैं) वग़ैरह का गहराई से अध्ययन करते हैं और उनके इर्द-गिर्द ज़िन्दगी की एक-एक परत उलटते हैं तो उन आलोचनात्मक चित्रकारियों पर कँपकँपाहट-सी पैदा होने लगती है और क़दम डगमगाने लगते हैं। दौरे हाज़िर के कुछ नये आलोचकों ने तो इस तरह की बातों पर ज़्यादा कान ही नहीं धरे। वह शायरी को सिर्फ़ शायरी की हैसियत से देखने के क़ायल हैं। फ़िराक़ पर ही लेख लिखते वक़्त ज़ो-अन्सारी ने अपने लेख में लिखा था...

''अज़्दवाजी (वैवाहिक) ज़िन्दगी की तल्ख़कामी, कितनी ही तल्ख़ न सही, ताहम वह उनकी शख़्सियत के भरे हुए जाम की तलछट है। इससे उनकी शख़्सियत का ख़मीर उठा है न कि शायरी का।''

(गुफ़्तगू...67 ई०)

आम तौर पर ख़याल किया जाता है कि फ़नकार को ऐसी बेबुनियाद और कमज़ोर हालात से बेनियाज़ होना चाहिए। ग़ालिब ज़िन्दगी भर परेशान रहे, अपनी बीवी की शिकायत करते रहे। अपनी तमाम मुस्कुराहटों के साथ जीवन-पद्धति निभाते रहे। इसीलिए मुश्किलें आसान लगने लगीं। मण्टो ने तो हँस-हँस कर जीना सीखा था। ज़िन्दगी की सारी तल्ख़ियाँ अपनी हँसी में पी गया और भी अच्छे फ़नकारों ने कुछ ऐसे ही जिया होगा।

यह सच है कि फ़िराक़ साहब के ऊपर कम उम्री में ही मुसीबतें आ गयीं। 1918 ई० में जब फ़िराक़ साहब की उम्र तक़रीबन बाईस बरस की थी उनके पिता मुन्शी गोरखप्रसाद इबरत इन्तेक़ाल कर गये। इस हादसे ने उनके ऊपर ख़ासा असर डाला लेकिन इससे भी बड़ा हादसा यह हुआ कि एक बदसूरत लड़की के साथ उनकी शादी हुई। अपनी शादी के बारे में वह लिखते हैं...

"मुझे और मेरे ख़ानदान को धोखा देकर एक साहब ने मेरी शादी एक ऐसे ख़ानदान में एक ऐसी लड़की से कर दी कि मेरी ज़िन्दगी एक नाक़ाबिले अज़ाब बन गयी। मेरी बीवी में कोई अख़लाक़ी ऐब न था लेकिन मामूली से इन्सान से भी यह लड़की कुन्द ज़ेहन (मन्द बुद्धि) और ना अहल (अयोग्य) थी। सूरत में कोई कशिश न थी बल्कि उल्टे नापसन्दीगी का असर पड़ता था...तब से आज तक मेरी ज़िन्दगी एक नाक़ाबिले बर्दाश्त तकलीफ़ और तन्हाई का शिकार रही।"

(शाहकार, फ़िराक़ नवम्बर, पृष्ठ 136)

कहा जाता है कि शादी के पूरे एक साल बाद तक फ़िराक़ को नींद नहीं आयी। शायद इसी असन्तोष की बुनियाद पर ही वह सियासत और साहित्य की तरफ़ मुड़े और फ़िराक़ बने। फ़िराक़ साहब के साथ जिस तरह की प्रारम्भिक घटनाएँ पेश आयीं वह अक्सर लोगों के साथ पेश आती हैं लेकिन हर कोई फ़िराक़ नहीं बन पाता। यहीं से उनकी विलक्षणता की राहें शुरू होती हैं।

जिन लोगों ने फ़िराक़ की शायरी और फ़िराक़ साहब दोनों को क़रीब से पढ़ा और समझा है वह मुझसे सहमत होंगे कि फ़िराक़ साहब की शख़्सियत कई चेहरोंवाली शख़्सियत थी। ऊपर से नीचे, बाहर से अन्दर, उनके अन्दर कई क़िस्म के इन्सान एक साथ जीते रहते और अक्सर व बेशतर टकराते भी रहते। इनमें से एक चेहरा मामूली-से कायस्थ का था जिसकी कोख से कन्जूसी, सोच-विचार में सिमटापन और कभी-कभी तो घिनावनापन नज़र आता था, ख़याल रहे कि यह चेहरा फ़िराक़ का हरग़िज नहीं था, बल्कि ज़िला गोरखपुर के बाँसगाँव के एक कायस्थ का था जो अपने वालिद के इन्तेक़ाल के बाद बेहद परेशान इधर-उधर भटकता फिरता है और जवाहरलाल नेहरू की अचानक मुहब्बत से अपने घर का पालन करता है। उस शख़्स के अन्दर पैसे की अहमियत कूट-कूटकर भरी थी क्योंकि उसने तकलीफ़ें झेली थीं। कभी-कभी उसकी यह सोच इस क़दर

हावी होती कि बाद में फ़िराक़ को भी छू लेती। दूसरा चेहरा रघुपति सहाय का था। एक सादे से इन्सान का चेहरा जो 1913 ई० में मैट्रिक पास करके एफ़० ए० की शिक्षा के लिए इलाहाबाद आता है और अच्छे नम्बरों से पास करके क्रिश्चियन कालेज लखनऊ और सनातन धर्म कालेज कानपुर में पढ़ाना शुरू करता है। पढ़ने-पढ़ाने की यह अदा भी जल्द ही फ़िराक़ को छू लेती है। तीसरा चेहरा या शायद चौथा चेहरा फ़िराक़ का होता था। फ़िराक़ गोरखपुरी की शख़्सियत का यह चेहरा इतना चमकदार, ज़हीन और ताक़तवर था कि जब उसकी चमक उठती कि फिर वह न कायस्थ रह जाते न रघुपति सहाय। न जाने ये दोनों चेहरे किन तहों में दब जाते हैं। मैंने अपनी आँखों के सामने फ़िराक़ साहब की एक ही शख़्सियत में न जाने कितनी शख़्सियतें देखी हैं, हैरत में पड़ा हूँ, ख़ौफ़ भी महसूस किया और नफ़रत भी फिर अपनी ही आँखों के सामने उसे बदलते हुए भी देखा। उफ़ बदलाव का वह दृश्य, होंठों पर काँपता हुआ सिगरेट, गिलास में छलकती हुई शराब, आसमान को छूती हुई कल्पना की लहरें और पलक झपकते फ़िराक़ इन सब पर ऐसा हावी हो जाता कि ख़ुदा की पनाह। फिर ऐसे माहौल में फूल बरसानेवाली बातों का ऐसा सिलसिला चलता, विद्वता की ऐसी बिजलियाँ कौंधतीं कि श्रवण शक्ति जगमगा उठती। होश वा हवास फ़ज़ा में तैरते नज़र आते। बस यहीं इसी स्थान पर न जाने कितनी बार फ़िराक़ साहब की संगत में बैठकर महसूस हुआ कि फ़िराक़ साहब की ज़ाती शख़्सियत और शायराना शख़्सियत में ज़मीन-आसमान का फ़र्क है। जब वह शायर होते तो अनजाने में उनकी ढली हुई नफ़्सियात, इल्मी चमक, रचनात्मक शक्ति काम करती रहती। बचपन के हालात, बेजोड़ शादी, वैवाहिक जीवन की तल्ख़ी, लेकिन उस वक़्त वह सिर्फ़ फ़नकार होते और इससे हटकर वह एक मामूली-से इन्सान होते। गम्भीर और रचनात्मक सोच व फ़िक्र से बिल्कुल परे व उल्टा। ऐसा क्यों? जबकि अच्छे क़ौल हमें बताते हैं कि रचयिता और रचना, शऊरी और लाशऊरी दोनों एतबार से जुड़े होते हैं। यह एक ऐसी गुत्थी है जो अरस्तू और अफ़लातून के ज़माने और उनके नज़रियात से जुड़ी हुई है। मनोवैज्ञानिकों ने इस नाज़ुक रिश्ते पर ज़रूर शोध किया है लेकिन उनके नज़रियात भी अलग हैं। फ्रायड शेर व शायरी को शख़्सियत का मर्ज़े नफ़्सी (मनोदशात्मक बीमारी) और उसके परिणाम को निराशा का ख़्वाब बताता है और इस तरह फ्रायड के यहाँ शायरी, शायर की मरीज़ शख़्सियत का झूठा आरोप बनकर रह जाती है। इसका मतलब यह होता है कि शायर आम इन्सानों से हटकर

एक विशेष क़िस्म की एबनारमलिटी का शिकार होता है तब शायर होता है और अगर यह सारी चीज़ें न रहतीं तो यह अच्छा ख़ासा इन्सान रहता, हरग़िज़ शायरी न करता। फ्रायड के इस नज़रिये में अपने-आप में दम-ख़म ज़रूर होगा लेकिन ज़रूरी नहीं कि यह बात हर फ़नकार और शायर पर सच हो। इसीलिए डॉ० सी० यंग का नज़रिया फ्रायड से न सिर्फ़ अलग हो जाता है बल्कि फ़िराक़ की शख़्सियत और शायरी को समझने के सिलसिले में हलक़ से नीचे उतरता हुआ महसूस होता है। यंग का नज़रिया है कि शायरी हो या कोई दूसरा आर्ट, गैर शख़्सी और वैकल्पिक होता है। इसमें ज़ात और शख़्सियत का सीधे दख़ल नहीं क्योंकि शायरी में शायर एक मीडियम के तौर पर इस्तेमाल होता है। बहरहाल यह ख़याल क़ाबिले तवज्जह है कि यंग "शायर को बहैसियते शायर और बहैसियते इन्सान अलग-अलग देखता है। उसका ख़याल है कि शायर बहैसियते इन्सान एक आम इन्सान की तरह अपनी ख़ुसूसियात और कमज़ोरियाँ रखता है। लेकिन फ़नकार व शायर की हैसियत से वह अकेला नहीं रहता बल्कि इज़्तेमाइयत (सामूहिकता) का शिकार हो जाता है, फिर एक नयी दुनिया उसके सामने होती है।" वग़ैरह-वग़ैरह। इन बातों की रोशनी में इस वक़्त हम यह मान लें कि रचयिता की वही शख़्सियत जुड़ी रहती है जो रचनाकार की होती है बाक़ी कुछ और नहीं तो कम-से-कम इस वक़्त हमारा काम चल जायगा। दुनिया का तक़रीबन हर आदमी कई परदों और परतों में सिमटा रहता है। विरोधाभास का शिकार रहता है। फिर शायर और साहित्यकार को इस दुनिया से अलग करके कैसे देखा जा सकता है।

फ़िराक़ साहब के बचपन के बारे में पढ़ा या उनकी ज़बान से सुना जवानी के क़िस्से वह अक्सर मज़े ले-लेकर ख़ुद ही बताते थे। उनके वह तमाम हालात जो उनके शायराना स्रोत व प्रेरणा के कारण बने, मैंने नहीं देखे। मैं तो उनसे उस वक़्त मिला जब उन्हें उनकी ज़िन्दगी भर की ख़िदमत का सिला हिन्दुस्तान के सबसे बड़े साहित्यिक एवार्ड 'ज्ञानपीठ' की शक्ल में मिल चुका था, जिसकी ख़ुशी में उन्होंने अपने घर पर एक जलसा किया था और इलाहाबाद के अंग्रेज़ी-हिन्दी और उर्दू के तमाम साहित्यकार उसमें शामिल हुए थे। बी० ए० का यह विद्यार्थी प्रोफ़ेसर एहतेशाम हुसैन की उँगली पकड़कर जलसा में पहुँचा। अब तो सिर्फ़ वह दृश्य ही याद है। घर के चौकोरे आँगन में फ़िराक़ साहब अकेले तख़्त पर बैठे थे और नीचे फ़र्श पर साहित्यकार और क़लमकार बैठे हुए थे। फ़िराक़ साहब एक-एक करके

तमाम लोगों के सवालों का जवाब दे रहे थे। हँसी और मज़ाक की गूँज में सुनना और समझना दोनों ही इस क़दर कमज़ोर हो गया था कि ज़रा भी याद नहीं किन-किन बातों पर लोगों ने हँसा था और क्या-क्या सवाल उठे थे। कुछ दिनों बाद एक जलसे की अध्यक्षता के सिलसिले में उनसे ज़ाती तौर पर मुलाक़ात हुई और उन्होंने मुझसे लाइब्रेरी से कुछ किताबें मँगवायीं और फिर ऐसा सिलसिला चल पड़ा कि छोटी-बड़ी दो-ढाई सौ संगतें मैंने उनकी ख़िदमत में गुज़ारीं। उनके क़दमों में बैठकर शायरी और उसकी समझने की अलिफ़-बे-सीखी, उनकी नज़ाकतों और बुलन्दियों के क़रीब पहुँचा, साहित्य की बुनियादी क़दरों को जानने की हिम्मत की, बातचीत के अदब व आदाब से परिचित हुआ। बड़े-बड़े नामों के ज़रिये छा जानेवाले ख़ौफ़ और धुन्ध को फ़िराक़ साहब ने कम किया। किसी लेक्चर के ज़रिये नहीं, किसी गम्भीर लेख के ज़रिये भी नहीं। बस आम बातचीत, रोज़मर्रा बोलचाल, लतीफ़ों और हँसी-मज़ाक के ज़रिये लेकिन ये सब बातें उस वक़्त सम्भव होती थीं जब वह फ़िराक़ होते थे लेकिन यह सब भी उसी वक़्त होता था जब कोई उन्हें फ़िराक़ बनानेवाला पहुँच जाय। वरना घर में जब भी दाख़िल हो तो वह कुछ और होते। कभी नौकर पर गुस्सा कर रहे होते, झाड़ू देनेवाली नौकरानी पर बरस रहे होते, सब्ज़ी दाल की बातें हो रही होतीं या ज़्यादा-से-ज़्यादा ख़ूबसूरत लान में लगे हुए फूल-पौधों की बातें हो रही होतीं।

फ़िराक़ साहब को फूलों के पौधे बहुत पसन्द थे। चाहे वह किसी क़िस्म के हों, बस उनका खुश रंग होना काफ़ी था। एक बार मुझे लान में ले जाकर एक-एक पौधे के बारे में विस्तार से बताते रहे कि किसको कहाँ से, किस तरह से और कितनी क़ीमत में हासिल किया है। कौन कितनी ज़िन्दगी का वाहक है, कौन अब ख़त्म होनेवाला है। जब हम ख़त्म होनेवाले पौधे के क़रीब पहुँचे तो मेरे मुँह से निकल गया कि हुज़ूर ...''इनमें से एक पौधा मुझे इनायत कर दें... ।'' मेरे मुँह से अभी यह वाक्य पूरा भी न होने पाया था कि बिगड़ गये। ''ख़बरदार! ये पौधे मेरी जान हैं। इन्हें तुम्हें क्या जोश और मजनूँ भी माँगें तो नहीं दे सकता।'' ''जोश साला क्या आयेगा माँगने, वह ख़ुद ही मुरझाये हुए फूल की तरह अपनी ख़ुशबू खो रहा है....'' वह ख़ूद ही बुदबुदाये।

अंग्रेज़ी साहित्य के कुछ विचारकों का ख़याल है कि जिस फ़नकार की शुरुआती ज़िन्दगी नाकाम और उदास रहती है उसके यहाँ एक विशेष क़िस्म की अना (Ego) और ज़िद पैदा हो जाती है और अपने पढ़ने-लिखने की शुरुआत ज़्यादातर अपने ख़यालात से सम्बन्धित लिखकर करता है। अंग्रेज़ी

साहित्य में आत्मकथा के पीछे कुछ इस क़िस्म के कारण पेश किये जाते हैं। फ़िराक़ साहब के सिलसिले में यह बात मानी जा सकती है कि वह ज़बरदस्त अहम्मन्य (Egoist) थे। गुरूर भी था। जोश ने उन्हें मजमूअए अज़्दाद (विरोधाभासों का संग्रह) कहा। शायरी में भी आप अध्ययन करें तो उनके ज़्यादातर तख़ल्लुसवाले शेरों में फ़िराक़ आसमान को छूते नज़र आयेंगे लेकिन यह सब उनके लेखों और रचनाओं में मिलता था। बातचीत में मैंने इस तरह की बातें बहुत कम ही पायीं। यह बात ग़लत भी हो सकती है क्योंकि फ़िराक़ साहब के क़रीब मैं उसी वक़्त आया जब वह बुढ़ापे की ओर थे। जिस्म की आँच निकल रही थी। साँसों में थकन के आसार नुमायाँ हो चले थे। लेकिन ज़ेहन हमेशा ताज़ा और जागता रहता। आँखों में चमक और ज़िन्दगी मरते दम तक ख़त्म न होने पायी। दिमाग़ी तौर पर मैंने हमेशा उनको चौकन्ना पाया और ऐसी गुफ़्तगू करते देखा कि हैरान रह जाता। ऐसा लगता था कि गुफ़्तगू में रचना हो रही हो। जब कभी उनकी उँगलियों में जुम्बिश शुरू होती, पुतलियों के रक़्स (नाच) से आँखें डूबने लगतीं। दिमाग़ फ़िक्र की साँस लेने लगता तो हम समझ लेते कि रचनात्मक गुफ़्तगू का वक़्त आ गया और हम ध्यान से सुनने लगते। बातचीत के दौरान मीर आते। मोमिन और अमीर मीनाई का भी ज़िक्र आता। दाग़ और नूह के चरचे होते। बातचीत का उतार-चढ़ाव बड़े-बड़े दीदों की ऊँच-नीच फ़ैसला करता था कि वह किस शायर को क्या स्थान दे रहे हैं। दाग़, सीमाब और ख़ास तौर पर नूह का ज़िक्र करते वक़्त उनके हलक़ से बारीक हँसी की आवाज़ निकलती। लेकिन जल्द ही वह गम्भीर होकर कहते उर्दू शायरी को मुख़लिसाना (सच्ची) और उस्तादाना आहंग से मालामाल करने में जो काम इन उस्तादों ने किया वह फ़िराक़ भी न कर सका। इसी तरह वह अज़ीज, आरजू वग़ैरह का ज़िक्र भी क़द्र से किया करते। फिर बातचीत के दौरान अगर फ़िराक़ आ जाते तो आ जाते वरना उन्हें फुरसत कब थी कालिदास, तुलसीदास, कीट्स, वर्ड्सवर्थ, टेनीसन, मीर, अनीस, मोमिन वग़ैरह से नीचे उतरने की।

किसी पत्रिका के लिए मैंने एक बार उनसे सज्जाद ज़हीर के बारे में बातचीत की और बात तरक़्क़ीपसन्द तहरीक की चल पड़ी। तहरीक के बारे में उन्होंने जो नतीजा निकाला था उसे आप भी सुन लीजिये...

''तहरीक इस वजह से फली-फूली कि इसको सज्जाद ज़हीर लेकर चले थे और सज्जाद ज़हीर अपनी तहरीक से ज़्यादा अज़ीम (महान्) थे, और तहरीक उनके मक़ाबले में कमज़ोर।''

उस दिन साहित्य, सौन्दर्य, समाज पर ऐसी-ऐसी बातें कीं कि मुझ-जैसा कम इल्म मुँह फैलाये रह गया और ऐसा लगा कि मैं कहीं और हूँ। मेरा अस्तित्व ज़मीन से ऊपर उठकर हवा में तैर रहा है। गुफ़्तगू और इल्मियत के जादू से दो चार होने के ऐसे मौक़े अब कम ही नसीब होते हैं। वे बातें बाद में मुझे उनके खुतूत के संग्रह 'मन आनम' में भी नज़र आयीं और फिर सरदार जाफ़री के नाम के एक ख़त में भी दो-तीन वाक्य मिले। इस ख़त का आप भी अध्ययन करें...

"मेरे नज़दीक अदब बराए अदब (साहित्य साहित्य के लिए) का मफ़हूम (अर्थ) दाग़ और नूह की शायरी नहीं बल्कि हाफ़िज व कीट्स की शायरी ज़रूर बराए अदब है। इस फ़िकरे में बराए अदब का मफ़हूम न बराए लफ़्फ़ाजी न बराए चोंचला निगारी, न बराए शायरी, न बराए सतहियत बल्कि बराए अदब के मानी जमालियाती महक और बराए जमालियाती विज़दान, जिसका कोई ताल्लुक, अमल से नहीं है।"

ये वह फ़िराक़ हैं जिन्होंने प्रेमचन्द से बेपनाह असर लेकर प्रोफ़ेसर एजाज़ हुसैन और प्रोफ़ेसर अहमद अलीह वग़ैरह के साथ मिलकर इलाहाबाद में तरक़्क़ीपसन्द तहरीक की पहली कान्फ्रेन्स के तत्वावधान में अपनी कर्मठता का सबूत दिया था। हर अच्छे क़लमकार के विचार व कल्पना की कई मंज़िलें होती हैं। ज़रूरी नहीं कि एक साहबे फ़िक्र जो कल तक था वह आज रहे, जो आज है वह कल भी रहे। फ़िराक़ साहब के साथ भी ऐसा ही हुआ। शुरू में वह कुछ जज़्बे, कुछ ज़ाती उलझनों से फ़रार हासिल करने के लिए सियासत और जंगे आज़ादी में लग गये। तरक़्कीपसन्द तहरीक के पुरज़ोर हामी और कारकुन रहे लेकिन धीरे-धीरे जब हालात मामूल पर आने लगे तो अन्दर का फ़नकार उन्हें ले गया शायरी की इस सुरमई फ़ज़ा में जिसके पिछले पहर सिर्फ़ माशूक़ की आहटें महसूस होने लगीं और उन्होंने कहा....

ये सुरमई फ़ज़ाओं की कुछ कनमनाहटें
मिलती हैं मुझको पिछले पहर तेरी आहटें
इस कायनाते ग़म की फुसुरदा फ़ज़ाओं में
बिखरा गये हैं आके वह कुछ मुस्कुराहटें।

फ़िराक़ साहब की शायरी पर बहुत-कुछ लिखा गया है और लिखा भी जायगा। इस संक्षिप्त लेख में उनका शायराना विश्लेषण हरगिज़ मक़सद नहीं। बस उनकी ज़ाती और शायराना शख़्सियत से सम्बन्धित कुछ बिखरे

हुए ख़यालात हैं। मैंने एक बार उनसे यह भी पूछा था कि क्या आप अब भी शेर कहते हैं-कुछ जवाब नहीं मिला। बस एक गुनगुनाहट तारी हो गयी और एक ग़ज़ल के कुछ अशआर ऐसे अन्दाज़ में सुनाये कि जिसे तरन्नुम कहा जा सकता था न तहत। मैंने जल्दी-जल्दी वे अशआर नोट कर लिये, यह सोचकर कि ताज़ा होंगे। मतला आप भी सुन लीजिये...

इश्क़ की आग़ोश में बस एक दिले ख़ाना ख़राब
हुस्न के पहलू में सदहा आफ़ताबो माहताब

बाद में देखा तो यह ग़ज़ल 'गुले नग़मा' में मौजूद थी। यह बिल्कुल सच है कि फ़िराक़ साहब ने आख़ीर उम्र में शेर कहना तक़रीबन बन्द कर दिया था। उन्हें अपने अशआर भी ज़्यादा याद नहीं रह गये थे। ज़ाती महफ़िलों में वह अक्सर दाग़, अज़ीज़, आरज़ू, जलील वग़ैरह के अशआर मज़े लेकर सुनाते। मुशायरों में शेर कम, लतीफ़े ज़्यादा सुनाते।

इलाहाबाद में उनका आख़िरी समारोह और भाषण फ़ानी सदी समारोह का उद्घाटन भाषण था। हालाँकि वह फ़ानी को ज़्यादा पसन्द न करते थे। लेकिन डॉ० सैयूयद मुहम्मद अक़ील साहब जिन्हें वह काफ़ी अज़ीज़ रखते थे, उनकी दरख़्वास्त पर तशरीफ़ लाये और एक बहुत ही जँचा-तुला सन्तुलित लेक्चर दिया। इसी लेक्चर में उन्होंने अपनी कमज़ोर उम्र की शिकायत की और यह शेर पढ़ा...

दमे वापसीं हमसफ़र राह है
अज़ीज़ो अब अल्लाह ही अल्लाह है

फ़िराक़ साहब का इल्म, इज़्हारे इल्म, गुफ़्तगू, अन्दाज़े गुफ़्तगू, शेर और उसकी पेशकश सब इस क़दर गैर मामूली और जादुई थे कि श्रोता पर एक नशा तारी हो जाता। डॉ० सैयूयद मुहम्मद अक़ील रिज़वी साहब की किताब 'नयी अलामत निगारी' को रिलीज़ करते हुए उन्होंने जो लेक्चर दिया या प्रोफ़ेसर एहतेशाम हुसैन की मौत पर उन्होंने जो कई भावुक लेक्चर दिये वे आज भी सुननेवालों के दिलों में धड़क रहे होंगे। उनके लेक्चर से एक ऐसा सौन्दर्यात्मक और रचनात्मक कैफ़ तारी होता कि हम सब कल्पनाओं की न जाने किन वादियों में पहुँच जाते। हमारे कानों में रस घुलने लगता।

फ़िराक़-जैसा शायर और फ़िराक़-जैसी शख़्सियत सदियों में पैदा होती है। मेरी आँखों में, मेरी यादों में आज भी उनकी शख़्सियत का रचाव व उनकी गुफ़्तगू की कशिश समायी है। उनकी गुफ़्तगू की विशेष अदाएँ, उनकी शायराना, फ़नकाराना कैफ़ियतें, उनकी आँखों का रक़्स, उँगलियों में

झूलता हुआ सिगरेट, हाथों में काँपता हुआ नारंजी गिलास, कूल्हे पर खिसकती हुई लुंगी और फिर धीरे-धीरे लिहाफ़ के अन्दर जाता हुआ जिस्म जो अपनी ताक़त खो चला था और फिर उनकी काँपती और गूँजती हुई आवाज़....

"इक़बाल कहता है कि....

सारे जहाँ से अच्छा हिन्दोस्ताँ हमारा

बताओ! अगर हिन्दोस्तान दुनिया में सबसे अच्छा है तो फिर बुरा मुल्क कौन है हमको इसी तरह के सस्ते क़ौमी जज़्बों ने मात दी..सच यह है कि हिन्दोस्तान सारे जहाँ से बुरा मुल्क है..जहाँ जम्हूरियत क्रय कर रही हो... सियासत नंगी होकर चौराहे पर आ गयी हो..उस मुल्क में शायरी करना.. ।"

फिर वह निढाल हो जाते और सर तकिये पर ढुलक जाता। फ़िराक़ की शख़्सियत ने उन्हें मुकम्मल फ़नकार बना रखा था और इसीलिए तमाम साहित्य व सियासत के लोगों ने उन्हें इजाज़त दे रखी थी कि वह आज़ाद हैं, हर तरह से आज़ाद.... ।

आज फ़िराक़ साहब हममें नहीं। बस यादें-ही-यादें हैं, जिन्हें भुलाना तो मुम्किन ही नहीं, जिन्हें समेटना भी एक मुश्किल काम है। ऐसी तहदार, नैरंग और विरोधाभासी शख़्सियत के बारे में लिखना नामुमकिन न सही लेकिन एक मुश्किल काम ज़रूर है। ज़ो अन्सारी के अनुसार, "उनकी शख़्सियत लिखी ही नहीं जा सकती बल्कि उसके बारे में कुछ बातें ही लिखी जा सकती हैं।" मैंने भी कुछ इसी अन्दाज़ में सिर्फ़ कोशिश की है।

उनके सामने जब कभी जोश, मजनूँ वग़ैरह के बारे में जिक्र किया जाता तो वह बहुत ही भावुक होकर यह शेर पढ़ते थे...

अब यादे रफ़तगाँ की भी हिम्मत नहीं रही
यारों ने कितनी दूर बसायी हैं बस्तियाँ

आज वह अपने दोस्त जोश के पास जा चुके हैं और हमारे पास उनकी शायरी, उनकी गुफ़्तगू और उनकी आकर्षक शख़्सियत से भरी यादों की पूँजी के साथ गर्व करनेवाली पूँजी भी है कि हम आनेवाली नस्लों से यह कह सकेंगे कि हाँ हमने वाकई फ़िराक़ को देखा था, सुना था और बहुत-कुछ सीखा था। पता नहीं वह इस पर गर्व करेगी या नहीं। पर सच तो यह है कि....

पैदा कहाँ हैं ऐसे परागन्दा तबा लोग
अफ़सोस तुमको मीर से सोहबत नहीं रही

(अप्रैल, 1983 ई०)

◆◆◆

फ़िराक़ के साथ एक सुबह

13 सितम्बर, 1973 ई० को जब सज्जाद ज़हीर का इन्तेक़ाल हुआ तो पूरी उर्दू दुनिया में हलचल मच गयी। इसलिए कि सज्जाद ज़हीर सिर्फ़ एक इन्सान एक साहित्यकार न थे, बल्कि एक तहरीक थे, एक तारीख़ थे। अख़बार हयात ने ख़ास तौर पर अपने लीडर का ग़म मनाने का एलान किया और एक उत्कृष्ट नम्बर प्रकाशित करने का इरादा किया और लेखक को यह ज़िम्मेदारी सौंपी कि फ़िराक़ साहब से सज्जाद ज़हीर के बारे में ख़यालात इकट्ठा करके जल्द-से-जल्द रवाना करूँ। फ़िराक़ साहब सज्जाद ज़हीर के क़रीबी साथियों में से थे। लन्दन से तालीम पूरी करने के बाद जब सज्जाद ज़हीर हिन्दुस्तान आये तो उन दिनों उनके पिता सर वज़ीर हसन इलाहाबाद में ही थे। इसलिए सज्जाद ज़हीर ने भी अपने पिता के साथ इलाहाबाद में क़याम किया। इलाहाबाद में सज्जाद ज़हीर ने अन्जुमने तरक़्क़ीपसन्द मुसन्नफ़ीन (प्रगतिशील लेखक संघ) की बुनियाद डालने में जिन लोगों ने ख़ास मदद दी उनमें अहमद अली के अलावा एजाज़ हुसैन और फ़िराक़ गोरखपुरी अहम् थे और ये सम्मानित लोग इलाहाबाद में सज्जाद ज़हीर के घर पर आयोजित 30 दिसम्बर, 1935 ई० की इस ऐतिहासिक बैठक में भी शामिल थे जिसमें प्रेमचन्द, जोश, अब्दुल हक़, दया नारायण निगम वग़ैरह थे और जिनकी मौजूदगी में अंजुमन के मेनीफेस्टो पर दस्तख़त हुए और एक तरह से हिन्दुस्तान में इलाहबद में, अंजुमन की बुनियाद पड़ी। इस तरह फ़िराक़ साहब अंजुमन के बुनियाद गुज़ारों में से हैं। बाद में वह अंजुमन की इलाहाबाद शाख़ के सेक्रेट्री भी रहे। बरसों तक अंजुमन की सरगर्मियों में बढ़-चढ़कर हिस्सा लिया। सेमिनार और कान्फ्रेन्सों में शोध-पत्र पढ़े। उर्दू और तरक़्क़ीपसन्दी की हिमायत में आवाज़ बुलन्द की। कई बार तो अपनी बेबाक और बेलगाम शख़्सियत की वजह से बहस तलब हुए और किसी हद तक बदनाम भी। फ़िराक़ ने एक नहीं कई जगह तहरीक से जुड़े और समाजवाद से प्रभावित होने की बात कही है। बाक़ायदा लिखित तौर पर भी स्वीकार किया है। यह अलग बात है कि उनकी चंचल आदत और

रचनात्मक चाल कभी-कभी तरक़्क़ीपसन्द फ़िक्र की बेजह बन्दिशों के ख़िलाफ़ भी इज़हार कर जाती जिससे अक्सर ग़लतफ़हमियाँ भी पैदा हो जातीं। एक आज़ाद और जम्हूरी अंजुमन होने की वजह से इसमें ऐसी कोई पाबन्दी भी न थी। आख़िर वह एक अदीबों व शायरों की अंजुमन थी और फ़िराक़ के बड़े शायर व फ़नकार होने में किसे शक या इन्कार..जो लोग फ़िराक़ साहब के क़रीब रहे हैं वह समझ सकते हैं कि फ़िराक़ की आज़ादाना रचनात्मक तबीयत और उनकी ज़ाती पसन्द व नापसन्द अक्सर ख़ुद उनके ही बयानात व ख़यालात की ज़िद पेश कर देती थी और कभी-कभी यह भी होता था कि उनके वफ़ादारान व ख़िदमतगुज़ारान ही उनकी ज़िद और गुस्से का शिकार हो जाते। इन सबकी वजह से फ़िराक़ साहब ने जहाँ अपनी शायरी और फ़नकारी के ज़रिये लोकप्रियता व प्रसिद्धि हासिल की वहीं अपने विरोधी विचारों और झगड़ालू शख़्सियत की वजह से अच्छे ख़ासे लिखते और बोलते रहते हैं। फ़िराक़ की शायरी को इसलिए ज़्यादा नापसन्द करते हैं क्योकि वह ज़ाती और शख़्सी तौर पर फ़िराक़ को नापसन्द करते हैं। बहरहाल अंजुमन और सज्जाद ज़हीर से उनकी वाबस्तगी एक तारीख़ी हक़ीक़त है इसे किसी तरह झुठलाया नहीं जा सकता।

ऐसी भिज़ाजी कैफ़ियत और पेचीदा सूरत में सज्जाद ज़हीर की मौत के बाद विचारों को इकट्ठा करना वह भी उम्र और मिज़ाज की उस मंज़िल पर जहाँ 'मुस्तनद है मेरा फ़रमाया हुआ' चाहे कितना ही झूठ और नाक़ाबिले यक़ीन सा हो, मुझ-जैसे विद्यार्थी के लिए मुश्किल तो था ही लेकिन उस ज़माने में मैं उनके बहुत क़रीब था। एम० ए० प्रथम वर्ष का विद्यार्थी था, एहतेशाम हुसैन का इन्तेक़ाल हो चुका था और उनकी मौत का फ़िराक़ साहब पर अच्छा ख़ासा असर था। वह एहतेशाम हुसैन साहब को बेहद अज़ीज रखते थे और एहतेशाम साहब का आख़िरी शागिर्द होने की वजह से किसी हद तक मुझे भी उनके क़दमों में बैठने का सौभाग्य मिल चुका था। उनकी मुहब्बत और आशीर्वाद हासिल हो चला था और उनकी मिज़ाजी कैफ़ियात, उसके पेच वो ख़म और उतार-चढ़ाव की क़दरें मारफ़त (परिचय) भी हासिल हो चली थी। मुझे इस बात का अन्दाज़ा बहरहाल हो चला था कि उनकी बातचीत का आधार आमतौर पर उनके मूड

पर हुआ करता है और यह मूड किसी मामूली इन्सान का न होता बल्कि वास्तव में फ़नकार का होता था।

एक बार गर्मी के मौसम में जब मैं उनकी ख़िदमत में हाज़िर था अचानक बिजली चली गयी। तेज़ गर्मी की वजह से जब वह पसीना-पसीना होने लगे तो मैं पास में पड़े हुए अख़बार को पंखे की तरह झलने लगा। उन्होंने अजीब-सी निगाहों से मुझे देखा फिर अचानक चीख़े और नौकर को आवाज़ दी....

"पन्ना......पन्ना...... ।"

और पन्ना भागा हुआ आया।

"अरे फ़ौरन रूह अफ़ज़ा का शरबत पिला वरना मैं अभी दम तोड़ दूँगा।"

उन्होंने कुछ इस तरह यह वाक्य अदा किया जैसे कि बस अभी दम निकलने वाला हो। फिर एक लम्बी साँस लेते हुए बोले.....

'सदियाँ हो गयीं इस खुश रंग शरबत को पिये हुए। कमबख़्त अच्छा ख़ासा मज़े का होता है।'

और फिर वह रूह अफ़ज़ा की तारीफ़ बयान करने लगे। बात हमदर्द तक पहुँची। हकीम अब्दुल हमीद से बात होती हुई हकीम अजमल तक आयी और फिर मौलाना अबुल कलाम आज़ाद तक पहुँची। ध्यान दीजिये कि कहाँ गर्मी से दम निकला जा रहा था, कहाँ मौलाना की गर्मीए फ़िक्र की बात निकल आयी। वह उनकी क़ौमियत की तारीफ़ करते रहे। इसके बाद अचानक क़य करनेवाली स्टाइल में बोले...."और एक इक़बाल की क़ौमियत है...।"

मुझे मालूम था कि फ़िराक़ साहब को इक़बाल की बुराई करने का बहाना चाहिए। इसी बीच पन्ना शरबत लेकर आ गया और बोला.... "शरबत लीजिये हुजूर।"

उसकी आवाज़ से फ़िराक़ की बातचीत का सिलसिला टूट गया और वह भी इक़बाल की बुराई का सिलसिला, बिफर कर बोले..."हरामज़ादे देखता नहीं कि इक़बाल की सस्ती क़ौमियत की मज़म्मत (बुराई) में मसरूफ (व्यस्त) हूँ और तुझे शरबत की पड़ी है।"

पन्ना होशियार नौकर था और फ़िराक़ का मिज़ाज जानता भी था। चुपचाप सरक गया। जिस रूह अफ़ज़ा की अभी वह तारीफ़ कर रहे थे वह

उन्हें इक़बाल की बुराई से ज़्यादा प्रिय न था। मेरी मजबूरी देखिये कि मुझे इक़बाल की बुराई सुननी पड़ी और शरबत से भी वंचित रहा। यह तो थी उनकी मिज़ाजी कैफ़ियत....एक पल में कुछ....दूसरे पल में कुछ और....ऐसी सूरत में हर वक़्त यह ख़तरा रहता था कि आप जिस मक़सद से उनके पास गये हैं वह पूरा हो पायेगा या नहीं। आप तारीफ़ पायेंगे या डाँट खाकर वापस आयेंगे। कभी-कभी तो ज़हर के घूँट पीने पड़ जाते। मैं उसका भी आदी हो चला था।

मुझे इस बात का अन्दाज़ा था कि सुबह के वक़्त जब उनके हाथों में अख़बार हो और सामने चाय की प्याली तो वह निस्बतन ख़ुश रहते हैं। अख़बार के हवाले से बात निकाली जा सकती है और उसे साहित्य की तरफ़ मोड़ा जा सकता है इसलिए इसी नियत के साथ जब मैं एक सुबह तक़रीबन 9 बजे घर पहुँचा तो जँगलेवाले दालान में वह बैठे हुए थे। रोज़ की तरह उनके हाथ में अख़बार था। सामने चाय की प्याली इसके अलावा एक बेहद ख़ूबसूरत इज़ाफ़ा भी था। सामने कुर्सी पर एक बहुत हसीन व जमील, गोरी चिट्टी आकर्षक लड़की, डायरी और क़लम लिये हुए बैठी हुई है और फ़िराक़ साहब की बातों को लिखने में व्यस्त है। ऐसे अनुचित मौक़े पर इतनी सुबह ऐसी हसीन लड़की को देखकर मैं डगमगा-सा गया। हालाँकि फ़िराक़ साहब के यहाँ जाते हुए क़दम फूँक-फूँककर रखने पड़ते थे लेकिन आज मामला कुछ अजीब-सा था। बहुत ख़ामोशी से दालान में क़दम रखा तो फ़िराक़ साहब अंग्रेज़ी साहित्य के किसी विषय पर ज़ोरदार लेक्चर दे रहे थे। मैं लेक्चर ठीक से समझ न सका, एक तो वह अंग्रेज़ी में था, दूसरे यह कि कोई भी ज़िन्दादिल इन्सान ऐसी ख़ूबसूरत चीज़ को देखकर लेक्चर समझना तो क्या सुनना भी गवारा नहीं करेगा। चाहे वह कितना ही सौन्दर्यात्मक क्यों न हो....मैं कब चुपचाप एक मोढ़े पर टिक गया पता ही नहीं चला। फ़िराक़ साहब लेक्चर में व्यस्त, लड़की लेक्चर को समेटने में व्यस्त और मैं दृश्य में, वह वाक़ई बहुत ख़ूबसूरत थी। ऐसा हुस्न जो कभी-कभी देखने को मिलता है। सब-कुछ सब्र को डुबो देनेवाला, बस ज़रा मेकअप कुछ ज़्यादा था। वह लिखने में व्यस्त थी। उसकी नुकीली उँगलियों में क़लम बड़ी तेज़ी से काग़ज पर दौड़ रही थी। फिर मैंने फ़िराक़ साहब को ग़ौर से देखा। उनकी नज़रें छत की तरफ़ थीं और वह लड़की के बिल्कुल दूसरी तरफ छत की तरफ़ घूरते हुए लेक्चर दे रहे थे चूँकि उनकी गुफ़्तगू की

अपनी अदाएँ हुआ करती हैं इसीलिए पहले तो मैंने उसको भी अदा ही समझा लेकिन कुछ देर बाद मैंने महसूस किया कि वह ऐसा जान-बूझकर कर रहे हैं और उसको ज़ाहिर भी कर रहे हैं। तो शायरे जमाल की हुस्न से यह बेपरवाहवाली अदा मेरे समझ में न आयी। मैं इतना ज़रूर समझ गया कि कोई बात ऐसी ज़रूर है जो फ़िराक़ की नाज़ुक तबीयत पर भारी गुज़र रही है। शायद यह ग़लत वक़्त पर आ गयी या कोई ग़लत क़िस्म का सवाल कर लिया। मैं अभी इस पर ग़ौर ही कर रहा था कि अचानक लेक्चर ख़त्म हो गया और उसी रफ़्तार से लड़की की उँगलियाँ भी रुक गयीं।

"अच्छा मैं चलती हूँ। नमस्ते!" वह उठी और चल दी और फ़ौरन दृश्य बदल गया और फिर जोश के अनुसार...

"पटरी चमक रही थी गाड़ी गुज़र चुकी थी।"

फ़िराक़ साहब ने अजीब-सी नज़रों से मेरी तरफ़ देखा...और फिर एक यादगार मुहब्बत के साथ बोले...

"कहिये मौलाना....इतनी सुबह ख़ैरियत तो है।"

"कुछ ज़रूरी बातें करनी हैं..." मैंने दबे शब्दों में कहा। मेरी ज़ेहन पर अभी भी कुछ और सवार था।

"अभी रुक जाइये....पहले मैं नाश्ता करूँगा, एक प्याली गरम चाय की पियूँगा, उसके बाद....पन्ना....पन्ना।" और पन्ना आदत के अनुसार तेज़ रफ़्तार क़दमों के साथ इन्तेज़ाम में व्यस्त हो गया। इसी बीच फ़िराक़ साहब ने सिगरेट सुलगायी। मैंने मौक़ा ग़नीमत जानकर पूछा..."यह लड़की कौन थी...?"

"कौन लड़की....?"

"अरे यह जो अभी यहाँ बैठी हुई थी।"

"यह किसी डिग्री कालेज की लेक्चरार है। मुझसे कुछ पूछने आयी थी।"

"अच्छा....लेकिन आप उसकी तरफ़ देखकर बात क्यों नहीं कर रहे थे...इतनी ख़ूबसूरत, ख़ुश शक्ल लड़की आपसे बातचीत कर रही थी और आप छत की तरफ़ देख रहे थे....आख़िर यह क्या बात हुई।" मैंने हद से ज़्यादा हिम्मत की।

फ़िराक़ ने एक लम्बा कश हवा में फेंका और टेढ़ा मुँह करते हुए बोले-

'ख़ुश शक्ल, ख़ूबसूरत! मियाँ साहबज़ादे अभी आप बच्चा हैं। ख़ूबसूरत शख़्सियत के लिए सिर्फ़ ख़ुश शक्ल होना काफ़ी नहीं होता। उसे थोड़ा-सा

समझदार भी होना चाहिए और फिर अदब (साहित्य) वग़ैरह को समझने के लिए थोड़ी-बहुत बदचलनी भी ज़रूरी है जो इसके बस की बात नहीं थी...फिर आप उसके चेहरे का गोबर देख रहे थे...।"

"गोबर !" मैं चौंका।

"जी हाँ......उसका मेकअप।"

"अब मेकअप तो लड़कियाँ करती ही हैं..." मैंने कहा।

"मेकअप लड़कियाँ नहीं, औरतें करती हैं....जनाबे वाला मेकअप का अपना फ़लसफ़ा होता है।"

"मेकअप का फ़लसफ़ा ...वह किस तरह...?" मैंने सवाल किया।

"जी...आप इसे अभी नहीं समझ सकेंगे.....भाई सीधी सी बात यह है कि हुस्न अगर वाक़ई हुस्न है तो फिर उसे किसी सहारे की ज़रूरत नहीं पड़ती, जो हुस्न सहारा माँगे तो फिर वह फ़ितरी हुस्न नहीं मिलावट हो गया। सच तो यह है कि मेकअप की ज़रूरत उस वक़्त पड़ती है जब हुस्न ढल रहा हो तब उसको सहारा देने की ग़रज़ से मेकअप की मदद ली जाती है।"

वह रुके और अजीब-सी हलक़ से आवाज़ निकाली और फिर बोले...

"जिस तरह देहात में छप्पर को सहारा देने के लिए थूनी वग़ैरह की ज़रूरत पड़ती है ताकि छप्पर गिर न पड़े उसी तरह जब हुस्न का छप्पर गिरने पर आ जाय तब मेकअप थूनी की तरह उसे सहारा देता है।" फ़िराक़ साहब ने दोनों हाथों की उँगलियों को गोल-गोल करके इस तरह से सहारे के इशारे किये कि जैसे छप्पर गिरनेवाला हो और फ़िराक़ उसे सँभाले हुए हों।

"जब आप ख़ुद ख़ूबसूरत हैं। कमसिन हैं तो फिर मेकअप की क्या ज़रूरत...बस उसी को देखकर मूड ख़राब हो रहा था।"

"लेकिन आप बातें तो बड़ी अच्छी कर रहे थे। इतने ख़राब मूड के बावजूद।"

"वह तो गुस्सा के आलम में था। आदमी कभी-कभी गुस्सा में भी अच्छी बातें कर जाता है। क़ी.....क़ी.......क़ी..... ।"

कम-से-कम फ़िराक़ साहब के सम्बन्ध में यह बात सच है। अक्सर नापसन्दीदा सूरत उन्हें अच्छी न लगतीं और वह मुख़ालिफ़ फ़लसफ़ा से होते हुए जिस तरह इल्म वो फ़ज़्ल की गंगा बहाते कि सुननेवाला भी उसी में सरशार और शराबोर हो जाता। उस दिन भी कुछ ऐसा ही हुआ। मेकअप

के ज़रिये जिस तरह वह फ़लसफ़ाए हुस्न तक पहुँचे और फिर उसके बड़े और आलमी तसव्वुरात को पेश करते हुए जिस तरह की बातें और मिसालें दीं वह किस क़दर फ़िक्र अंगेज़ और हैरत अंगेज़ थी कि जिसको बयान करना मुश्किल। उस वक़्त मेरे लिये एक मुश्किल यह भी थी कि बातचीत का जो विषय और बहाव था और जिस तरह वह दरियाए हुस्न वो जमाल में बह रहे थे और मुझे भी बहाये लिये जा रहे थे इसमें सज्जाद ज़हीर को बीच में कैसे लाता। लेकिन खुदा भला करे कि पन्ना ऐसे मौक़ों पर हम लोगों के बड़े काम आता था। इसी बीच वह चाय वग़ैरह लेकर आ गया। पहले मैं समझा कि कहीं फिर न डाँट पड़ जाय लेकिन उस वक़्त फ़िराक़ साहब को वाक़ई चाय की ज़रूरत थी....बस बातचीत रुकी और वह चाय पीने लगे। मुझे न पूछा न कहा....गुस्सा आया लेकिन पन्ना ने इशारा किया और थोड़ी देर में एक छोटे-से गिलास में मुझे भी चाय दे गया। मैं चाय पीता रहा और सोचता रहा कि बातचीत कहाँ से शुरू करूँ। चाय के बाद वह कुछ ग़नीमत नज़र आने लगे तो मैंने बातचीत छेड़ने की हिम्मत की हालाँकि मैं समझ रहा था कि वह इतनी बातचीत कर चुके हैं कि अब मेरे विषय पर वह ज़्यादा नहीं बोल पायेंगे फिर भी मुझे कुछ-न-कुछ तो चाहिए ही था। मैंने कहा ...'हुजूर आपसे सज्जाद ज़हीर के बारे में कुछ बातें करना चाहता हूँ। अगर आपको तकलीफ़ न हो तो...''

''क्यों भाई ख़ैरियत तो है....''

''दरअस्ल बात यह है कि हयात, सज्जाद ज़हीर का नम्बर निकाल रहा है। इस सिलसिले में आपके कुछ ख़यालात व तास्सुरात जानना चाहता है। इसकी ज़िम्मेदारी मुझ पर है।''

''पूछो भई....बन्ने के बारे में भी पूछ लो....'' फिर वह बग़ैर पूछे ख़ुद ही बोल पड़े...

''अरे भई...अब यादे रफ़्तगाँ (गुज़रे हुओं की याद) की भी ताक़त नहीं रही। अस्सी साल का हो रहा हूँ। मेरा भाई तो इकसठ साल में चल बसा...दूसरा बीमार चल रहा है....बन्ने भी मेरा भाई-जैसा ही था।''

उन्होंने यह वाक्य बड़े दुःख के साथ अदा किये और फिर बोलने लगे...

''सज्जाद ज़हीर, सर वज़ीर हसन के लड़के थे। उनके वालिद कुछ तबक़ाती कमज़ोरियों के बावजूद एक अज़ीम आदमी थे। इलाहाबाद के

मशाहीर (मशहूरों) में उनका शुमार होता था। हम लोगों के यहाँ से आमद वो रफ़्त (आना-जाना) थी। बस उन्हीं के ज़रिये से सज्जाद ज़हीर से मुलाकात हुई। शुरू-शुरू में सज्जाद ज़हीर से कम उनके दूसरे भाइयों से ज़्यादा अच्छे ताल्लुक़ात रहे लेकिन रफ़्ता-रफ़्ता मैं अपने-आप यह महसूस करने लगा कि मेरा ज़ेहनी झुकाव सज्जाद ज़हीर की तरफ़ होता जा रहा है। बाद में तो सज्जाद ज़हीर से ऐसे ताल्लुक़ात हो गये कि कलेजे का टुकड़ा समझता रहा। बड़ा अफ़सोस हुआ मुझे उनके इन्तेक़ाल का...।'' वह ज़रा उदास हो गये। मैं बोला....

''जी हाँ....सज्जाद ज़हीर का इन्तेक़ाल यक़ीनन एक दुर्घटना है। आप सज्जाद ज़हीर के बहुत क़रीब थे। आपको उनमें क्या ज़्यादा पसन्द आया। चाय थराथरा उठी और आख़िरी घूँट उनके हलक तक जा पहुँचा। सिगरेट बुझ चुकी थी। उन्होंने उसको दोबारा जलाया एक-एक लम्बा कश फ़ज़ा में तैर गया। वह कहने लगे...

''भाई....सज्जाद ज़हीर की शख़्सियत उनकी तमाम चीज़ों पर भारी थी। ज़हीर में एक अजीब मक़्नातीसी कशिश (चुम्बकीय आ:कर्षण) थी। इतना प्यार....इतना खुलूस (सच्चाई) और इतनी मुस्कुराहट मैंने आज तक किसी के चेहरे पर नहीं देखी। एक अजीब शक्ल में लोग उनके बारे में महसूस करते और सोचते थे कि क्या दिलकश चीज़ है यह सज्जाद ज़हीर भी। सज्जाद ज़हीर ने अगरचे लिखने पर ज़्यादा ज़ोर न दिया मगर उनकी तहरीर (लिखावटें) ज़्यादा पसन्द है। मैं समझता हूँ कि सज्जाद ज़हीर एक न थे बल्कि दो थे। पहले Lover और दूसरे Lover Worker । वह अदीब की हैसियत में ज़्यादा रहे और वह अवाम में रहे।''

''फ़िराक़ साहब! जब आप उनकी तहरीर को इस क़दर पसन्द करते हैं तो आपको उनकी रचनाओं में सबसे ज़्यादा क्या चीज़ पसन्द आयी...''

'हाफ़िज़ पर उनकी किताब मेरे ख़याल में सबसे अच्छी है। जो उनकी शेरफ़हमी और सुख़नफ़हमी (बारत को समझना) की सलाहियतों की ज़बरदस्त मिसाल है।''

''एक बात इसी सिलसिले में और जानना चाहता हूँ कि जब आपने उनकी शेरफ़हमी और सुख़नफ़हमी की सलाहियत को स्वीकार किया है तो आपकी शायरी के बारे में कभी सज्जाद ज़हीर ने अपनी आलोचनात्मक राय अपने लेखों या लेक्चरों में ज़ाहिर किया या आपसे कभी इस बारे में ज़बानी बातचीत की।''

शायद सवाल दिलचस्प था। बड़ी गम्भीरता से बोले...

"मुझे अपनी ज़िन्दगी में अपनी शायरी के इतने बड़े क़द्र शनास और क़द्र दाँ शायद दो-एक मिले हों, जितने बड़े क़द्र दाँ सज्जाद ज़हीर थे। मेरे एक मिस्रे को एक बार मेरे ही ऊपर चस्पाँ कर दिया...

"मैं ऐसा वक़्त हूँ जिसका कभी घटना नहीं मुम्किन" और सज्जाद ज़हीर ने अपने अख़बार में लिखा था..'फ़िराक' तुम ऐसा वक़्त हो जिसका घटना मुम्किन नहीं।"

"सुखनफ़हमी में बन्ने के बराबर कम ही लोग हुए हैं। हाफ़िज़ पर उनकी किताब इस बात का सबूत है। बहुत-से तरक़्क़ीपसन्दों में, मैंने एक बात महसूस की कि वह हर अदबी तख़्लीक़ (रचना) में कोई पैग़ाम या सियासी तहरीक ढूँढ़ते हैं। सज्जाद ज़हीर इस नुक़्तए नज़र (दृष्टिकोण) से बहुत बुलन्द थे और इसी बात ने उनको हाफ़िज़ का इतना बड़ा परस्तार (पुजारी) बना दिया था। ख़ुद मेरी शायरी में यही पैग़ाम है और वह मक़सदी भी है लेकिन ज़्यादातर ख़ालिस जमालियाती है। जहाँ तक मेरा ज़ेहन काम कर रहा है मेरी नज़्म शामे अयादत का सबसे पहला रिव्यू सज्जाद ज़हीर ने अपने अख़बार में किया। इसी से उनकी सुख़नफ़हमी का पता चलता है। एक जगह उन्होंने मेरी शायरी के बारे में लिखा था कि "फ़िराक़ के बाज़ अशआर नश्तर होते हैं और बाज़ बिला वजह उस्तादी के लिए कहे हैं"... मैंने यह जुमला (वाक्य) पढ़ा तो चालीस शेर कहकर भेज दिये और यह लिख दिया कि जो चाहो काट दो, जो चाहो छाप दो। उन्होंने पूरी ग़ज़ल छाप दी। एक शेर उसी ग़ज़ल का याद आ रहा है, लिख लो...

किसी ने नीम निगाही से मुझको देखा था
यह ज़िन्दगी है उसी ज़ख़्मे नातमाम की याद।

इसके अलावा बाज़ दूसरी ग़ज़लें भी उनको बहुत पसन्द थीं। ख़ास तौर पर वह मेरी इस ग़ज़ल को बहुत पसन्द करते थे...

शाम भी थी धुवाँ-धुवाँ हुस्न भी था उदास-उदास
दिल को कई कहानियाँ याद-सी आके रह गयीं।

और यह शेर तो उनको बहुत ही पसन्द था....।

मुझको ख़राब कर गयीं नीम निगाहियाँ तेरी
मुझसे हयात वो मौत भी आँखें चुरा के रह गयीं।

"सज्जाद ज़हीर के बारे में कुछ और बताइये। आप तो उनके बहुत क़रीब रहे हैं?" मैंने उनको कुरेदा।

"सज्जाद ज़हीर में कोई छोटी बात न थी। वह किसी मामले में छोटेपन के साथ क़तई न सोचते थे। आज तक कोई ख़ुर्दबीन (सूक्ष्मदर्शी) ईजाद (आविष्कार) नहीं हुई जिससे उनकी शख़्सियत में, उनके अमल में, उनके नज़रिये में छोटापन नज़र आ सके। लड़कपन में लीडरी और दिलफ़रेबी की हर आन उनकी पेशानी पर थी। ज़रा-सी देर में ज़्यादा-से-ज़्यादा लोगों को जमा करना उनके लिए बहुत आसान था। लखनऊ की रातें सज्जाद ज़हीर के सिलसिले में यादगार रहेंगी। आज तक मैं फैसला न कर सका कि उससे अच्छा आदमी मैंने अपनी ज़िन्दगी में देखा भी है या नहीं। मेरे अच्छे दोस्तों में मजनूँ और जोश रहे हैं लेकिन इतनी कशिश तो इन दोनों में भी न थी। यहाँ तक कि जवाहरलाल नेहरू या किसी और बड़े आदमी में भी मैंने ऐसी बला की कशिश नहीं पायी। ऐसी हर दिल अज़ीज़ शख़्सियत का दुश्मन उस आदमी के लिए भी मुमकिन नहीं जो उसका दुश्मन हो।"

वह थोड़ा-सा जज़्बाती (भावुक) हुए और लड़खड़ाये। चेहरे पर थकान साफ़ नज़र आने लगी। मैंने साफ़ महसूस किया कि बात ज़्यादा नहीं की जा सकती हालाँकि बातें बहुत-सी थीं।

"बस हुज़ूर ! एक छोटा-सा सवाल और अर्ज़ है।"

"पूछो भई..."

"जिस वक़्त आपने सज्जाद ज़हीर की मौत की ख़बर सुनी तो क्या रद्दे अमल (प्रतिक्रिया) रहा?"

"जब मैंने सज्जाद ज़हीर की मौत की ख़बर सुनी तो मैं बहुत ग़मगीन हो गया। बड़ी देर तक सोचता रहा। एक निहायत क़ाबिले क़द्र हिन्दुस्तानी और एक बहुत अच्छा दोस्त और एक Born and highly gifted leader हमारे दरम्यान नहीं रहा।"

बातें तो शायद और हो सकती थीं लेकिन अब मैं उनको और ज़्यादा तकलीफ़ देकर अपनी इज़्ज़त व आबरू खतरे में नहीं डालना चाह रहा था। इजाज़त लेकर रुख़सत हुआ। (फ़रवरी, 1974 ई०)

◆ ◆ ◆